"中央高校基本科研业务

外研社基础外语教学

王蔷 主编

促进学习：
二语教学中的形成性评价

罗少茜　黄　剑　马晓蕾　著

外语教学与研究出版社
FOREIGN LANGUAGE TEACHING AND RESEARCH PRESS
北京 BEIJING

图书在版编目 (CIP) 数据

促进学习：二语教学中的形成性评价 / 王蔷主编；罗少茜等著. — 北京：外语教学与研究出版社，2014.12 (2021.12 重印)
（外研社基础外语教学与研究丛书. 英语教师教育系列）
ISBN 978-7-5135-5454-1

I. ①促… II. ①王… ②罗… III. ①第二语言 - 语言教学 - 研究 IV. ①H09

中国版本图书馆 CIP 数据核字 (2014) 第 309135 号

出 版 人　王　芳
项目负责　范海祥
责任编辑　严雪芳
执行编辑　陈　菲
封面设计　张　峰
版式设计　北京天泽润科贸有限公司
出版发行　外语教学与研究出版社
社　　址　北京市西三环北路 19 号（100089）
网　　址　http://www.fltrp.com
印　　刷　北京虎彩文化传播有限公司
开　　本　650×980 1/16
印　　张　21.5
版　　次　2015 年 1 月第 1 版 2021 年 12 月第 4 次印刷
书　　号　ISBN 978-7-5135-5454-1
定　　价　42.00 元

基础教育出版分社：
地　　址：北京市西三环北路 19 号 外研社大厦 基础教育出版分社 (100089)
咨询电话：(010)88819117/88819688
传　　真：(010)88819422
网　　址：http://www.unischool.cn
电子信箱：beed@fltrp.com

购书咨询：(010) 88819926　电子邮箱：club@fltrp.com
外研书店：https://waiyants.tmall.com
凡印刷、装订质量问题，请联系我社印制部
联系电话：(010) 61207896　电子邮箱：zhijian@fltrp.com
凡侵权、盗版书籍线索，请联系我社法律事务部
举报电话：(010) 88817519　电子邮箱：banquan@fltrp.com
物料号：254540001

记载人类文明
沟通世界文化
www.fltrp.com

总　序

　　由外语教学与研究出版社策划出版的"基础外语教学与研究丛书——英语教师教育系列"自 2002 年陆续出版以来，至今已经过去了近十年。这十年也正是我国 21 世纪基础教育课程改革不断发展的十年。这套丛书从英语教学策略、英语学习策略、英语教材分析与设计、英语课堂形成性评价、英语测试以及英语教师行动研究等多个方面，为广大基础教育英语教师提供了课程改革初期的理论研究引领、教学实践指导和教师发展的支持，得到了广大英语教师的欢迎和认可。

　　回顾过去十年课程改革的经历，我们欣慰地看到，基础教育英语课程改革取得了令人瞩目的成绩。以学生为主体的课程理念逐步深入人心，广大教师按照英语课程标准的要求，努力实践新课程的理念，把培养学生的综合语言运用能力作为教学的出发点和落脚点。在听、说、读、写的教学实践中，努力为学生奠定良好的语言知识基础，同时渗透对语言学习策略的培养；采用形式多样的课堂评价方式；关注学生的情感需求和思维发展；重视通过英语课程渗透对学生人生观和价值观的教育，提高学生的跨文化意识，为实现课程的工具性与人文性的高度统一进行了有益的尝试和积极的探索。教师的角色正在从单纯语言知识的传授者转变为学生学习的指导者、促进者、组织者和资源提供者。

　　十年的基础教育课程改革与创新，使教师教育工作者和广大的英语教师对英语教育和教学都有了诸多新的认识，并在实践中积累了大量宝贵的经验和优秀的教学案例。与此同时，国内外对外语教育理论与方法的探索和研究也有了很多新的进展，需要我们从更新的角度和更高的起点对课程与教材、教法与学法、测试与评估以及教师专业发展等方面的理论研究和实践进行探索。

　　当前，基础教育课程改革进入了一个新的发展时期。优先发展教育、促进教育公平以及提高教育质量成为"十二五"规划和《国家中长期教育改革和发展规划纲要》的战略发展目标，也是我国建设人才资源强国的保障。因此，推动和提高教师专业化发展被提升到一个前所未有的高度，而确保每间教室都有一位具备良好专业素质和较强执教能力的教师，是实现

I

这一目标的根本所在。课程改革的持续发展要求教师必须不断学习、不断更新人才培养观念、创新人才培养模式以及改革教育评价方式，在实践中反思和提升自己的专业能力和水平，推动外语教育教学理论和课堂教学实践的深入发展。提高外语教师整体专业素质已经成为新时期课程改革持续发展的首要任务，也是课程改革能否持续推进和获得成功的关键。

　　为此，我们从今年开始修订这套丛书，其意义在于为创建一支引领改革、勇于探索、深入研究、坚持发展的外语教师队伍提供有力的专业支持，为教师的专业发展提供优质的学习资源。通过专业的引领和指导，使广大英语教师在课程改革的新的发展时期，继续探索和实践以学生发展为主体的课程理念，努力为每个学生的发展创设良好的学习空间和氛围，这既是继续推动基础英语课程改革持续发展的需要，也是提高广大英语教师专业素质的需要。只有坚持理念、积极尝试、锐意改革、努力创新，才能不断提升和发扬基础教育英语课程改革已经取得的成效。我衷心希望这套新修订的丛书能够更好地为广大英语教师的理论学习和教学研究提供帮助，能够成为英语教师专业发展的良师益友。

王　蔷

北京师范大学外文学院

外语教育与教师教育研究所

2011 年 4 月于北京

前　言（Foreword）

　　十余年前，我写了《英语课堂教学形成性评价研究》（2003），简要地介绍了形成性评价。这本书将"形成性评价"的概念介绍到中国的英语课堂中来，阐述了其基本类型、原则、方式等。但是当时自己对形成性评价的认识和理解并不深刻。通过进一步的学习和实践，我更多地了解了形成性评价，也感到真正理解与实践形成性评价并不是一件容易的事。

　　十年过去了，尽管各类政府文件都在提倡教育改革、倡导教学与评价的创新，但是我们的评价体制并没有很大的改观。无论课堂内外，终结性评价充斥着我们的生活（Shepard，2013）。各种考试、测验、家庭作业和各章节后的问题都在或显或隐地传递着同一个信息：学习的最终目的是考试，语言是模式化的，包括词汇表、语法表和多项选择题等。尽管关于形成性评价的研究也有一些，但是在以下两个方面的研究才刚起步：一是系统描述教师在形成性评价方面的日常实践；二是用于发展和推广形成性评价专业知识的条件（Cummin，2008）。前者的研究非常重要，因为对于教师日常形成性评价实践系统、深入的描写，是进一步改进和提升形成性评价实践的基础。后者指教师的形成性评价知识和技能是形成性评价促学作用得以保证的先决条件；什么样的系统最适合教师形成性评价素养的提升，是研究者和实践者急需解决的问题。此外，尽管教师的研究实践表明，系统地观察和收集学习者的语言范例是记录和掌控学习者语言进步最有用的工具（Gardner & Rea-Dickins，2002；Rea-Dickins，2008），但在我国，目前教师仍然在官僚式的终结性评测系统和以教学为中心的形成性评价之间徘徊、犹疑和挣扎。

　　那么，是否有更有效的方法来改进这种状况呢？是否有更科学实用的综合评价体系使教师从不同的角度来认识学生的水平，从而更有效地进行教学和评价呢？是否有可能改进不可避免的测试，而更多地关注我们期望学生发展的深层次技能呢？能否在技术上投资，使评价更加贴切、有效？能否让教师基本使用拓展的开放任务并开展较为频繁的测评？能否将形成性和终结性评价进行结合，以减少对一次性考试的依赖呢？怎样评价才最能体现课程标准的核心要求？怎样才能正确地甄别不同水平、层次的学生，并给出诊断信息、提出有针对性的教学目标？怎样划定分数线才能有效地描述学生的语言知识和语言技能？教师怎样有效安排教学？怎样在评价中考虑文化和语言差异？（Bennett & Gitomer, 2008）

基于以上原因，我决定修订《英语课堂教学形成性评价研究》（2003）一书，并将书名改为《促进学习：二语教学中的形成性评价》（Enhancing Learning through Formative Assessment in L2 Classrooms），意为在二语教学中，形成性评价的宗旨是学习，是为了使教学更有效，使学习真正得以发生。以学习为宗旨的形成性评价具有以下十个原则（Assessment Reform Group, 2002）：

1. 是有效教学和学习的一部分；
2. 是课堂教学的中心；
3. 因为评价均有感情因素，所以形成性评价敏感且富有建设意义；
4. 促进学习目标和关于评价标准共识的达成；
5. 是教师不可或缺的专业技巧；
6. 使学生得到建设性的指导，并取得进步；
7. 赞赏所有学习者在各方面取得的成就；
8. 重点在学生怎么学；
9. 考虑学习者动力的重要性；
10. 发展学生自我评价的能力，并使他们成为善于反思和自我管理的学习者。

本书围绕以上原则展开：第一章对形成性评价进行概述，包括形成性评价的起源、不同角度的定义和特性、分类的方法和策略以及工作模型，如怎样促进达成学习目标和关于评价标准的共识等；第二章针对第5、第6和第7条原则，阐述教师为主导的形成性评价，旨在帮助读者深入理解和实施形成性评价，如怎样收集形成性评价的各种有用信息；第三章重点介绍学生为主导的形成性评价（第8、第9和第10条原则），如自我评价、同伴评价及自我调节，并分析自我评价、形成性评价和自我调节之间的关系；第四章首先讨论形成性评价与终结性评价之间的关系及各自的优缺点，然后探讨形成性评价与终结性评价融合的必要性、可行性以及方法。

为了让读者进一步地了解形成性评价并去实践，笔者基于自己的研究和实践经验，在第五章分享了一些形成性评价在课堂中实施的案例，希望能为二语教师研究和实施形成性评价提供借鉴。有些案例虽在笔者所著的《任务型语言教学》（2006）和《英语教学评估》（2002）中涉及过，如临海和深圳案例，但在本章中有更详细的介绍和深入的讨论。本章还引用了北京案例和大学英语专业写作档案袋案例。鉴于我国二语教育仍处于改革期，第六章分析了国内二语课堂形成性评价的现状与未来，主要涉及政策、研究和实施三个层面。这一章还介绍了"汉语作为第二语言的形成性评价研究"，内容包括：(1) 汉语作为第二语言的评价研究现状；(2) 汉语作为第二语言的形成性评价研究现状；(3) 基于前两点和当今学界对形成性评价研究的情况，介绍汉语作为第二语言的形成性评价研究方向。将这一部分放在此处的原因有二：一是汉语作为第二语言在世界各地的兴起和相关教学与研究的蓬勃发展，因此汉语作为第二语言的评价研究这部分内容纳入本书顺理成章；二是我们正在做"基于认知的第二语言（英语和汉语）能力表现评价框架的构建"研究，希望与读者分享汉语作为第二语言的一些实证研究结果。汉语作为第二语言的形成性研究不仅与第六章的主题相吻合，也将是未来评价研究的一个重要课题。

罗少茜
于北京师范大学励耘楼
2014 年 10 月 10 日

目　录

第一章 形成性评价概述
（Formative Assessment: An Introduction）

评价历来是教育体系中不可或缺的一部分。教育系统中的评价一般分为两大类：终结性评价和形成性评价。大规模、高利害的终结性评价是推进学校改革和进步的主要推动力之一，一直被视为影响学校政策和课堂实践的重要因素。在中国的外语教育中，有很多终结性、高利害的评价，其中教师较为熟悉的是中考、高考、大学英语四、六级考试等。随着教育改革的推动，与教师日常教学关系更为密切的形成性评价取得了一些进展，但仍处于初始阶段。要使形成性评价切实得以实施，教师对其充分的认识和了解是十分必要的。本章主要从形成性评价的定义、分类、特点和工作模型四个方面展开论述。

第一节 形成性评价的定义
（Definition of Formative Assessment）

形成性评价已有四十多年的历史，它对学生学习和教师教学的促进作用已经得到了研究者、实践者和政策制定者的一致认可。许多国家和地区不仅将形成性评价写进了权威的教育文件，而且将其视为评价体系中不可或缺的部分。尽管如此，众人关于形成性评价的理解仍然莫衷一是，有许多模糊甚至偏颇。据 2007 年 9 月 17 日《教育周刊》（Bennett，2011）报道，测试行业在形成性评价方面的分歧如此之大，以至于测试专家 Stiggins 都已经不再使用形成性评价这一术语（Cech，2007）。这种概念理解上的差异和不足，不仅使理论研究难以形成合力，也导致了实践推广上的举步维艰。具体来说，如果我们不能有效地定义形成性评

1

价，那么，（1）我们就不能记录它的有效性，不能评价形成性评价是否已按计划实施，也不能将其推广到更多的课堂、学校和地区；（2）我们就不清楚形成性评价研究总结报告中究竟应该涵盖哪些内容，因而无法对研究结果进行总结；（3）我们就不能将其运用到我们的课堂环境中去，因为我们不了解在运用过程中要关注哪些要点（Bennett，2011）；（4）将会阻碍教师对自己的教学实践进行总结，教师无法进一步提炼和扩展已经包含形成性评价的教学实践，不利于形成性评价在课堂层面的发展创新。

实际上，形成性评价因其促进学习的作用引起了许多学者的注意。他们给了形成性评价诸多定义。这些定义既有相同之处，又有互补和矛盾的地方。这种多样性一方面说明了形成性评价研究本身的复杂性，另一方面也确实为与其相关的研究和实践增加了难度。如果研究者和实践者对于何为形成性评价的理解都不一致，那么研究和实践便失去了理论基础。因此本节将对形成性评价的各种定义进行回顾和分析，比较其特点，旨在构建一个综合、全面、合理的形成性评价概念。

一、形成性评价定义的共性

首先，我们从形成性评价的各种定义所强调的五个方面来看其共性：目的、学习成就证据、评价任务、时间和频率以及反馈。

1. 强调形成性的目的

多数学者都从目的和使用的角度来定义形成性评价。首次使用"形成性"这一术语的学者 Scriven（1967）给出了如下定义：

当教育者对一个成熟的、已经完成的教育项目的价值进行评价时，他所进行的是终结性评价，其目的是评判，帮助决策者做出关于教育项目是否合格的决定；但当教育者对一个正在进行中的教育项目进行评价时，他所进行的则是形成性评价，其目的不是评判，而是修正，即找出项目中的潜在问题，并做出如何改进项目的决定。

从以上定义来看，Scriven 当时提出的形成性评价与我们现在所理解的主要在课堂中进行的形成性评价有所不同，它的评价对象不是学生的学习情况，而是某个教育项目的质量。继 Scriven 之后，"终结性"和"形成性"这两种评价方式被 Bloom 引入教学评价领域。Bloom（1968）

认为形成性评价是在教学过程中的每一个阶段提供反馈和纠正措施,是教师和学生通过小测试进行的评价,其目的是辅助教学过程。Bloom, Hastings 和 Madaus（1971）合作出版了《学生学习形成性评价和终结性评价手册》,重新定义了形成性评价与终结性评价,为课堂教学形成性评价的发展奠定了基础。他们将"终结性评价"这一术语定义为在学期、课程或项目结束后所进行的评价,其目的是为了打分、评级、评价进展,或进行课程、研究项目、教育计划的有效性研究,最核心的特征就是在学习或教学完成之后对学习或教学效果做出判断。但是这种判断常常引起学生、教师和课程开发者的焦虑和防御心理。在现实生活中,虽然我们不希望进行这种形式的评价,但又不得不使用它。而形成性评价是在课程建设、教和学的过程中发生的各种系统性评价,旨在改进课程及教与学。在形成性评价中,我们关注课程建设、教与学中的产出,不仅将这些产出作为最有价值的关于课程以及教与学的证据,而且还寻求最有效的方法来报告这些证据,如通过降低与评价相关的负面效果,或让教师、学生以及课程开发者（形成性评价的使用者）做出判断。

之后的二十多年中,形成性评价并没有得到足够的重视,直到 Black 和 Wiliam（1998a）开始对形成性评价进行综述研究,才又掀起了形成性评价研究和实践的热潮。Black 和 Wiliam 继承了 Bloom 从目的或功能的角度定义形成性评价的传统,将其定义为所有教师 / 学生进行的活动,而且这些活动提供的信息将用于反馈,以调整随后进行的教与学的活动。

此外,众多学者都给出了各自对形成性评价的定义,大多数都强调了评价的功能。在这些定义中出现了"to advance""to modify""to improve""to enhance"等表示改进之意的词语。

2. 强调以学习成就证据为基础的调整

从目的和使用的角度来看,任何课堂活动或任务都可以是形成性的,只要该活动或任务产生的信息被用于指导和调整教和学,以促进学习（Black & Wiliam, 1998a）。但这种调整不是随意发生的,形成性评价强调的对教和学的调整必须以学生的学习成就证据为基础。

Black 和 Wiliam（2003）认为"任何评价活动,只要它提供的信息被教师和学生用作反馈,以调整他们教和学的活动,那么这种评价就有利于学习。当学习证据被用于调整教学工作以满足学习需求时，评价即为形成性评价。"同样，Heritage 等（2009）将形成性评价定义为：在教学过程中连续收集学习证据、提供学习反馈的系统化的过程。在这一精心计划的过程中，教师或学生使用以评价为基础的证据来调整正在进行的教和学的活动（Popham，2008）。

在 Popham（2006）看来，基于学习证据的调整或改进是形成性评价中不可或缺的因素，是形成性评价的"本质"。Popham 认为形成性评价的本质在于它以评价引出的学生学习状态的证据为基础，教师调整教学策略、学生调整学习策略。教师和学生的判断可能并不总是正确，但基于证据的调整优于毫无根据的调整。这种基于证据的调整看似简单的"目的—手段"模式，不值得加以注意和研究，但是许多人类行为都是基于这一模式，人类的诸多进步都以此模式为基础。通过分析过去行为的结果来指导将来行为的人，无疑将获得更大的成功，教师的教和学生的学也不例外。

3. 强调评价任务的开放性

如上文所述，形成性评价强调教和学的调整应该以学习证据为基础，因此，产生学习证据的评价程序是形成性评价必不可少的一部分。与以纸笔测试为主要形式的终结性评价相比，形成性评价产生学习证据的方式各异。当然，形成性评价也可以采用纸笔测试的方式获取学习证据，不过它更多地采用非传统的、非正式的方式获取所需的学习证据。Irons（2008）认为任何使学生学习产生了反馈（或前馈）的任务或活动都可以称作形成性评价。Black 和 Wiliam（2003）认为，只要设计和实践的首要目的是为了促进学习的评价，都可以称为形成性评价。至于通过何种方式获得学习证据，则并无任何限制。Black 和 Wiliam（1998a）的定义更是直接指出了教师和学生的活动都具有形成性的价值，即形成性评价是一个开放的体系，它没有限定的方式或策略。学生的口头或书面表达、肢体动作、检查表、同伴对话、传统测验、概念图、日志、评价标准、苏格拉底式提问都可以为形成性评价提供信息。只要能让我们看到学生的认知过程，从表现性评价到多项选择题都可以成为形成性评价的形式。重点是上述活动可以让学生展示自己的思维过程，方便教师引出关于思维过程的证据。

实施形成性评价并不是一件简单的事情，并不是在现有的实践基础上冠以"形成性评价"之名就能很快产生效果。形成性评价在课堂中的表现形式多样，每个教师、每种教学风格都可以找到适合自己的形成性评价的形式。因此，教师需要做的不是将某种现有的实践形式拿来使用，而是要真正理解形成性评价的精神，根据教学和学生的需求，找到适当的方式，再将形成性评价的特点融入到自己的课堂实践之中。

4. 强调评价时间和频率

时间维度是定义形成性评价时需要关注的另一要点，因此大多数定义都强调形成性评价是在教学过程中进行的。比如，Cowie 和 Bell（1996）将形成性评价定义为：在学习过程中，教师和学生用于了解学生的学习状况，并对此做出回应以促进学生学习的过程。Wininger 和 Norman（2005）认为，形成性评价就是在教学开始前或进行过程中，为了调整教学并提升学生表现，对学生的学习进度进行测量。Heritage 等（2009）将形成性评价定义为：在教学过程中连续收集学习证据、提供学习反馈的系统化过程。美国教育考试服务中心（ETS）更是明确地将形成性评价描述为："教师和学生使用学习证据调整教和学以满足学生每时每刻（minute by minute）和每天（day by day）的即时学习需求"。

从上述定义中可以看出，形成性评价是在教学过程中发生的，甚至是每时每刻都在发生的评价活动。这与 Bloom 最初对形成性评价的理解有些不同。在 Bloom 的概念中，形成性评价是在 1—2 周的单元教学后进行的形成性测试。从不同时期人们关于形成性评价的定义中我们发现，形成性评价发生的频率越来越高。这一方面表明，将时间和频率作为形成性评价的关键特征已经不太合适了，另一方面也表明形成性评价与教学密切结合的趋势。正如 Sadler（1989）所说，形成性评价与终结性评价的区别在于目的和效果，而不是评价的时间。

5. 强调反馈的使用和效果

Sadler（1989）认为，反馈是形成性评价中的一个关键因素。但他强调，只有在被用于缩短学生现有的理解水平和理想的理解水平之间的差距时，反馈才能体现其形成性功能。而这一点是由学生控制的，即只有当反馈给学生的信息被学生用于提升学习表现时，它才是形成性的。

换言之，形成性评价的形成性不在于有没有反馈，而在于反馈有没有被使用。更有极端的观点认为，应该从产生的效果去定义形成性评价。Wiliam（2000）认为：意图为形成性（有形成性目的）的评价，但是最终没有达到预想效果（没有实现形成性功能）的评价不能称为形成性评价。Popham（2006）和 Shepard（2008）也持相同的观点，强调除非教学得到改进，产生形成性的效果，否则不能使用形成性评价这一术语或称其为形成性评价。

我们认为，从有没有提高学习的效果这个角度去定义形成性评价或许欠妥，因为影响学生学习效果的因素复杂，反馈只是其中一个因素，要想做到准确地归因非常困难。其次，教或学效果的验证可能需要相应的方法和长时间跟踪，在可行性上存在问题。因此，较为合理的判断方法是评价有没有对教师和学生的行为产生影响。产生影响的依据在于教师和学生是否使用反馈，如果是，就说明反馈对教与学产生了影响。当然最终效果的体现方式、效果大小、效果好坏，也不是形成性反馈这一个因素就可以解释的。Kluger 和 DeNisi（1996）在研究中指出，他们所回顾的大部分研究的不足之处在于这些研究只考虑到了短期的效果。他们建议，关于反馈的研究更应该关注反馈所引发的学生对不同类型反馈的反应或处理方式，而不是反馈对学生的知识技能表现产生的影响。因此，应该从反馈有没有得到教师和/或学生的使用、对他们的行为有没有产生影响和改变的角度去定义形成性评价，而教师和学生因评价而产生的行为改变有没有提升知识和技能可能是另一个研究问题。

二、形成性评价定义的分歧

随着人们对形成性评价的认识不断深化，不少国家的教育评价推广组织和众多学者纷纷给出了形成性评价较为全面的定义。但是到目前为止，学界对形成性评价的本质是什么还存在不同的看法。

不过，如果因为对"形成性"这个词的不同理解而放弃"形成性"这个概念，也许并非明智之举。首先，这个术语已被广泛使用，而且具有相当大的影响力，我们不可能要求人们在短时间内放弃这一概念。其次，"形成性"一词体现了教育的核心，反映了教育的主要目标是帮助学习者发展和成长。在我们看来，关于形成性评价理解的种种分歧，一方面体现了形成性评价丰富的发展历程，另一方面也体现了审视形成性评价的不同视角。了解这些分歧，有利于我们更好地理解和把握形成性评价。

目前，关于形成性评价定义的分歧集中在以下三个方面：形成性评价的主导者、形成性评价的计划性以及形成性评价的过程性。

1. 形成性评价：教师主导与学生主导

从现有的形成性评价的文献来看，大家对形成性评价认识上的分歧之一在于形成性评价究竟是由教师主导、针对教，还是由学生主导、针对学。许多对形成性评价的定义都从教的角度出发，强调评价对教学的影响。如 Learning Point Associates（2009）认为形成性评价是一个过程，在这个过程中教师使用各种工具和策略判断学生的知识水平，发现差距并规划未来教学以改进学习。Gareis（2007）认为，形成性评价指任何用于教师发现学生学会了哪些内容、没有学会哪些内容的手段，其目的在于教与学，而不是评分。Stiggins（2002）指出促学评价要求教师使用课堂评价过程以及评价过程所提供的信息，以促进学生的学习，而不仅是检查学生的学习状况。Tunstall 和 Gipps（1996）认为，形成性评价是指教师使用对于学生知识或理解状况的判断，为教学过程提供反馈，决定教师是否需要重新解释任务或概念，进行进一步的练习，或直接进入下一个阶段。Harlen 和 James（1996）尝试发展形成性评价的概念，旨在帮助教师有效使用教学过程中收集的学生信息。

以上所有定义都强调了教师的作用，认为评价控制权掌握在教师手中，是教师使用评价信息，做出关于下一步教与学的决定；学生在收集、阐释评价信息和接下来的教师干预中处于静态。换言之，学生在形成性评价过程中似乎是被动的，知识的学习和掌握是教师干预调整教学的结果。

当然，一些强调教师主动性的研究者在他们发展形成性评价概念的过程中也提到了学生的作用，如 Harlen（1996）认为，形成性评价本质上是为教师和学生提供学生目前理解和技能发展状况的信息，以决定将来的前进方向。但是，学生在评价过程中的具体作用并不明确。如果形成性评价的目的是为了促进学习，那么根据社会文化理论和建构主义学习理论，必须强调学生在理解、阐释、内化评价过程以及反馈中的作用。一些研究者注意到了这个问题，在形成性评价的概念化过程中，明确了形成性评价过程由学生和教师共同主导，强调了形成性评价是教师和 / 或学生使用的过程（Popham 2008；Perie 等，2007；CCSSO，2008c；）。Wiliam（2011）更明确地指出，在形成性评价的过程中，教师、学生或同伴都要参与学习信息的收集、阐释和使用，突出了学生参与形成性评价的过程。Wiliam 定义的不足之处在于，他将这些过程的目的限于帮助做出关于下一步教学的决定，而没有提及学生学习策略的调整。实际上，在形成性评价的过程中，学生和教师的作用同等重要，他们在互动合作中共同参与形成性评价的全部过程。

2. 形成性评价：计划与非计划

Popham（2008）强调了形成性评价的计划性。形成性评价包括一系列经过认真考量的、由教师和 / 或学生开展的活动。在 Popham 看来，教师在课堂上进行即时的现场教学调整固然很好，但不能算作形成性评价，因为如果要达到研究证据证明的效果，形成性评价必须是认真计划的过程。Popham 强调计划性的积极意义在于，他指出了形成性评价虽然发生在教学过程当中，但在具体教学评价之前就应启动相关工作，教师教学前的设计、思考和准备工作也十分重要。此外，这种对计划性的强调，还出于对评价目标的考虑。形成性评价关注的重点应该是促进高层次认知技能的发展，所以实施过程必须经过详细周密的计划和安排（Popham，2011）。这种看法确实具有积极的作用，但它的缺陷也同样明显。Popham 对计划性的强调致使形成性评价的范围缩小，将强调相倚性的课堂即时互动评价排除在形成性评价的范围之外。

课堂中的形成性评价应该是教师和学生之间能够对学习产生积极影响的社会互动（Torrance & Pryor，1998）。如果从目的和功能的角度来定义形成性评价，课堂即时评价无疑能起到很好的促学作用（杨华，2012），特别是对于二语课堂学习来说。非计划的形成性评价能够提供更为丰富、全面的学生信息，如学生的个人发展与社交能力发展的信息。而且，对于二语教学这样的课程来说，非计划的互动性形成性评价所提供的关于学生技能发展的信息有时更即时、更可靠、更深刻，也更能促进学生语言能力的发展。因此，至少对于二语课堂来说，将互动性形成性评价排除在形成性评价之外的做法欠妥。除此之外，即便是课堂即时评价，也并非没有计划性的成分。即时的教学调整需要教师具有良好的知识储备。学生对教师计划好的教学内容不理解，是教学中常常发生的状况，而教师对此的回应也应该是教师事前计划的一部分。将课堂即时评价作为形成性评价的一部分，在一定程度上对教师形成性评价的计划和准备工作提出了要求。最后，从推广形成性评价这一创新实践的角度来说，我们更应该采取一种较为包容、综合的形成性评价观，只要相关的实践可以提供信息支持教师教学和学生学习的调整、促进教与学，这些实践就都应当包括在形成性评价的范畴内。

3. 形成性评价：工具与过程

除了计划与非计划之外，关于形成性评价的一个最大争议在于形成性评价是工具还是过程。从形成性评价的定义来看，大多数学者倾向于将形成性评价看作一个过程。在 2006 年 10 月得克萨斯州奥斯汀第一次 FAST（Formative Assessment for Students and Teachers）会议上，FAST 成员将形成性评价定义为：形成性评价是在教学中教师和学生使用的一个过程，这个过程为调整正在进行的教和学提供反馈，从而提高学生的成绩，达到预想的教学效果（McManus，2008）。

这一定义包含两方面的重要信息：首先，形成性评价是一个过程，不是一个产品。这个过程可以很简单（如教师向学生提问），也可以很复杂（如开发和使用评价准则，帮助学生监控、修改自己的作品）。换言之，形成性评价不是像 ETS 开发的题库一样可以直接购买的产品。其次，它更强调好的教学而非评价工具的开发。也就是说，形成性评价关注的是使用评价技巧和过程指导教学、刺激学生学习，而不是测量学生已经学会了什么。学生的角色应该是合作者，积极参与到形成性评价的过程中，以监控和改进学习。

Osmundson（2012）也认为，在实践中，形成性评价是一个动态的交互过程，它涉及以下三个方面：

（1）教师和学生分享学习目标和成功标准；

（2）连续监控学习如何通过教师评价、学生和同伴评价而发展；

（3）反馈及后续调整教和学，以满足学习者的需要。

这种过程性的观点反映了形成性评价与教学的密切联系。其优点在于，它以更高的、动态的视角审视形成性评价，着眼于从目标分享到目标实现的过程，包括收集信息、分析和阐释信息并依据分析和阐释的结果采取相应的措施等过程。这种视角可以帮助教师更宏观地理解形成性评价是在一定的目标引导下，以达成目标为终点的一系列活动，也能让教师了解它所涉及的各个步骤及其注意事项。形成性评价并不随评价活动本身的结束而终止，还包括之后对评价信息的运用，从而调整教与学的过程。

尽管大多数学者都认为形成性评价是一个过程，但也有部分研究者强调了形成性评价的工具性，认为形成性评价是一套监控学生学习进步情况的工具（Bloom 等，1971；Dunn & Mulvenon，2009；Stiggins，2002；Kahl，2005）。Kahl（2005）认为形成性评价是教师用于测量学生对其所教授的主题内容和技能掌握程度的一种工具，可以让教师在教学进行过程中发现学生不理解和不正确的地方。这与 Bloom 等（1971）最早的关于形成性评价的认识相同，即形成性评价是受人们欢迎的，帮助学生、教师和课程建设者改进工作的一种工具。在 Bloom 等的形成性评价概念中，课堂形成性评价相当于行为表现考查或教师在一到两周的教学单元结束之后进行的纸笔单元测验。Bloom 等的这一观点在学界影响较大。

Ainsworth 和 Viegut（2006）认为，课堂形成性评价是指在正式教学开始之前对学生进行的前测或评价，但课堂形成性评价也可用于教学过程中和教学结束后，以测量学生的学习情况。他们还进一步指出，一般形成性评价（Common formative assessments）由小学年级组教师或为所有学生讲授同样标准的课程内容的中学课程组教师特别设计，用作前测，让参与教师了解学生对教师即将要教授的内容的了解程度。一般形成性评价用前测 / 后测模式开发，学生在教学开始时和教学结束后，进行相同的（或内容相同，但形式不同的）评价。

实际上，ETS 组织形成性评价的专家开发出了题库，为教师提供现成的形成性评价。南卡罗来纳州 Code Ann. 59-18-310（Supp. 2007）还制定了一个全州范围内的英语语言和数学的形成性评价推荐表（SEDL，2012）。法律规定，推荐表中的每一个形成性评价都需要符合专业的测量标准，并遵循南卡罗来纳州的学术标准。各地区从推荐表中选择形成性评价，并根据地区情况改进计划来提高学生的学习表现。推荐表中形成性评价的制定需要经过如下两个步骤：(1) 教育部门要求出版商、独立公司、上市公司、学校所在地区和其他感兴趣的机构提交形成性评价任务，这些评价任务将由专家委员会审核，以决定这些产品是否会对学习产生积极的影响。若合适，出版商便可提交评价产品。学科委员会专家将用南卡罗来纳州学术标准和指数来评价提交上来的评价产品。(2) 评价完成之后，将生成一个按课程和年级分类的标准一致的情况表，并公布于网络供大家查询。由此可见，尽管学界的主流观点认为形成性评价是过程，但在实践中，我们很难阻止商业机构和／或政府部门将工具或具体的测试称为形成性评价。这种做法也并非全无益处，在本书的其他章节中我们还会讨论这一问题。在此，我们首先看看学界为什么反对将形成性评价看作工具，甚至反对开发题库。

Popham（2011）认为，这些商业公司开发的测试与形成性评价的本质并不一致。这些基于标准的测试本质上是"迷你终结性"测试，除了能统计出多少道题目回答正确之外，并不提供反馈或对教学活动提出新的建议。Popham 还专门提到了 ETS 开发的形成性评价题库。他指出，虽然 ETS 声称它们开发的题目与州标准一致、技术含量高，而且按 Bloom 的认知层次分类，具有广泛的难度等级，但这并不意味着使用题库会对教学有所帮助。

Popham 关于"迷你终结性评价"的说法并不准确。首先，试题的本质就是收集信息的工具，它是否属于终结性评价取决于它是否用于评分、报告等终结性目的，而不取决于工具本身的结构。其次，Popham 之所以认为题库或类似测试不属于形成性评价，是因为它们没有提供"反馈"或"调整"教学的功能，但这在很大程度上取决于题库和测试的使用者。Black & Wiliam（1998a）就曾指出，如果此类活动频繁发生，且与学习目标明确相关，那么测试、练习和家庭作业都可以成为反馈和学习的工具。从广义上讲，基准测试、甚至大规模测试都具有一定程度的反馈和教学调整的功能。基准测试可以让教师和管理者了解各个班级的学生对学业标准的掌握情况。通过发现学生对哪些标准掌握得比较困难，教师就可以在今后的教学中针对薄弱环节投入更多精力。只要这些测试本身有质量保证，不论是由教师开发，还是商业公司开发，它都具有提供反馈和帮助调整教学的潜力，大规模测试也是如此。虽然大规模测试主要回答的问题在于是否有足够多的学生达到标准，但在适当的评价条件下，只要评价结果能表明每一名学生掌握每一条标准的情况，它也可以为教师提供以形成性的方式改进教学的机会。将所有学生掌握每一条标准的情况统计在一起，我们就能知道学生尚未掌握哪些标准，为下一步的教学提供内容上的指引。从这个角度来看，我们不能否认大规模测试、基准测试这些评价工具的形成性潜力，它们只是与其他形成性评价在提供反馈的个性化、具体化程度和教学调整的及时性上有所不同。而这种差异在一定程度上取决于对评价数据处理的报告方式，而非评价工具本身。

因此，我们不能否认测试工具的形成性功能，但仅仅将形成性评价等同于具体的工具亦不恰当。工具本身并不构成形成性，也不构成终结性。测试能否起到终结性或形成性评价的作用，要看它是如何设计和被使用的；判断一种特定形式的评价是形成性还是终结性，主要取决于信息使用的方式。正如 Hattie（2003）所做的比喻，厨师品汤是形成性的，客人品汤是终结性的。关键要看时机，可能同一种刺激（如品尝汤）可以被理解并用于两种形式的评价中。因此，工具本身并不是形成性或终结性的，而要看理解的时机和信息使用的目的。从教学角度来说，评价只有在其结果真正用于调节教学和满足学生需求时才是形成性的（Black & Wiliam，1998a）。

Bennett（2011）认为终结性评价和形成性评价都有两个功能，形成性评价的主要功能是促学，次要功能是报告成就；终结性评价的主要功能是报告成就，次要功能是促学。从这个意义上讲，所有评价都是形成性评价。但需要注意的是，一个评价工具用于多种目的也存在一定的问题。Pellegrino、Chudowsky 和 Glaser（2001）认为一个单独的评价常常被用于多种目的。然而总体上，一个评价想要达到的目的越多，每个目的就越会被折中。因此，如果我们将形成性评价定义为一种工具，也不无益处，它至少可以向使用者表明，某种工具为形成性目的而开发，形成性的作用较大，用于终结性目的时要慎重；或某一种工具是终结性评价工具，专门为终结性目的而设计，其形成性作用有限，用于形成性目的时需谨慎。

综上所述，虽然将形成性评价看成是工具或过程都有一定的道理，但也都存在不足之处。正如 Bennett（2011）所说，不管是工具论还是过程论，都过于简单。因为如果形成性评价的目的是为了促学，一旦工具使用的过程有瑕疵，那么即使是最认真建构的、最具科学支撑的工具也不可能产生好的教学效果。同理，如果使用的工具与评价目的不相符，最认真构建的过程也不可能产生好的教学效果。Bennett 认为可以不把形成性评价看作测试（工具）或过程，而当作过程与精心设计的方法或工具的结合体。

三、本书对形成性评价的定义

从形成性评价的各种定义中，我们可以看出形成性评价与教学紧密相关，它是一种鼓励教师和学生在教与学的过程中充分利用各种来源的信息对教与学进行指导，并以此调整教与学的一种以证据为基础的教与学的方法。这种定义方式最大的缺陷在于没有突出形成性评价中评价的特征，使人们很难将形成性评价与好的教学区别开来，导致部分教师认为形成性评价就是好的教学（Carless，2011）。这对形成性评价本身的发展不利，也使人们难以认清形成性评价的本质。Rea-Dickins（2001）认为许多课堂评价是非正式的，很难与好的教学实践区别开来，这在某种程度上削弱了评价本身的专业性。

笔者认为，形成性评价既与传统的教学不同，又区别于一般意义的测试评价。在传统的观念中，好的教学是一系列活动的集合。如果实施得当的话，这些活动将使学生的学习成就呈正态分布。在这种范式中，教师的角色是制定并以直线方式实施一系列教学活动，学生成绩上升或下降只与学生的智力和动机有关。成功地实施形成性评价要求教师将学生的作品作为教学与学生匹配程度的证据。为了发现和处理这些证据，形成性评价借用、引入、强化了许多评价测试中特有的概念和常用的工具，如信度、效度、检查表和评分准则等。这些概念和工具的引入使教学实践朝着更精确化、更科学化的方向发展，笔者认为这是形成性评价对教学的最大贡献。同时，由于形成性评价与传统测试的目的不同，所以形成性评价对这些传统的概念和工具又有所继承和发展，如形成性评价中的信度和效度与大规模测试中的信度和效度并不一致（详见第二章）。由此可见，形成性评价不仅和教学关系密切，还与评价密不可分。这种与教学和评价的亲缘关系使形成性评价成为连接评价与教和学之间的桥梁，使二者在课堂层面融为一体。因此，我们更倾向于将形成性评价定义为一种以评价为导向的课堂活动新范式。在这种范式中，所有的教学任务都可以是形成性评价的任务。任务本身可以不变，只是形成性评价在看待和处理任务时提供了不同于一般教学的、更接近于测试与评价的视角和方法。综上所述，我们将二语课堂中的形成性评价定义如下：

形成性评价是一种以评价为导向的课堂活动范式，它以评价者的判断能力为核心，要求评价者（教师、学生）采用、调整、设计各种适当的任务（课堂提问、任务、纸笔测试、档案袋等），系统地收集学生信息（包括学习产品和学习过程），并用适当的评价工具（检查表、评分准则等）对信息进行评价分析和阐释，再反馈给评价者（教师、学生）用于调整教和学的过程，促进学生语言能力的发展。

这一定义体现了二语教学科学化和教学规律的要求。教师在进行教学时，有课程大纲、课程标准、教科书等材料的支持和引导。而课程大纲或课程标准以及教科书是在什么样的指导下完成的呢？它们的开发过程通常以两方面的信息为支撑：一方面是学科本身的知识、技能获取规律。具体到二语教学，它遵循的是二语习得的规律以及语言教和学的理论。另一方面是学生的需求。考虑到这些材料的普适性，它们对学生需求的考量只可能是粗放式的。随着二语习得理论与语言教和学理论的不断发展，学生的需求也在不断变化。而作为指导性和纲领性的资料，课程标准和教科书等从开发到使用需要一定的时间，而且它们要在不变的情况下长期使用。从逻辑上说，课程标准和教材为教学提供的是一种大致的目标和路径，是一种理论（可能是滞后的理论）上的计划。所以，这种计划本身就可能存在瑕疵。

实践是检验理论的唯一标准。从实践出发，通过学前、学中和学后的形成性评价，来检查具体学生（更小的范围、更精确的目标）的学习情况。一方面能帮助教师和学生制定更为细化的实现教学目标的教和学的计划，另一方面做出即时调整和纠正以验证大纲、教材的合理性或弥补大纲等可能存在的不足。另外，在教学实践中，即便我们的教学计划和教学内容十分完美，也不能保证我们所教的内容能被学生完全掌握，因为我们面临的是一个个鲜活的、有个性的个体以及不断变化的教学环境。换言之，教学很少严格地按计划发展，意外和变化是永恒的，我们无法预测学生从教学过程中获得的学习成果。研究和常识都告诉我们，教师讲授的内容与学生掌握的内容之间存在差距，有时是相当大的差距，但教师可能毫不知情，这就使形成性评价成为有效教学的重要、甚至决定性的特征，因为只有通过评价我们才能知道教师所教的内容是否已为学生所吸收掌握。教学是一个永远需要调整、变化的过程，形成性评价帮助我们对教学进行调整，找到实现目标的有效路径。综上所述，从某种意义上说，评价是沟通教师教学和学生学习的桥梁，教、学和课堂评价三者结合使课堂变得完整。将形成性评价看作教学原则，将教英语变成教学习英语的学生，将教学的中心从教学内容转向学生，使以学生为中心的教学在具体的实践中落到实处。

这一定义还凸显了教师在教学过程中的价值：教师是教材和大纲的灵活使用者，而非盲从者。在我们的形成性评价定义中，教师的角色发生了变化，具有了不可替代性。如果教师只是知识的传递者和规定步骤的机械实施者，在现代技术发展的条件下，他们极有可能会被光盘所取代。对于工作负担十分繁重的教师，特别是中小学教师来说，强调形成性评价是一种新的以评价为导向的课堂活动范式，还可以帮助教师强化将形成性评价融入教学的意识。它提醒教师，课堂教学不是一个机械的实施预先制定好的计划的过程，而是一个不断调整计划的过程。一种创新的概念化方式非常重要，良好的概念化的标准之一就在于更有助于创新的普及。把形成性评价看作课堂活动范式，更有利于教师理解和接受这一概念并加以推广。因为教师每天从事的工作就是课堂活动，最熟悉的也是课堂活动。教师在课堂上以考试或观察的形式评价学生对所学内容的掌握程度，这样的"课堂测试"或"课堂评价"有相当长的历史，但这些行为往往依靠直觉、缺乏系统性且记录不全。观察学生、倾听学生之间的讨论、师生讨论、检查书面作业或其他学习产品以及使用他们的自我评价等，都是教师常常进行的工作。只是教师在进行这些工作时缺乏系统化的考量，并没有坚持用这些工具收集到的信息指导下一步的教学工作。因此，将形成性评价明确定性为课堂活动范式，一方面可让教师感到形成性评价不是一个完全陌生的概念，有利于消除他们的抵触心理；另一方面也可强调评价对课堂教学活动的引导作用。

除了强调以评价为导向的课堂活动范式之外，这一定义亦强调了任务的开放性以及教师和学生在评价过程中的责任。要实现形成性评价的功能，任务不可或缺，包括问题、任务、纸笔测试、档案袋等。任何评价任务，只要能提供有关学生学习状况的信息，都可以为形成性评价所用。也就是说，形成性评价是一个开放性的体系，没有固定的内容、方法或模式。这种开放性鼓励教师探索各种适用于各自教学环境的评价任务，促进教师的职业发展。因此，从任务的角度来说，重点不是争论某个任务是不是形成性评价任务，而是发掘各种评价任务的形成性评价潜质，并将其作用发挥到极致。这种对促学效果最大化的追求对教师提出了新的挑战，它要求教师不仅能担任任务的分析者，还要做任务的设计者和调整者。在二语课堂中，为使形成性评价的效果最大化，教师需要随时根据学生完成任务的表现情况调整任务特征，以获得学生学习状况的最准确的信息。任务本身的设计具有引出学生信息的潜力，但信息的产生是学生与任务互动的结果。只有最能激发学生能力、与学生能力最匹配的任务才能获得最具体和最准确的信息。如果任务太难，导致学生无法产生任何输出，那么学生的学习信息为零。因为如果学生对一项任务没有反应，我们就无从获得任何信息，只能得出一个大致的结论。例如，学生没有达到 A 标准。但学生与 A 标准的差距究竟有多大，我们则不得而知。通过一步一步降低任务的难度，直到学生有所反应，我们就可以判断出学生与标准之间的差距。

我们在定义中强调的以评价为导向的课堂活动范式传递给教师的信息在于，形成性评价是一项意义重大的创新，但在实践层面，它要求教师将自己所熟悉的经验和实践科学化、系统化、制度化。而这种科学化、系统化和制度化必须以高质量的形成性评价信息收集工具和完整的形成性评价过程为基础。我们提出的形成性评价定义还强调，任何课堂活动都具有形成性评价的潜质，鼓励教师和学生探索各种活动中可能出现的形成性评价信息，并对其进行判断和分析，然后用于调整教和学，以此形成完整的形成性评价过程，最终实现提升学生综合语言运用能力的目标。

由此可见，我们提出的形成性评价定义体现的是一种具有包容性、综合性和全面性的评价观。它的综合性和全面性体现在其目标的多样性，包括学科性的、个人的、社会的目标；评价信息收集方法的多样性，从课堂上即兴的问题到精心设计安排的学习档案袋；评价参与者多元化，涉及所有利害相关人，包括教师和学生乃至家长。在很多形成性评价定义中，学生参与都被提及，这主要说明形成性评价不仅要求学生参与，而且要能使用评价信息调整学习。本书的定义中明确强调了学生的全面参与，学生不仅是信息的使用者（分析、阐释、调整学习），还是形成性评价标准的制定者和信息的获取者。

四、什么不是形成性评价？

如上文所述，形成性评价本身的定义并不统一。除此之外，由于对形成性评价缺乏充分的理解和认识，二语教学界也流行着一些关于形成性评价的误解，甚至完全错误的观念。这些错误的观念不仅影响形成性评价的效果，而且也不利于形成性评价的推广和发展。下面我们将列举四种最常见的有关形成性评价的错误概念，并提出能够帮助我们进一步深化对形成性评价概念的认识。

1. 频繁的终结性评价不是形成性评价

有一种观点认为教师执行的任何评价都是形成性评价，特别是有教师认为每周进行测验、给学生批改作业就是对学生进行形成性评价。在他们看来，形成性评价是一种频繁进行的、用于发现学生现有知识和技能水平的测试。这种理解可能与 Bloom 的形成性评价观有关，也可能是由于评价（assessment）和测试（testing）这两个词的混用。但除非在评价／测试结果出现之后，教师和／或学生采取了一些措施改进自己的教学和／或学习，否则测试只能算是频繁的终结性评价。为了进一步理解这一问题，我们强调：

- 形成性评价不是一道测试题、一个测试或一系列测试。
- 形成性评价是教师和学生共同参与的、有目的的学习过程。在这一过程中，教师和学生收集学习信息，提升学习效率。
- 形成性评价体现了一种学习上的合作关系，它要求教师和学生判断、总结学生实现学习目标的情况。

2. 学生档案袋本身不是形成性评价

还有一种观点认为，教师目前常用的档案袋评价属于形成性评价。这种理解也有不妥之处。除非在档案袋建立和实施的过程中，提供了改变和提高学生产出质量的积极反馈，否则开发、使用档案袋并不能称为形成性评价（Llosa，2011）。换言之，档案袋只是收集数据的一种工具和方法，它能不能构成形成性评价取决于对所收集到数据的使用方式。为了正确认识学习档案袋，我们强调非传统的测试工具不一定就是形成性评价，任何工具本身并不构成形成性评价，构成形成性评价的是数据的使用方式。只有当评价信息导致教师和／或学生采取措施调整教学和／或学习时，才能被认为是形成性评价。

3. 形成性评价不是教师参与的或在目前教学实践基础上增加的项目

对形成性评价的这种误解可以直接追溯到教师发展的在职工作坊模式。通常情况下，教师会被要求使用外部专家在一次性的工作坊中规定和提供给他们的某种项目或技巧。因此，教师常常将这种形成性评价视为一种必须学习，并在自己的教学实践中额外增加的程序或方法。这种观点常常导致教师认为目前的工作负担已经十分沉重，他们没有充裕的时间进行形成性评价。这种"额外的""新增的"属性使教师很难认识到形成性评价是一个将课堂的重心从"教"转到"学"的过程，而不仅仅是在现有的实践基础上增加新的方法。为了正确理解形成性评价的内涵，我们强调：

- 形成性评价不是采用预先打包好的项目或方法。
- 形成性评价是一种教和学的原则，评价的目的是为学习提供指导，而不是监督学习。
- 形成性评价过程是对教师和学生课堂实践行为的根本性重塑。

4. 不是任何信息收集或改进教学的实践行为都属于形成性评价

一些教育者认为，当教师使用评价信息重新设计或修改课程时，教师就是在进行形成性评价。例如，当一个教师通过对中考试卷的分析发现学生对不定式的用法存在理解上的偏差，于是决定在教授下一届的学生时，增加讲解不定式用法的课时。在该例中，教师使用教学过程结束之后收集到的信息，计划为将来的学生准备改进的方法。虽然这种做法值得称赞，但它并不属于形成性评价，因为它的受益对象不是教师正在教授的学生。为了纠正这种误解，我们强调：形成性评价要求，收集到的信息必须用于指导目前正在教授的学生的学习。

五、形成性评价的定义集（按年代顺序）

1. Quite in contrast is the use of "formative evaluation" to provide feedback and correctives at each stage in the teaching-learning process. By formative evaluation we mean evaluation by brief tests used by teachers and students as aids in the learning process. While such tests may be graded and used as part of the judging and classificatory function of evaluation, we see much more effective use of formative evaluation if it is separated from the grading process and used primarily as an aid to teaching. (Bloom，1969：48)

2. Formative evaluation was welcomed as a tool for helping the student, teacher and curriculum constructor to "improve what they wish to do". (Bloom 等，1971：117)

3. Bloom, Hastings, and Madaus （1971：54）"borrowed" the term

"formative" from Scriven and used it to mean the provision of feedback on tests from small learning units which make up a mastery learning framework.

4. Sadler (1989: 120) described a model of formative assessment that emphasises feedback to students though the idea of feedback loops: Few physical, intellectual, and social skills can be acquired satisfactorily simply through being told about them. Most require practice in a supportive environment which incorporates feedback loops. Feedback loops include a teacher who knows which skills are to be learned, who can recognise and describe fine performance, demonstrate a fine performance, and indicate how a poor performance can be improved.

5. Formative assessment is an integral part of the teaching and learning process. It is used to provide the student with feedback to enhance learning and to help the teacher understand students' learning. It helps build a picture of a student's progress, and informs decisions about the next steps in teaching and learning. (Ministry of Education, 1994: 8)

6. Formative assessment has been defined as the process of appraising, judging or evaluating students' work or performance and using this to shape and improve students' competence. (Gipps, 1994, cited in Bell & Cowie, 2002: 6)

7. The distinguishing characteristic of formative assessment is that the assessment information is used, by the teacher and pupils, to modify their work in order to make it more effective. (Black, 1995, cited in Bell & Cowie, 2002: 6)

8. Formative assessment in this research was defined as: The process used by teachers and students to recognise and respond to student learning in order to enhance that learning, during the learning. (Cowie & Bell, 1996, cited in Bell & Cowie, 2002: 8)

9. Tunstall and Gipps (1996: 389) explain formative assessment as teachers using their judgments of children's knowledge or understanding to feedback into the teaching process and to determine for individual children whether to re-explain the task/ concept, to give further practice on it, or move on to the next stage.

10. Formative assessment is typically defined as assessment that yields information that can help "students guide their own subsequent learning and teachers modify teaching methods and materials so as to make them more appropriate for students' needs, interests, and capabilities". (Bachman & Palmer, 1996: 98)

11. Ideally, assessment should provide short-term feedback so that obstacles can be identified and tackled. This is particularly important where the learning plan is such that progress with this week's work depends on a grasp of the ideas discussed last week. Such assessment is generally called formative. It is clear that formative assessment is the responsibility of the classroom teacher, but others, in the school or outside, can support such work by providing training and methods. (Black & Wiliam, 1998a: 25)

12. Formative assessment is not a thing; rather it is a construct, a name that is given to what should be more characterized as a social interaction between teacher and student that is intended to have a positive impact on student learning. (Torrance & Pryor, 1998: 10)

13. Black and Wiliam (1998a: 7–8) provide a working definition for formative assessment as "encompassing all those activities undertaken by teachers, and/or by their students, which provide information to be used as feedback to modify the teaching and learning activities in which they are engaged".

14. Airasian (2001: 421) has defined formative assessment as "the process of collecting, synthesizing, and interpreting information for the purpose of improving student learning while instruction is taking place".

15. Assessment is defined in terms of action taken as a consequence of an assessment activity. This action — based on aspects of learner performance in an assessment — may be taken by any of the key stakeholders in the assessment process by, for example, a teacher, a learner or a school. (Rea-Dickins, 2001: 432)

16. Assessing for learning involves teachers using "the classroom assessment process and the continuous flow of information about student achievement that it provides in order to advance, not merely check on, student learning". (Stiggins, 2002: 759)

17. An assessment activity can help learning if it provides information to be used as feedback by teachers, and by their pupils in assessing themselves and each other, to modify the teaching and learning activities in which they are engaged. Such assessment becomes formative assessment when the evidence is used to adapt teaching work to meet learning needs.(Black 等, 2003: 2)

18. Formative assessment is a process, one in which information about learning is evoked and then used to modify the teaching and learning activities in which teachers and students are engaged. (Black 等, 2003: 122)

19. Assessment for learning is any assessment for which the first priority in its design and practice is to serve the purpose of promoting pupils' learning. It thus differs from assessment designed primarily to serve the purposes of accountability, or of ranking, or of certifying competence. (Black, 2003: 9)

20. A tool that teachers use to measure student grasp of specific topics and skills they are teaching. It's a "mid-stream" tool to identify specific student misconceptions and mistakes while material is being taught. (Kahl, 2005: 11)

21. Wininger and Norman (2005: 25) defined formative assessment as the measurement of student progress before or during instruction for the expressed purpose of modifying instruction and improving student performance.

22. Gronlund (2006: 6) has written that formative assessment is intended "to monitor student progress during instruction...to identify the students' learning successes and failures so that adjustments in instruction and learning can be made".

23. Formative assessment information is used to make changes. "Assessments are formative, if and only if something is contingent on their outcome, and the information is actually used to alter what would have happened in the absence of the information". (Wiliam, 2006: 284)

24. Stiggins and Chappius (2006) refer to summative assessment as "Assessment of Learning". If we consider an analogy to plants,

summative assessment is the process of simply measuring the plants. It might be interesting to compare and analyze measurements but, in themselves, these do not affect the growth of the plants. They refer to formative assessment as "Assessment for Learning". Formative assessment is the equivalent of feeding and watering the plants appropriate to their needs, and directly affecting their growth. While Stiggins notes that it is important to know how proficient students are at a certain point (summative), it is just as important to monitor students' learning and involve them in assessment as an ongoing and integral process (formative). (Huinker & Freckmann, 2009：1)

25. An assessment is formative to the degree that the information collected from the assessment is used during the assessed instruction period to improve instruction to meet the needs of the students assessed. (Popham, 2006, cited in Dunn & Mulvenon, 2009：2)

26. Basically, formative assessment is any means by which a teacher figures out what students are getting and what they are not getting in the classroom, for the purpose of teaching and learning, but not for purposes of grading. (Gareis, 2007：18)

27. Any task or activity which creates feedback (or feed forward) for students about their learning. Formative assessment does not carry a grade which is subsequently used in a summative judgment. (Irons, 2008：7)

28. Formative assessment is a planned process in which teachers or students use assessment-based evidence to adjust what they're currently doing. (Popham, 2008：6)

29. Formative assessment is a process used by teachers and students during instruction that provides feedback to adjust ongoing teaching and learning to improve students' achievement of intended instructional outcomes. (McManus, 2008：3)

30. Formative assessment is "a systematic process to continuously gather evidence and provide feedback about learning while instruction is under way". (Heritage 等, 2009：24)

31. Formative assessment is a process in which teachers use various tools

and strategies to determine what students know, identify gaps in understanding, and plan future instruction to improve learning. (Learning Point Associates, 2009: 2)

32. An assessment functions formatively to the extent that evidence about student achievement is elicited, interpreted, and used by teachers, learners, or their peers to make decisions about the next steps in instruction that are likely to be better or better founded, than the decisions they would have made in the absence of evidence. (Wiliam, 2011: 43)

第二节　形成性评价的分类
(Types of Formative Assessment)

作为一种新的课堂活动范式，形成性评价的形式多样。许多研究者已经开始对这些多样化的形式进行分类，以便研究者、实践者、政策制定者能更好地理解形成性评价 (McMillan, 2011; Shavelson 等, 2008; Carless, 2007; Wiliam & Thompson, 2008; Torrance & Pryor, 2001; Cowie & Bell, 1999)。这些分类方法反映了研究者对形成性评价的不同理解、不同的关注重点以及其中蕴含的不同理论视角。其中，按计划程度、时间维度、形成性程度和评价信息来源四个视角来对形成性评价进行分类最为常见。

一、按计划程度分类
Shavelson 等 (2008) 认为形成性评价是由教师主导的，其目的是通过即时的、具体信息的反馈让教师和学生了解其目前的知识和能力与期望其掌握的知识和能力之间的差距。在 Shavelson 等看来，形成性评价是一个从非正式形成性评价到正式形成性评价的连续统。一个具体的形成性评价事件或实践的正式程度取决于计划的事件、正式程度、所收集数据的性质和质量。按正式程度划分，形成性评价可以分为即时形成性评价、计划互动性形成性评价和内置于课程中的形成性评价。

1. 即时形成性评价

当教师巡视课堂、倾听学生的课堂讨论并发现学生对某一概念或语法现象的理解出现偏差时，一个"可教时刻"便出现了。而这个可教时刻不经意出现时，也就是进行即时形成性评价的时刻。例如，当教师听到学生说 must 只能用来表示命令时，如 You must turn off the light before you leave the room.，教师可抓住这个"可教时刻"进行形成性评价。教师可以评论 "Really? What about 'You must be hungry given the way you eat'? What is the function of 'must' here?" 这就是即时的形成性评价。

2. 计划互动性形成性评价

计划互动性形成性评价是教师事先安排好的形成性评价。教师通常会计划并设计方法找出学生已有的知识和需要掌握的知识之间的差距。这种预先设计好的计划和方法就是计划互动性形成性评价。例如在备课时，教师可能会准备一系列与当日的学习课程目标有关的重点问题，例如，"Brainstorm about the ways to ask for direction in English" 或 "How to arrive at the bank nearest to your home?" 教师选择适当的时机在课堂上提出这些问题，从学生的回答或讨论，教师可以了解到学生是否能用英语问路，在用英语问路时还有哪些地方需要改进。这种类型的形成性评价接近于 Popham（2008）强调的计划的过程。

3. 内置于课程中的形成性评价（由课程开发者和教材开发者计划）

内置于课程的形成性评价是一种准备好的、现成的形成性评价。教师或课程开发者提前将正式的评价置入正在进行的课程中，创造出以目标为导向的"可教时刻"。评价内置在一个单元的节点或"交点"上，这时一种重要的子目标已经完成，学生正准备进入下一课的学习。这种内置于课程的形成性评价可以由课程开发者、评价开发者、学科专家和教师共同开发，旨在做到与课程和教学目标一致，与学科专家的理解一致，与心理测量原则一致，并且与实践一致。正式的内置形成性评价提供了一种经过思考的、与课程一致的、有效地了解学生知识和能力状况的方法，而不是把计划和评价的重担加在教师一个人身上。在中国的英语教学领域，这样的形成性评价尤为重要，因为教师的教学负担十分沉重，且很多教师专业技能不足，自己没有足够的时间和能力去设计评价任务。这就需要评价专家、课程设计者、教材开发者为教师提供现成的评价方法。这种类型的形成性评价实际上指的是为形成性目的开发的信息收集工具，类似于 ETS 开发的形成性评价题库。

这三种形成性评价有一些区别于其他评价的共同特点：首先，它们都是有目的的学习信息收集活动；其次，它们都是自然教学过程中的一部分，周期较短，发生在一堂课或一个单元的学习过程之中，是提供即时反馈的基础。

二、按时间维度分类

除了按计划程度分类之外，Wiliam & Thompson（2008）按照形成性评价的时间维度提出了长期、中期和短期三种类型的形成性评价，如表 1.1 所示。

表 1.1　形成性评价的循环长度

类型	重点	长度
长期	跨评分期、跨学期、跨学年	4 周到 1 年
中期	在教学单元之间或教学单元之中	1 到 4 周
短期	在课堂之间或课堂中	每天；24 到 48 小时；每时每刻；5 秒钟到 2 小时

1. 长期形成性评价

长期形成性评价持续的时间为四周到一年。也就是说，从评测信息的获取到使用跨越了一个评分期，教师将在下一个学期或学年根据评测信息做出调整。在长期的形成性评价中，评测和教学是各自独立、分开进行的。评测过程可以是标准化测试，具有可以量化的效度和信度标准。随后做出教学调整的依据来源于学生在评测中的表现，调整的目的是实施补救性或更有针对性的教学。这种评价的形成性功能更多地体现在课程建设和全体学生学业水平的提高上（杨华，2012）。而就学生而言，一次性的评测是否能够真实、全面地反映个体学生的需求，同时评价的受益者是否就是评价表现的提供者，这些因素都有可能影响教学调整的有效性，应当予以重视。实际上这种类型的形成性评价并不符合多数学者对形成性评价的定义。

2. 中期形成性评价

中期形成性评价持续一到四周，发生在教学单元之间或教学单元之中，教师可以利用评测结果在下一个单元或本单元的后半部分做出教学调整。中期形成性评价使评价和教学有了更为紧密的联系：教师通过单元测试、档案袋和学生作业等手段获取学生学习发展阶段的信息，并且能够更加及时、更加细致地调整下一步的教学。由于教师面对的是同一批学生，因此更能保证教学反馈的有效性。

3. 短期形成性评价

短期形成性评价可以在一个单位工作日内完成，每时每刻都可能发生，时间持续不过几秒到几分钟，教师可根据获取的学生信息计划第二天的教学，或者对教学做出实时调整。短期形成性评价强调教、学、评三者融为一体，在快速的不断评测中，教师和学生完成了教与学的过程。这种短期的形成性评价与 Torrance & Pryor（1998）的教师和学生互动相似，强调在同步的"相倚时刻"（moments of contingency）（Black & Wiliam，2009），教师进行实时调整，以便最有效地发挥形成性功能（Leahy 等，2005；Wiliam，2006；Black，2009）。

杨华（2012）认为长、中、短期这种分类方式不仅可以有效地帮助划分不同的形成性评价实践，同时还能说明形成性评价中评测和教与学之间的紧密程度。但这种分类的不足之处在于：首先，形成性评价的时间维度已经越来越淡化，不能成为形成性评价的区别特征；其次，时间维度的划分过于严格，比如，长期形成性评价的最长期限为一年，以学期和学年为基础，便将初中和高中学段为单位的形成性评价排除在形成性评价之外，而中考和高考的测试可以为课程建设和全体学生学业水平的提高提供形成性的信息；再次，关于单元时间间隔的划分，各个学科的具体情况并不相同，而且课程的上课频率也不一样。对于强化课程，可能一周内就要完成 2 到 3 个单元。因此这种时间的划分显得较为机械。我们认为，更为合理的时间维度划分是：课程开始前、课程进行中和课程结束后，这样的划分方法可能更符合教师的教学实践。

三、按形成性的高低程度分类

McMillan（2011）根据形成性评价的特点，将形成性评价分成了高、中、低三种程度，具体见表1.2（原文见本章第52页附件）。

表1.2　形成性评价特点的程度

特点	低形成性	中形成性	高形成性
学生学习信息	很大程度上是客观的、标准化的	一些是标准化的，一些是临时的	多样的评价，包括客观的、建构的回应，也包括临时的、意外的
结构	很大程度上是正式的、计划好的、可以预见的	非正式的、自然的、"即刻的"	正式的和非正式的
参与者	教师	学生	教师和学生
反馈	大部分是延时的（如进行小测验，隔天给学生反馈），反馈比较笼统	一些是延迟的，一些是即时的、具体的	对学得较慢的学生是即时的、具体的，对学得较快的学生是延迟的。
评价	大部分是在教学和评价之后（如一个单元结束）	一些在教学过程中，一些在教学完成后	大部分在教学过程中
教学调整	大部分是规定好的、计划好的（如根据教学计划推进）	一些是规定好的，一些是灵活的、非计划性的	大部分是弹性的、非计划性的
任务选择	大部分由教师决定	一些由学生决定	由教师和学生共同决定
教师学生互动	大部分互动主要基于正式角色	一些互动基于正式角色	广泛的、非正式的、信任的、诚实的互动

续表

特点	低形成性	中形成性	高形成性
学生自我评价的作用	无	间接的、次要的	必需的
动机	外部的（如通过能力测试）	内部的和外部的	很大程度上是内部的
成功归因	外部因素（如教师、运气）	内部稳定因素（如能力）	内部的、不稳定的因素（如一般程度的学生努力）

这种从高到低的不同程度使形成性评价成为一个连续统。低形成性评价是初级的、原始的。这种形成性评价可以很简单，如学生进行测试、接收简单的反馈。高形成性评价将即时的证据收集、反馈和教学调整融为一体。这种按高、中、低将形成性评价分类方法的好处在于，它让人们认识到了"形成性"是一种功能，不同的工具拥有不同的形成性功能或效果。但按上述 11 种特点将评价工具分为高、中、低三个档次，也存在一定的问题。首先是分类的科学性问题，这种分类只是理论上的一种分类，按这种分类方式归类的评价工具是否具有相应的形成性效果尚需实证研究提供科学的证明。评价的形成性效果是一个复杂的问题，涉及诸多因素，如学习者、学习内容以及各个层面的学习效果等（知识、技能、情感）。例如，按这种分类方法，纸笔测试被归类为低形成性，但它在各种语境下的形成性效果或促学效果一定就比较低吗？其次，这种分类的方式可操作性较差，教师需要对一个工具进行 11 个参数的分析，才能确定一种评价方式的类别，这样过于复杂且没有必要。我们可以在工具使用之后，按这 11 个特点将工具进行分类，但这种分类的作用又在何处？教师更关心的问题可能是教学实践中可以通过哪些途径、收集怎样的信息、起到了怎样的促学效果。

四、按评价信息的来源分类

一种好的形成性评价的分类方法，不仅应从概念上帮助教师和学生理解形成性评价的内涵和本质，还应该考虑到教学和评价所发生的具体语境，方便教师和学生实施形成性评价。实施形成性评价之前，教师和学生首先需要解决的问题是用什么样的方法或从哪里获得评价信息。因此，以评价信息的来源为标准对形成性评价进行分类是另一种分类方式。

在我国的教育语境中，根据评价信息的来源，可以将形成性评价大致分为两大类：（1）以高利害测试为基础的形成性评价；（2）以非高利害测试为基础的形成性评价。

第一类形成性评价的评价信息来源于学生参加的高利害测试，教师和学生一起重温考试中出现的评价任务，从中发现学生在学习上存在的差距，然后再探索缩短差距的方法。第二类形成性评价则要求教师和学生根据学习目标选择、设计评价工具，收集相关信息进行评价，最后在评价的基础上采取教和学的干预措施。这种分类方法的好处在于考虑到了我国二语教学的教育和评价语境。我国的教育体制是一个深受考试文化影响的教育体制，考试（终结性评价）在我们的教育和学习生活中占据了重要地位，因此我们必须考虑高利害测试在形成性评价中的运用。从实践的角度说，先进行以高利害测试为基础的形成性评价，并以此为基础开展非高利害形成性评价的实践在考试文化中更具可行性。以高利害测试为基础的形成性评价和反馈，可以作为实施形成性评价推广和改革的第一步，待教师认识、熟悉了形成性评价的特点和方法之后，再逐步过渡到以非高利害测试为基础的形成性评价。这种实施方案的好处在于：（1）（鉴于教师和学生更愿意在终结性评价方面投入时间）充分利用了终结性评价对教师和学生的动机促进作用，有利于教师和学生的积极参与。如果教师和学生没有参与的动机，任何改革都无法成功，作为一种创新尝试的形成性评价也不例外；（2）基于教师现有的教学实践，而不是突然强加给教师一个新的方法，教师更容易接受；（3）检验以终结性任务为基础的形成性实践的可行性；（4）加深教师对终结性评价任务的认识，提高教师的评价（形成性评价和终结性评价）素养；（5）明确了形成性和终结性评价在功能上并不完全对立的关系，它们都可以用于促进学生的学习；（6）提供了终结性评价和形成性评价的接口，有利于建立一个平衡的、终结性评价和形成性评价形成合力的评价体系。

除此之外，我们还可以更为具体地、精确地根据评价信息的来源进行进一步分类。按这种分类法，形成性评价的工具主要包括两大类型：结构化的形成性评价工具（测试、问卷、检查表、档案袋等）和非结构化的形成性评价工具（家庭作业、课堂记录、课堂观察、课堂提问等）。不同的评价工具在信息收集、信息分析和信息反馈方面的功能有所不同。例如，大规模纸笔测试很难收集动机信息，但访谈可以做到；纸笔测试只能对结果进行分析，无法对学生的思维过程进行分析，但档案袋和教师观察可以做到；在信息反馈方面，纸笔测试一般只提供分数，但档案袋评价则可以提供更丰富的描述性信息。采取这种分类方法的好处在于：首先，教师需要在多样化的评价工具中选择适合自己具体教学环境的评价工具；其次，这种分类方法具有开放性，教师可以创造自己的评价方法，放入自己的评价工具箱中。优秀的教师应该拥有一个适合自己独特环境的评价工具箱。最后，这种分类方法有利于教师学习掌握各种信息收集工具的使用方法。

一言以蔽之，按信息来源分类的方法的最终目的是为了帮助教师建成一个评价工具表，并清晰地了解每种评价工具的使用语境、方法、目的和效果。

第三节　形成性评价的特点
（Features of Formative Assessment）

为了帮助学生和教师更好地理解并实施形成性评价，很多学者都对形成性评价的特点进行了进一步的总结和描述（ARG，1999；Black & Wiliam，1998b；McManus，2008；QCA，2001；Wiliam & Thompson，2008）。在综合前人研究的基础上，我们认为形成性评价的主要特征包括：明确、理解并分享学习目标和成功标准；利用提问展开探索性的对话，引出学生学习的信息；提供反馈，推动学生进步；激活学生作为彼此的教学资源和自己学习的主人。这些特点对于很多教师来说并不陌生，因为教师平时可能就是这样开展教学的。所以有观点认为形成性评价就是有效的教学，形成性评价的特征就是良好教学的特征。实际上，有效教学和形成性评价的关系密切。之所以将其归为形成性评价的特点，Carless（2011）认为存在两大原因：首先，它们都符合形成性评价的定义，即学习证据的收集以及学生、同伴和教师使用这些证据指导学习过程；其次，将其归类于形成性评价的特点有助于改变人们将评价等同于测试和打分的传统概念。从某种意义上讲，形成性评价概念的提出是为了抵制终结性评价的强大影响（Stobart，2008）。下面，我们将从评价的角度简述一下上述特点。

一、明确、理解并分享学习目标和成功标准

学习目标告诉学生课程中将学到的内容和成功标准，两者都必须清楚、可控、符合学生的学习需求。理解学习目标和成功标准对于促进学生学习意义重大。Shirely Clarke（1998，2001）的研究发现，教师往往更善于告诉学生要做什么，而不善于清楚表达期待学生学什么，并让学生意识到他们努力要学的东西有多么重要。

不了解学习目标是什么，儿童不仅失去了可以更有效地完成任务所需要的信息，而且也失去了自我评价的机会、与教师讨论学习目标的机会、为自己设立目标的机会和理解自身学习需求的机会。换言之，也就是失去了对自己的学习进行智力思考的机会。

Sadler（1989）认为，学生拥有和教师大致相同的质量观是学习进步不可缺少的条件。它能够在产出学习成果的过程中，不断监控产出的质量，并且具有一套在任何时刻都可以采用的备用措施或策略。

很多教师可能认为明确学习目标是一件容易的事，因为课程标准已经规定了学生的学习目标，我们的教科书中每单元都有该单元的学习目标。不过，本节的标题——明确、理解并分享学习目标和成功标准，已经告诉我们让学生理解学习目标和标准并不是一件简单的事情。

就学习目标而言，教师最常犯的错误就是混淆学习目标和学习语境。例如，我们让学生修改写作中的衔接错误，其目的是让学生在下次写新的文章时，避免再犯类似的错误，而不只是知道这篇文章中的错误怎样修改。教师更应该关注的不是学生有没有能力做我们教他们做的事情，而是有没有能力将学到的东西运用到相似但不完全相同的新环境之中。

分享成功标准的难度在于成功标准本身有时候很难由语言表达或界定清楚，或者说我们不总是能用语言表达我们知道的东西。很多事物只能意会，不能言传。Pirsig（1991）就认为质量不一定需要定义；我们可以在没有定义的情况下，理解质量。质量是一种独立于智力抽象或发生在智力抽象之前的直接经验。这说明在很多情况下，在上课或进行任务之前直接告诉学生什么是成功标准，并不是有效的分享成功标准的方式。以写作中的评分标准为例，仅仅把现成的标准提供给学生是不够的。为了使学生深刻理解成功标准，教师需要给学生时间思考成功标准在实践中意味着什么，然后再将其运用到实践之中，在实践中体会，最后与同伴和教师讨论。换言之，成功标准的理解不是教师向学生传达的单向过程，也不是一次性完成的，而是学生在不断思考、实践以及与他

人的交流中逐渐构建起来的。

在某些情况下，学习意图可以明确地通过清楚的目标，加上详细的成功标准，以简单的形式表达出来。例如，今天我们要学习4个单词，在学完今天的课程之后，学生要能正确地拼读、拼写这4个单词。这样的学习意图和成功标准简单明了。但很多时候，情况远比这要复杂。例如，在进行创造性的工作时，准确地表达出学习意图和成功标准既不可能也不合适，如创造性的写作和创造性的演讲，成功的标准很难明确、详细地表达出来，更多的时候需要学生自己去发现和体会。因此，我们建议教师和学生共同构建学习意图和／或成功标准，在这一过程中培养学生的学习质量意识。与学生共建学习目标或成功标准的好处在于，它创造了一种学生可以讨论和产生自己的学习目标和成功标准的机制。由于学习目标和成功标准来自于学生自己的思考，因此，学生更有可能将其运用到自己的学习之中。在共同建立学习目标或成功标准的过程中，教师可以向学生提供优秀表现或作品范例，这在某种程度上也有助于明确意图和成功标准。

不过需要提醒教师的是，虽然我们要求明确、理解并分享学习意图或成功标准，但过于直接地告诉学生详细的学习意图或者成功标准不一定会产生理想的学习效果，因为它省略或限制了学生进行探索和发现的过程。

二、通过提问驱动有效课堂讨论和其他学习任务，获取学生学习证据

作为教师，我们知道学生学到的不一定是我们想要教给学生的内容。因此，教师需要分析学生的行为表现，了解学生的思想，然后才能确定学生是否掌握了教师所教的知识和技能。在二语课堂上，教师提问以及由此引发的学生的回答、学生之间的对话、学生与教师之间的对话，是获取学生语言能力、内容知识、思维能力发展证据的最好的方式之一。Wiliam（2011）认为，教师在课堂上提问只有两个原因：（1）引发学生思考；（2）为教师提供下一步该如何行动的信息。只有认真思考了，学生的回答中才能体现出真实的知识和技能水平，教师也才能以此判断和决定下一步该采取何种措施，以缩短实际的知识和技能水平与理想的知识和技能水平之间的差距。

可惜的是，通过对现代课堂的研究，我们发现课堂提问并没有得到很好的运用，不能很好地服务于这两个目的，主要问题在于：（1）教师问的大多属于学生不需要思考的、封闭的、低认知层次的问题；（2）教师没有给学生提供充分的等待时间。为了解决这两个问题，Hodgen & Webb（2008）建议教师使用开放性的、高认知层次的问题。Rowe（1974）则建议增加教师提问后的等待时间。这两种方式可以鼓励学生思考，尽可能表现出他们所掌握的知识和技能。除此之外，为了保证课堂提问效果的最大化，从形成性评价的角度来说，作为信息收集手段的课堂提问还应该与学习意图保持一致。所有这些建议都是普适性的建议，在运用到二语课堂中时，我们还需要考虑到二语课堂的特殊性，即二语课堂中学习目标和学习手段是重合的，都是第二语言。我们的所有课堂实践活动都应该以第二语言教和学的理论为指导。

首先，就问题的认知层次而言，简单的信息交换属于低认知层次的问题，但在二语课堂中，准确、流利的信息交换是极为重要的学习目标，特别是对低年级的学生而言。因此，在二语课堂中，低认知层次的问题和高认知层次的问题同样重要，两者应该保持一定的和谐比例。其次，对于等待时间的问题，因为二语课堂的学习目标之一是语言的自动化，因此，不同的任务等待时间的长短与其他课堂应该有所不同。最后，所设计的问题与学习目标保持一致的问题。学习目标一般应该来自于课程标准。以英语课堂的学习目标为例，我国的国家标准以"我能"的形式规定了中小学课堂表现型的行为目标。这些目标应该成为教师设计问题时的参考。当问题与学习目标一致时，教师可以更清楚学生回答的可接受性参数。不过，二语课堂的情况比一般课堂更为复杂：在一般课堂上，当教师提出简单的识记性问题时，学生只需要提供必要的知识；当教师提供高于识记性的问题时，学生需要展示思维能力。在二语课堂上，对于识记性问题的回答不仅需要内容知识，还需要语言知识和技能。例如，"How old are you?"这种简单的问题，如果学生不能提供正确的回答，那么只能说明学生没有回答问题所需要的语言知识。但对于"How do you think of the financial crisis?"这样的问题，如果学生答不出来，可能是由于语言知识，也可能是因为内容知识和思维能力的欠缺。所以，在设计二语课堂的问题时，教师不仅需要考虑问题设计的内容知识及其认知层次，还需要考虑到其所要求的语言知识和技能。

设计形成性评价问题是一个富有挑战性的任务，除了认知层次、语言能力和等待时间等因素外，还需要考虑问题的社会语境以及提问所使用的语言是否能被学生理解等。很多教师没有接受过专门的问题设计培训，这种挑战尤为严峻。在这种情况下，教师合作设计问题不失为一种权宜之计。中小学二语教学中，这种方式的可行性较高。在中小学，教师一般都属于某个年级组或学科组。教师可以共同研究课程标准、确定学习目标、设计课堂问题。除此之外，教师还可以在年级组或学科组的会议上讨论学生的回答情况，确定学生的学习进度。和同事一起设计课堂问题可以提高课堂问题的质量。如果共同设计的问题质量很高，还可以用于未来对学生的提问。

三、提供反馈，推动学生进步

反馈也是教师非常熟悉的教学活动。在课堂上，教师常常为学生提供各种各样的反馈。在教育领域，我们一般将提供给学生的任何关于其目前状态的信息称作反馈，但这并非反馈这一概念最早的含义。反馈一词最早在工程学领域中使用。在工程学中，反馈这一概念的最大特点是反馈形成了一种反馈环。利用温度计调节室内温度是反馈环最经典的例子。温度调节系统由4个部分构成：(1) 确定理想状态的手段(温度设定)；(2) 确认目前状态的手段（温度计）；(3) 将目前状态和理想状态进行对比的手段（温度计）；(4) 将目前状态调节到理想状态的手段（锅炉或冷却系统）。对于工程师来说，了解目前状态和理想状态之间的差距没有直接用处，除非有一种机制可以将目前状态逐步转变为理想状态。

Ramaprasad（1983）和 Sadler（1989）的反馈研究继承了这种最初的理解。根据他们的研究成果，现在学界一般认为形成性评价的反馈由三部分构成：(1) 对于学习标准（理想的知识和技能水平）的理解；(2) 将理想的知识和技能水平与目前的表现水平进行比较；(3) 采取适当的行动，弥合理想和现实之间的差距。简而言之，反馈需要提供的信息包括对我要去哪、我在哪里以及我如何达到这三个问题的答案。也就是说，教师的反馈需要指出学生现有知识能力水平和目标之间的差距，同时要给出弥合这种差距的解决方案。

如果依此标准判断课堂反馈是否有效，那么高质量的反馈并不多见。通过对课堂的观察，我们发现教师提供的许多反馈关注的并非是学生的知识和技能发展，而是学生的行为或态度，如："别这样做！""再努力点！"或"好孩子！""答得好！"这种反馈很难对学生的认知发展起到促进作用。Wiliam（2011）甚至认为许多教师的反馈不是对学生的学习没有效果，就是效果有限，甚至有些反馈还会对学生产生负面影响。由此可见，虽然研究和常识都认为，反馈对学生的学习发展至关重要，形成性评价更是将其作为自己必不可少的特征之一，但提供高质量的反馈绝非易事。

影响反馈质量的因素很多。除了上述内容，如何提供反馈、反馈关注的是任务还是学生（Butler，1988）、反馈提供者和接受者的关系和相对地位、提供反馈的环境是私密的还是有他人在场、反馈的时间、反馈有没有提供改进的机会等，这些因素都会影响反馈的质量。Black 和 Wiliam（2003：631）认为"好的反馈引发思考"。Day 和 Cordon（1993）的研究发现接受搭架子式反馈的学生比接受完整的解决方案的学生学得更多，记得更牢。Boulet，Simard 和 De Melo（1990）得出的结论是教师给出的反馈是书面形式还是口头形式并不重要，重要的是要给学生使用反馈的时间。

很多学者都提出了有效反馈应该遵守的原则。Wiliam（2011）认为，反馈的第一原则是学生需要做更多的工作，而不是教师。但通常情况下，学生用在处理反馈上的时间往往没有教师用在提供反馈上的时间多。反馈的第二原则是反馈应该有重点，贵在精而不在多。通常教师喜欢给学生大量的反馈，但学生对这些反馈并不在意。最后，反馈应该与学习目标相关联。

综上所述，好的反馈应该引起的不是学生的情绪反应，而是学生的思考：思考学习的目标，思考目前的状态，最重要的是思考下一步该做什么。形成性评价是通过挡风玻璃而不是后视镜观察，它关注的是未来而不是过去。最后，反馈除了可以提供给学习者，还可以为教师提供参考，帮助教师调整教学（Wiliam，2011）。

四、激活学生作为彼此的教学资源和自己学习的主人

强调学生在评价中的作用是形成性评价区别于其他评价，特别是终结性评价的一大特点。学生评价所采取的形式包括同伴评价、同伴辅导和自我评价。学生通过同伴评价、同伴辅导和自我评价的实践学会如何学习，逐步成为具有自我调节能力的、独立的学习者。

同伴评价可以是终结性的，也可以是形成性的。在终结性的同伴评价中，学生依据一定的标准给自己的同班同学打分。在形成性评价中，学生运用已有的、确定的标准对同学的作品或表现进行分析与评价并提供反馈。这种形成性评价可以是一次性的活动，也可以是一系列的活动。在这一系列的活动中，学生对同学不断修改后的作品进行评价。一般来说，同伴评价的主要目的是促进学习。

和同伴评价密切相关的一种合作学习的形式是同伴辅导。Donaldson 和 Topping（1996）认为同伴评价可以看成是同伴辅导的一个部分。早期的同伴辅导要求学生作为代课教师来传授知识。现代观点认为，同伴辅导指的是来自于相似社会团体的、职业不是教师的人们之间的互助学习（Topping，1996）。在同伴辅导中需要有明确的角色分工：有的人做教师，有的人做学生。Forman 和 Cazden（1985）认为参加同伴辅导的个体之间应该在知识储备上有差距。在同伴辅导或其他形式的合作学习过程中，学生扮演教师的角色，所以引出学习证据和提供反馈是最重要的，因此同伴辅导可以看作是一种形成性评价。

同伴评价和同伴辅导对于促进学习来说十分重要。首先，在同伴评价和同伴辅导的过程中，学生不仅可以向同学提供改进学习的建议，还可以从同伴的学习成果中发现值得自己模仿学习的特征。由于同伴具有基本相同的权力地位，同伴之间的互评会比教师主导的教学和评价更令人放松，学生更愿意表达自己的想法。其次，为了能够对同伴的作品进行评价，学生必须了解学习意图和成功标准。这种理解也可以在完成和评价自己的学习过程中使用。来自于同伴的评价和同伴辅导的经验可以帮助学生更深刻地意识到自己学习成果的特点，使学生对于标准更敏感。这在某种程度上有利于学生自我评价能力的发展，而具有自我评价能力的学生能更好地利用来自于其他渠道的反馈。正如 Sadler（1989）所说，具有评价的专业能力是推进学习的必要（但不充分的）条件。从某种意义上说，同伴评价和同伴辅导可以看作是自我评价的前奏。

自我评价一般是指学生参照一定的标准对自己的学习产品或表现进行评价的过程。自我评价对学习的促进作用已经得到了很多实证研究的证明。自我评价究竟如何促进学习，我们尚不十分清楚，但可以确定的是，它与自我调节学习的关系十分密切。自我调节学习指学习者为了保证学习的成功、增强学习效果、达到学习目标，主动地运用与调控元认知、动机与行为的过程。研究已经证明最有效的学习者是能够自我调节的学习者。

同伴评价、同伴辅导和自我评价的最终目的是为了促进学生学习能力的发展，使学生具备独立学习和终生学习的能力，成为自己学习的主人。换言之，就是让学生成为能够自我调节的学习者，能对自己学习的各个方面进行监控，以形成性评价的研究为基础建立学习的模型。

第四节　形成性评价的工作模型
（Working Models of Formative Assessment）

为方便教师进行形成性评价实践，许多学者对形成性评价的过程进行了分析，提出了详细程度不同的形成性评价工作模型（如 Heritage，2010；Black & Wiliam，2009；Cowie & Bell，1999 等）。他们所提出的工作模型大多包括信息收集、信息反馈和教学调整等几个核心过程，只是他们的每个过程在细节内容上有所不同。本节将在呈现并分析不同工作模型的基础上，提出适合于指导二语课堂评价实践的形成性评价模型。

一、Black 和 Wiliam（2009）的模型

Black 和 Wiliam（2009）的工作模型基于 Ramaprasad（1983）学与教的三个主要过程：（1）学习者去哪儿；（2）学习者在哪儿；（3）如何达到。在 Ramaprasad 的框架下，Black 和 Wiliam 构建了形成性评价模型，如表 1.3 所示：

表 1.3　形成性评价模型

	学习者去哪儿	学习者在哪儿	如何到达
教师	明确学习目标和成功标准	设置有效课堂讨论和其他学习任务，引导学生理解信息	提供反馈，推动学生进步
同伴	理解并分享学习目标和成功标准	激活学生作为彼此的教学资源	
学习者	理解学习目标和成功标准	激活学生作为自己学习的主人	

（Black & Wiliam，2009）

从该模型中，我们可以看出：（1）形成性评价本质是把学习者从目前

位置导向目标位置的过程；（2）形成性评价的主体多样，包括教师、学习者或同伴；（3）学生、教师和同伴在评价过程中的角色不尽相同，负责的评价策略存在差异。该模型最突出的优点在于，它把形成性评价的几个主要策略放入由三个步骤组成的学习过程之中（学习者去哪儿、学习者在哪儿、如何达到），并将评价策略与评价三大主体（教师、同伴、学习者）相对应，使得形成性评价的程序、步骤和主体成为统一的整体。其次，该模型有很强的包容性，各种类型和形式的形成性评价都可以用这个模型加以解释。

不过，这个模型也存在一些不足之处。首先，由于模型的包容性，它对不同类型的形成性评价的解释和描述不够充分和细致。如从这个模型中，我们看不出计划性形成性评价和即时互动性形成性评价在工作方式上的细微差别。

其次，该模型把明确、分享和理解学习目标和成功标准设定为可以在评价开始前、一次完成的过程。在该理论框架中，明确目标和成功标准是五个策略之首，是学生需要达到的知识状态，是形成性评价的第一步。教师需要在评价开始之前向学生清楚地传达学习目标和成功标准的信息。在该模型中，目标是由教师提前决定的，是过程中恒定不变的概念。课堂中的形成性评价就是为了实现这个既定目标而努力。但学习目标固定不变的前提条件是：形成性评价处于一种理想化的状态，目标能够一次性完成，教师清楚地表达并传递学习目标和成功标准且学生能完全领会；教师成功获取计划中的学生信息，并提供相应的反馈，确保学生达到预期目标。整个过程都是由教师计划控制的。但在实际的课堂互动中，教师的计划目标很难顺利实现，会受到突发的、意外的学生信息打断、延缓甚至放弃 (Richards，1998)，而且教师所提供的形成性反馈只能是"促进学生前进"，无法保证学生一步到位。很多情况下，为了达到既定的目标，教师和学生经历了循环往复的曲折过程，而不是简单的从头至尾的直线前进。在课堂实践中，许多教学目标是临时确定的，是在一定的教学语境中生发出来的，可能出现在教师获取学生信息的过程中，也可能出现在教师提供形成性反馈的过程中，而在该过程中，学生的表现、需求可能直接促使新目标的生成。如果把学习目标和标准作为一个既定不变的概念，只在形成性评价开始时确定，就忽视了即时形成性评价中目标分享的过程性。

最后，该模型没能清楚地阐明教师和学生在形成性评价整个过程中的互动关系。就目标如何分享而言，根据 Black 和 Wiliam（2009）的模型，其过程就是教师"明确"、学生"理解"，一种类似"灌输—接受"的简单关系，忽略了学生在目标确定过程中的主观能动性。虽然作者强调了学生是形成性评价的主体，但是在学习目标的确立上，学生却并没有发言权。诚如前文所述，目标的确定是一个复杂的任务，最好是由教师和学生协商确定。很多情况下，学习目标的确定需要经历师生之间多轮的互动交流。在此过程中，学生得以清楚教师的目标，教师得以理解学生的需求。除了目标分享之外，在该模型中，教师和学生在形成性评价的其他方面，同样处于各行其是、各负其责的状态。如模型所示，教师的主要职责是设置有效课堂讨论和其他学习任务以获取学生知识技能水平的证据并提供反馈，推动学生进步。为了履行这一职责，教师需要从学生进行的自我评价、同伴评价和同伴辅导中获取有关学生学习状况的信息，然后再为学生提供反馈，推动学生进步。在学生进行同伴评价、同伴辅导和自我评价的过程中，也涉及信息的收集和反馈。换言之，教师和学生在形成性评价的整个过程中都处于一种合作互动、相互支持的状态。这种联系是形成性评价的关键特征之一，但是在 Black 和 Wiliam 的模型中却未得到体现。

二、Heritage（2010）的模型

除 Black 和 Wiliam 之外，美国评价专家 Heritage（2010）也提出了自己的形成性评价的工作模型。该模型较为复杂，包括十个形成性评价的关键因素，如表 1.4 所示：

表 1.4　形成性评价的关键因素说明

因素	说明
1. 学习进度	学习进度是基于实证的研究，是对一个时期内学习发展情况的描述，它将要达到的大的学习目标分解为小的学习子目标。参照一系列连续的小目标，教师比较方便确认学生当前在目标／技能连续统上所处的位置。一旦确定了学生在目标／技能连续统上的位置，教师就可以和学生一起设定短期学习目标并明确学生需要达到的成功标准。换言之，学习进度可以为即时的学习目标和成功标准提供信息和指导。

续表

因素	说明
2. 学习目标描述	学习目标描述了学生在课程内将学到什么，并不是指一天的活动。学习目标应该清楚、可控，符合学生的学习需求，与成功标准一致，学生和教师可以理解与沟通。
3. 标准分享	成功标准指的是学生表达他们对于学习目标的理解方式。学生通过解释、展示、演示和解决问题等方式提供他们与目标相对位置的证据。成功标准要起作用，必须清楚、与学习目标一致、公平／没有偏见、与学习者沟通、为学习者理解并通过范例明确化。
4. 引出学习证据	引出学习证据涉及系统收集学生学习证据的具体策略和方法。这些策略和方法应该与学习目标的成功标准一致，并且适合评价目的。另外，引出的证据应该反映重要的概念和技巧。
5. 阐释证据	阐释证据要求教师在分析教学的过程中引出证据，以确定学生当前的学习状况以及学生在什么地方需要额外的指导和学习。在此过程中，对所收集的证据（数据）进行编码，如对学生阅读或写作错误类型的分类及解释。
6. 确认差距	确认差距，指教师理解学生目前的学习状况与学习目标和成功标准的距离。
7. 反馈	反馈对于学生进一步学习十分重要，它详细具体并能勾勒学习的成功和不足之处，而不是给出总体解决方案，对学生学习有良好的支持作用。
8. 教学调整	教学调整是支持学生学习的后续步骤。教师可以决定提供额外的学习经验、让学生进行讨论或提出探究性的问题帮助学生改进学习。
9. 搭架子	为新学习搭架子要求为学生提供适当水平的支持，以便新学习逐步内化，成为学生独立成就和表现的一部分。
10. 弥合差距	弥合差距指推动学生学习，弥合他们现有的知识和表现与学习目标之间的距离。弥合差距是教和学的最终目标。

与 Black 和 Wiliam 的模型相比，Heritage（2010）模型的优点在于，它强调了这些要素之间动态、互动的关系。也就是说，形成性评价中一个要素的改变可能会导致其他要素的变化。另外，Heritage（2010）的模型优势还在于它对评价过程的全面细化。在该模型中，学习进度的概念被视为形成性评价的重要因素，同时搭架子、弥合差距等被作为独立的过程加以呈现。

不过这种过程的细化，在笔者看来也是它的不足之处。10个相互影响的步骤，很难让教师铭记于心，不便于教师实践操作。另外，这些细化步骤之间的界限并不明确，如搭架子被单独作为一个步骤呈现出来，但实际上给学生的反馈很多时候就是一种搭架子的方式。此外，教学调整并不一定在反馈之后进行。基于差距确认，教师可以一面给学生反馈，要求学生调整自己的学习，一面调整自己的后续教学，帮助学生弥补差距。也就是说，为学生提供反馈和教学调整是教师在信息阐释的基础上采取的措施，并不存在逻辑上的先后关系。差距的弥合是教师和学生分别调整教和学的结果，没有单独列出的必要。最后，该模型最大的缺陷在于，它是一个强调教师作用的形成性评价模型，没有突出学生在各个步骤中的重要作用。在形成性评价过程中，学生既是评价信息的提供者、收集者和使用者，有时还是教师形成性评价需要参照的对象。

三、本书中采用的工作模型
（一）二语课堂形成性评价总模型
结合上述形成性评价模型的优点和不足，本书提出了一个要求教师和学生共同积极参与的二语习得形成性评价工作模型，如图 1.1 所示。该模型具有以下特点：

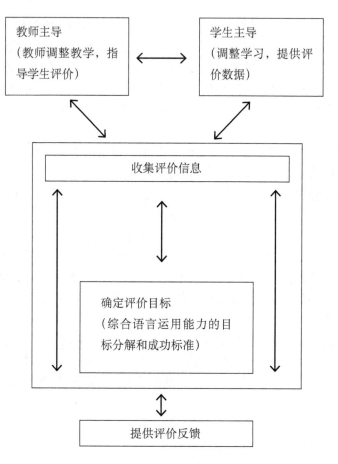

图 1.1 形成性评价总模型

  首先，它具有明确的应用语境：二语课堂。以课标中综合语言运用能力为我们的评价目标。课标中综合语言运用能力构成要素具有丰富性：语言知识、语言技能、情感态度、学习策略和文化意识等。因此这个概念实际上已经包含了形成性评价的所有层面：学科、个人以及社会性发展。学生的学科发展是指学生语言知识和技能的发展。学生的个人发展是指学生对自己作为语言学习者的了解、提问、自我评价、行为管理、时间管理、动机和态度等方面的发展。学生社会性发展是指学生与其他人（教师和同学）的互动、同伴评价、领导技能、团队精神、讨论和聆听的技巧等。在二语课堂中，教师应对所有这些方面的内容进行评价。

其次，该模型非常精炼，与 Heritage（2010）的模型相比要简单得多。我们省去了学习进度，因为二语学习与其他学习不同，不是一个直线的过程，很难事先按知识体系确定明确的知识和技能发展进度。我们省去了搭架子，因为我们认为搭架子是反馈的一部分。我们省去了确认差距和分析阐释证据，因为我们认为确认差距是分析阐释学习证据的一部分，在分析阐释学习证据时，需要参考预期的学习成果，差距确认自然产生。而根据我们先前对形成性反馈的定义，反馈本身就包含了分析证据、确认差距的过程。

再次，该模型将目标的确定放在了形成性评价的中心位置并强调了它与形成性评价其他要素之间的互动关系。在这个模型中，评价信息的收集（包括之前评价工作的设计）以及反馈都需要参照学习目标，学习目标在很大程度上决定了收集和反馈信息的方式。同时，在这个模型中，评价目标并不是一成不变的，它与评价的其他环节一直处于相互影响的状态之中。评价信息收集和处理过程中出现的各种情况都可能导致学习目标的调整，这样才构成了前文所述的反馈环。

最后，也是最重要的一点，该模型强调了整个过程中师生共同参与和师生之间的相互促进作用。在形成性评价的模型中，教师和学生的努力贯穿整个形成性评价过程，他们的作用同等重要。在所有这些步骤中，教师和学生都需要相互配合、互为资源、共同努力才能实现理想的教和学的效果。该模型强调了教师与学生共同参与该形成性评价的每一个环节，只是程度不同、具体的角色不同。教师是工具的设计者，反馈的提供者和教学的调整者。学生通过所说所做提供评价信息，同时也通过自我评价、同伴评价等对评价信息进行处理，以调整自己的学习。

总的来说，形成性评价对教师提出了较高的要求。Newman 等（1989）认为，在形成性评价过程中，教师不仅是一个评价者 / 测试者，而且是一个"认知研究者"。所谓认知研究者就是要对无法实现明确预知的学习路径和重点进行质性的跟踪。这一点非常重要，这说明了形成性评价与一般终结性评价或高利害测试的不同。因为测试的评分只需要参照标准，找出差距，转化为分数；而形成性评价则需要参照标准，找出差距，综合分析找出差距的原因，提供改进的反馈，而且形成性评价中的标准不是现成的，需要教师和学生进行协商。"评价即研究"这一隐喻道出了一条可能的探索路径，也许可以帮助我们了解形成性评价的过程。Cizek (1997：13) 认为，我们也许可以使用"研究设计"这一隐喻探索评价：

典型的研究设计的方式可以为课堂评价提供实用的起点：评价与研究设计一样，是有目的的配置各种事件，以公平、准确、有效的方式获取相关信息。从这个角度看待评价，可以"扩展被评价的有价值的教育成果；降低评价信息的冗余；提高评价目标与评价策略之间的匹配度；专注于评价，以便更直接地影响研究问题；提高评价信息的可用性、意义和可阐释性"。

形成性评价不仅对教师提出了新的要求，对学生也提出了新的要求。作为形成性评价的一种形式，学生自我评价表明了学生作为知识接受者这一传统角色的转变。形成性评价鼓励学生成为评价的内部人，而不是消费者（Sadler，1989），支持学生发展自主性和责任感（Radnor，1994；Willis，1994）。Fairbrother（1995）发现，当学生参与自我评价时，他们能够更好地对教师的评价进行评价。

形成性评价涉及的两种核心行为，都是学生行为（Black & Wiliam，1998a）。首先，学生感知到自己现有的知识／技能和理想的知识／技能之间存在差异；其次，学生采取行动，弥合这种差距（Ramaprasad，1983；Sadler，1989）。学生是否能产生这两种行为取决于很多因素，如学生是否有任务或表现目标倾向；学习者关于自己作为学习者能力的信念；学生需要承担的风险程度；学生参与学习任务的程度（Black & Wiliam，1998a）。总之，在形成性评价过程中，学生需要扮演更为活跃的角色。Radnor（1994）认为，如果要有效地实施形成性评价，教师需要暂时"屏蔽"作为"知道者"的角色。

虽然具有上述优点，但该模型是一个总的模型，用于解释所有类型的形成性评价，因此，与 Black 和 Wiliam（2009）的模型一样，它对不同类型的形成性评价缺乏针对性的指导。例如，从上述模型中我们无法看出即时性形成性评价与计划性形成性评价的不同，而且它对教师实施形成性评价的具体指导也很有限。为此，在这一总模型的基础上结合 Bell 和 Cowie（2002）的互动性形成性评价和计划性形成性评价模型，我们提出了二语课堂计划性和互动性形成性评价模型。

计划性形成性评价和互动性形成性评价最大的区别在于，计划性形成性评价活动是事先计划好的，是参照课程标准的，是与较大的目的相联系的；互动性形成性评价是自发的，事先没有预见到的。但不能因此认为互动性形成性评价是没有标准和／或目的参照的，教师心中有一个标准，使教师对某些出现的信息敏感，使其注意到某些信息的产生，然后再对这些信息进行分析、阐释并采取行动，但分析、阐释和行动所参照的目标或标准与计划性评价相比较为微观，而且可能与课程设置的发展阶段不一致。这一点在二语习得中十分常见，也十分重要，因为语言的习得不是一个直线的进程。

（二）二语课堂计划性形成性评价模型

如图 1.2 所示，计划性形成性评价模型包含四个构件：评价目的、引出评价信息、处理评价信息、根据评价信息采取行动。在这四个构件中，形成性评价目的起统领作用，它决定了信息的引出、阐释和行动的方式。引出信息、处理信息和根据评价信息采取行动则属于顺序关系，依次进行。因此，计划性形成性评价是一个循环的活动过程。循环开始于教师设计、组织的学生活动，从学生活动中收集数据；接着是对所收集的数据进行分析阐释；在此基础上，教师和学生决定下一步应该进行的活动，而这一活动意味着一个新的循环的开始。

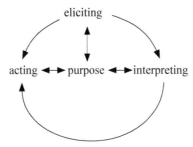

图 1.2　计划性形成性评价模型

下文是有关这四个构件的更具体的分析：

1. 评价目的

计划性形成性评价将整个班级作为信息源，其目的是为了获取课程规定的学习进度信息。这里的计划性是指教师已经计划好了要进行某个活动调查、头脑风暴或按课程规定的进度进行单元测试以获得有关学生学习状况的信息，然后再根据所获取的信息采取调整措施。通过计划性形成性评价获得信息是总体的、粗略的、与较大的课程目标或目的相关的。这种信息的价值在于帮助教师进行针对整个班级的教学调整，旨在更合理地完成教学内容。这种类型的形成性评价由教师事先计划安排好，其主要目的是获得反馈，指导教师的教学。这一目的对计划性形成性评价的其他三个方面影响重大。

2. 引出评价信息

教师已经提前计划好采用具体的工具和方法收集学生语言能力的发展信息。在教学单元开始前，教师进行形成性评价的目的是为接下来的课程计划和教学提供信息。在单元教学过程中实施形成性评价任务，是为了收集学生对正在进行的教学内容的实时理解程度。这里的形成性评价关注的是学生在多大程度上掌握了教师正在教授的内容。在单元教学结束时，教师也可以进行形成性评价，为巩固这一单元的教学提供信息。教师用于收集信息的方式也在很大程度上取决于计划性形成性评价的目的。当教师为了获取学习实时理解程度和记忆程度时，往往采用快速问答的方式；当教师为了获取学生对于已经掌握的内容理解的深度和广度时，往往采取头脑风暴的形式；当教师希望了解学生对什么感兴趣时，往往采取让学生自己提问的方式；当教师希望了解学生的自信程度时，可以采取口头报告的形式；当教师希望了解学生的合作意识时，往往采取观察学生互评的方式。

3. 处理评价信息

处理评价信息包括对引出评价信息的分析和阐释等。计划性形成性评价目的对信息处理方式也有很大的影响。通过一个具体的形成性评价活动，教师会收集到大量信息。比如，写作教师为了解学生对主题句写法的掌握情况，安排学生完成一篇 50 词的段落写作。这 50 词可能提供了丰富的语言学习状况信息，如单词、语法、句型、衔接等。此时，教师需要将与评价目的相关的信息和与评价目的无关的信息区别开来，并按照好的主题句标准对所收集到的信息进行阐释。除了目的以外，教师的知识储备对于计划性形成性评价信息的阐释也十分重要。对信息进行分析和阐释要求运用教师的内容知识、教学知识、关于学习者（特别是自己的学生）的课程知识、教育语境的知识和教育目标、目的的知识。

4. 根据评价信息采取行动

当教师完成对所收集信息的分析和阐释之后，就可以采取措施，帮助学生改进学习了。根据阐释的信息采取措施是形成性评价区别于连续终结性评价的重要特征。为了采取适当的措施，教师应该制定一个灵活的计划，允许教师采取多种方式对引出的信息进行回应。这种多样的方式主要可以分为三类：知识技能参照、学生参照、关系参照。知识技能参照是指教师根据已经阐释的评价信息向学生提供正确的学习产品与表现标准和／或向学生提供理想的学习表现范例。在学生参照的回应中，教师关注的是学生在一段时间内能力发展变化的过程。例如，当学生可以写出合格的主题句时，教师向学生提供精彩的主题句范例，以期学生能在最近发展期内产生比之前学习产品更好的产品。在关系参照的回应中，形成性评价反馈是为了维持并改进学生之间以及教师和学生之间的互动关系质量。关系参照属于学生社会性发展目标的范畴。

（三）二语课堂互动性形成性评价模型

互动性形成性评价发生在教师和学生的互动过程之中。它与计划性形成性评价的不同之处在于：具体的评价活动不是事先计划好的，它可以发生在计划性形成性评价的过程中，但它的细节没有计划，也不能被预期。虽然教师可以在心理上对教学过程中，计划性形成性评价之外出现的有价值的学习状况信息有所准备，但教师不能准确计划或预期教师和学生将做什么或发生什么。例如，教师事先设计了评价问题和任务，但学生的反应不在教师的预期范围之内。它也可以发生在计划性形成性评价活动之外，例如教师在课堂上观察到的情况。所以，互动性形成性评价具有显著的自发性、临时应变性的特征。互动性形成性评价的形式包括教师与全班、教师与小组以及教师与个人。

如图 1.3 所示，互动性形成性评价包括评价目的、捕捉评价信息、识别评价信息和回应评价信息四个构件。与计划性形成性评价一样，在这四个构件中，形成性评价目的起统领作用，它决定了捕捉信息、识别信息和回应信息的方式。捕捉信息、识别信息和回应信息则属于顺序关系，依次进行。

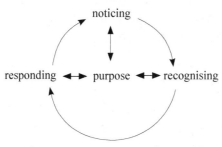

图 1.3 互动性形成性评价模型

1. 评价目的

互动性形成性评价的目标比计划性形成性评价的目标更为广泛。互动性形成性评价所评价的学习成果不限于学科内容，即学生的语言知识和技能的发展，它还包括社会性发展和个人发展方面的信息。互动性形成性评价目的体现在教师、同伴对学生所说所做的回应之中。互动性形成性评价的目的是信息捕捉、识别和回应的一部分。因此，互动性形成性评价是内置于学习和教学之中的，与教学的关系十分紧密。

互动性形成性评价中获得的信息可能会促使教师和学生重新确定学生长期目标范围内的短期学习目标。

通过互动性形成性评价，教师和学生可能会延迟某些学习计划的执行。学生的学习目标是教师和学生通过互动性形成性评价协商的结果。互动性形成性评价将学生融入到自己的计划之中。这种形式的形成性评价是由教师和学生驱动的，而计划性形成性评价是由课程驱动的。互动性形成性评价关注的是用于支持大目标的更小的目标。

2. 捕捉评价信息

捕捉评价信息是互动性形成性评价的重要组成部分（之所以用"捕捉"这个词，强调的是教师有意识的行为）。互动性形成性评价中的注意与计划性形成性评价中的信息收集不同。互动性形成性评价中的信息转瞬即逝、没有记录。它可能是口头的（学生的评论和问题），也可能不是口头的，如学生完成任务的过程，与其他同学互动的方式、讨论的语调以及肢体语言等。这种信息是关于正在进行中的思考和行为的信息，如果教师在信息产生时不在场的话，之后很难获得此类的信息。因此，互动性形成性评价要求教师对相关的信息具有一定的敏感度，当有益的信息出现时，及时捕捉。但必须指出，教师不能注意到学生所有的思维。通过与学生的互动，教师可以捕捉到一些学生的信息，捕捉到不同学生在不同时间的信息。

3. 识别评价信息

当教师和同伴在观察、与学生说话或倾听学生（们）说话时，会捕捉到一些信息并认识到这些信息对于学生个人、社会性或语言发展的意义。注意与识别的不同之处在于，教师和同伴可能捕捉到了学生所说所做中反映出的一些信息，可并不清楚这些信息的重要意义，而识别就是要发现这些信息的意义所在。

教师和同伴的信息捕捉与识别在很大程度上受到教师和同伴知识和经验的影响。注意和识别要求教师和同伴利用关于学生的知识、教学内容的知识和语境知识。所以，对于新教师和经验丰富但教的是新班级的教师来说，互动性形成性评价较为困难（Bell & Cowie, 1997），对于同伴评价来说更是如此。

4. 回应评价信息

互动性形成性评价的第三个部分是教师和同伴对他们捕捉和识别的信息进行回应。除了在时间维度上有所不同之外，教师的回应类似于计划性形成性评价中的行动。互动性形成性评价中的回应更具即时性。因此，教师对学生学习的回应是典型的关系参照、学生参照以及知识技能参照的回应。

关系参照的回应关注的是培养教师与学生之间的关系或学生对二语的看法。教师不希望自己的回应伤害与学生的关系或学生对语言学习的看法，因此有时会采取行动培养这种关系。学生参照的回应关注参照学生当前的状况，提升学生的发展。同一个回应可能会体现出关系参照和学生参照的特点。例如，教师发现学生不愿意接受教师提出的在阅读中学习词汇的建议，于是让学生按照自己的想法去做，如背诵单词表，看看这种方法是否有用。知识技能参照的回应关注学生的学习，帮助他们理解语言知识，提升语言技能。例如，教师向学生提问并向学生建议区分主动语态和被动语态的方法。有时，教师对形成性评价信息的回应会从面向部分学生，转为面向所有学生。当一个学生出现了典型的错误或许多学生出现了相同的错误时，这种回应就会发生。教师认为这是一种高效利用时间的方法，使得他们可以向所有学生提供反馈，包括那些性格内向、不愿意开口提问的学生或不能将自己的困惑形成问题的学生。教师采用的这种互动性评价方式往往涉及重复某个解释或行为，而这种重复对于某个学生或是某个小群体学生是十分有效的。

在互动性形成性评价过程中，教师和同伴常常不得不在他们并不具备所有必要信息的情况下快速做出决定。由于这些决定是在具体语境中做出的，教师能运用他们对学生的了解和语境知识帮助他们"补充缺失的信息"（Denscombe, 1995）。Jaworski（1994）认为，教师在这种决定时刻运用的是"教师智慧"而不是直觉或本能。

总结起来，互动性形成性评价有以下五个特点：

第一，评价的内容更为丰富、真实。计划性形成性评价收集的主要是学科（知识／技能）学习信息，而互动性形成性评价关注的是学生的整体发展，它让教师可以收集到学生个人的、社会性的以及知识技能层面的发展信息。而且，由于这种信息在自发状况下产生，因此更为真实、可靠，学生做出虚假回应的可能性较低。

第二，对教师的要求更高。互动性形成性评价的四个方面都使用教师的学科知识库（Shulman，1987），需要教师在有限的时间内、在没有准确预期的情况下调动所有的知识，做出合理的回应。互动性形成性评价的质量还和教师与学生的互动技巧关系密切，要求教师与学生建立并保持良好的关系。

第三，互动性形成性评价也可以有所准备。教师准备互动性形成性评价的方式包括：计划增加学生与教师的活动次数；提供学生接近他们的机会；针对学生可能存在的错误和弱点，事先练习回应；增加观察学生之间互动的机会。

第四，对意识的强调。教师进行互动性形成性评价的意识在程度上各有不同。这种意识程度的差异在捕捉、识别和回应过程中的影响很大。

第五，更关注个人。在互动性形成性评价中，不可能所有个体都得到关照。在计划性形成性评价中，所有学生都参与到评价过程之中；在互动性形成性评价过程中，在任何时刻，只有部分学生参与。

（四）计划性形成性评价和互动性形成性评价

Bell 和 Cowie（2002：93）对科学课堂计划性与互动性形成性评价的关系进行了讨论。它们既存在明显的差异，又相互联系。在二语课堂中，它们的不同点主要在于计划的程度不同，具体的差别见表 1.5：

表 1.5　计划性与互动性形成性评价的关系

计划性形成性评价	互动性形成性评价
过程包括引出、阐释和行动	过程包括捕捉、识别和回应
倾向于针对全班同学	倾向于针对学生个人或小组

计划性形成性评价	互动性形成性评价
在较长的时间段内发生	在较短的时间内完成
以语言能力为参照	以语言能力、学生需求以及情感态度为参照
对"完成课程"做出反应	对学生学习做出反应
主要评价的是语言能力	评价的是语言能力、个人学习和社会性学习
获得的评价信息是学习产品和过程	获得的评价信息是学习产品和过程，但是即时的
阐释是以语言能力、标准和学生为参照的	识别过程是以语言能力、标准和学生为参照的
行动是以语言能力、学生需求以及情感态度为参照的	回应识别过程是以语言能力、学生需求以及情感态度为参照的
依靠教师的专业知识	依靠教师的专业知识

其相同点在于它们的成功实施都依赖于教师的专业能力并受到形成性评价目的的指导。在上述模型中，形成性评价被描述成复杂的高技能任务。形成性评价具有计划性、语境化、回应性、进行性、实时性等特点，其效果取决于教师的教学知识和专业能力。除了教师专业能力之外，两种形成性评价通过形成性评价的目的联系在一起。在两种形成性评价中，目的都起着十分重要的作用：计划性形成性评价的目的是获取整个班级的学习进展情况以指导教学；互动性形成性评价的目的是调整单个学生的学习，关注学生在语言、个人和社会发展方面的情况。目的影响两种形成性评价的各个方面，而其目的可能不尽相同，比如，收集和注意的目的可能与行动和回应背后的目的不同。目的是计划性形成性评价与互动性形成性评价之间转化的枢纽；由于目的的连接，互动性形成性评价可以转换为计划性形成性评价，计划性形成性评价也可以转换为互动性形成性评价。

附件

表 1.2 形成性评价特点的程度（Formative Assessment Characteristics）

Characteristic	Low-level Formative	Moderate-level Formative	High-level Formative
Evidence of student learning	Mostly objective, standardized	Some standardized and some anecdotal	Varied assessment, including objective, constructed response, and anecdotal
Structure	Mostly formal, planned, anticipated	Informal, spontaneous, "at the moment"	Both formal and informal
Participants involved	Teachers	Students	Teachers and students
Feedback	Mostly delayed (e.g., give a quiz and give students feedback the next day) and general	Some delayed and some immediate and specific	Immediate and specific for low achieving students, delayed for high achieving students
When done	Mostly after instruction and assessment (e.g., after a unit)	Some after and during instruction	Mostly during instruction
Instructional adjustments	Mostly prescriptive, planned (e.g., pacing according to an instructional plan)	Some prescriptive, some flexible, unplanned	Mostly flexible, unplanned
Choice of task	Mostly teacher determined	Some student determined	Teacher and student determined
Teacher-student interaction	Most interactions based primarily on formal roles	Some interactions based on formal roles	Extensive, informal, trusting, and honest interactions
Role of student self-evaluation	None	Tangential	Integral
Motivation	Extrinsic (e.g., passing a competency test)	Both intrinsic and extrinsic	Mostly intrinsic
Attributions for success	External factors (teacher; luck)	Internal stable factors (e.g., ability)	Internal, unstable factors (e.g., moderate student effort)

（McMillan，2011）

52

第二章　教师主导的形成性评价
（Formative Assessment by Teachers）

从第一章，我们了解到形成性评价的每一步都渗透着教师和学生的互动，他们在形成性评价过程中的作用和行为密不可分。教师不仅需要通过形成性评价提高自己的教学效率，还需要组织、指导、引导学生以自我评价、同伴评价、同伴辅导和自我调节等形式进行形成性评价。学生在形成性评价中，不仅需要充分发挥自我作为评价者的主观能动性，还需要与教师共同确定评价目标、需要教师提供反馈与指导。换言之，成功地实施形成性评价要求教师和学生相互支持及彼此合作。但是，为了帮助教师和学生明确各自在形成性评价过程中的主要任务和责任，以及相互之间的关系，我们将在本章和下一章分别讨论教师和学生在形成性评价过程中的角色。

本章根据目前二语课堂的教学和评价的实践情况，从课堂提问、形成性反馈和学生学习档案袋的开发与使用三个方面详细探讨教师主导的形成性评价和需要做的主要工作。

第一节　课堂提问
（Questioning）

提问是教师非常熟悉的实践方式。研究表明，教师每天可能要问400个问题，每年约问7万个问题，整个职业生涯大约要问200到300万个问题。换言之，教师花在提问上的时间约占整个教学时间的30%左右（Hastings，2003）。研究同时表明涉及提问的教学比不涉及提问的教学更加有效。从东方的孔子到西方的苏格拉底都将提问视为重要的教学策略。Marzano 等（2001）将课堂提问列为以研究为基础的九大有效教学策略之一。Walsh 和 Sattes（2011）认为高质量的提问不是简单记忆信息的提取工具，而是一个动态的过程，在这一过程中教师有意识地让学生参与到认知和元认知活动之中。这种参与活动的结果对学习的帮助体现在如下几个方面：使学生专注于思考专门的内容知识；使用认知处理策略帮助发展深层理解和对内容的长期记忆；提出学习问题，澄清或拓展理解；通过自我评价和形成性反馈的使用监控学习进度；通过对思考结构化的支持，发展个人回答问题的能力；有助于建立尊重思考的课堂学习团体。就二语课堂而言，教师提问是检查学生听力、口语、内容知识和思维能力的最简便、有效的手段，是形成性评价工具之一。因此提问的艺术对于教师，特别是二语教师来说十分重要。因为只有分析过自己的提问之后，他们才会知道自己的课堂提问效果如何，问题本身是否引发了学生的思考，是否使用提问来填塞课堂时间等（Black 等，2003）。鉴于课堂提问的重要性以及教师提问中存在的问题，教师有必要了解课堂提问的基础知识以及如何在课堂上实施有效的提问策略。

一、形成性评价视角下的课堂提问

虽然课堂提问是教师最为熟悉的一种课堂实践形式，但并非所有的课堂提问都具有形成性的价值或功能。例如，为课堂管理而提出的问题就不能称为形成性的课堂提问，因为它不涉及学生的学习内容和评价标准。再比如，传统的 IRE（initiate-respond-evaluate）模式也不能称为形成性的课堂提问，因为在这种模式中，启动课堂交流、分享信息、提问出题、提供指导的均为教师，教师和学生的权力不平衡，它所传递出来的信息是：（1）所有的互动都必须由教师控制；（2）学生只能在教师要求时才能说话；（3）教师决定什么知识有价值（Cazden，2001）；（4）教师决定课程的节奏（Dillon，1988）；（5）学生的回答非对即错。在该模式中，教师提问的速度非常快，且难以提供描述性的形成性反馈、帮助学生确定现有知识技能水平与预期学习成果之间的差距。但这并不是课堂提问本身的问题，而是提问设计和使用的问题。

在形成性评价的相关文献中，许多学者都认识到了课堂提问的形成性价值。首先发现课堂提问的形成性价值并将其作为形成性评价策略提出的是 Black 和 Wiliam。他们的研究发现对今天的教师来说，仍有很好的启示作用。Black 和 Wiliam（1998b；2003）将提问作为形成性评价策略提出有两个基础：（1）Rowe 和 Hill（1996）的研究发现，教师提出问题后，等待学生回答的时间不超过一秒钟，便开始进行干预。（2）教师意识到他们在课堂上提出的大多是简单而封闭的问题，回答这些问题需要的是记忆，而不是思考（Black 等，2003）。Black 和 Wiliam 认为，如果教师做出改变，课堂提问便能更好地发挥其促学作用。增加等待时间可以使更多的学生参与到问答讨论之中，并增加学生回答内容的长度。增加学生参与度的一个方式是让学生两人或多人一组进行 2 到 3 分钟的头脑风暴，然后再请学生分享他们的答案。这种做法的优点是教师可以更好地了解学生现有的知识和技能水平，并根据学生的真实需要采取下一步的教学措施。为了使这种做法的效果最大化，教师们有必要从提问事实性的问题，转向关注问题的质量和不同功能。除此之外，教师还必须能够预期问题可能引发的回答并跟踪这些回答的方式。一旦学生参与到活动中来，有效提问就成为教师即时干预的重要方面。

Black 等（2003）对形成性课堂提问进行了干预性的研究。他们的研究发现，经过形成性评价的培训，教师在很大程度上改变了提问的程序、态度和原因。一位教师总结了改进其课堂提问方式所产生的效果：

提问：

我整个的教学方式变得更加互动。我不再向学生演示如何找到答案，而是提问，给他们时间一起探寻答案。我 8 年级的班级现在已经非常适应这种解决问题的方式，而且我发现自己在其他班级中也越来越多地使用这种方式。

不举手：

除非要求具体，否则学生即使知道答案也不会举手。教师期望所有学生都能随时回答问题，即使答案是"我不知道"。

支持性的氛围：

学生不会因为自己给出了错误答案而尴尬，因为他们了解错误的答案和正确的答案一样有用。其他同学帮忙进一步分析他们给出的错误答案，这让他们感到很高兴。

除此之外，Black 和 Wiliam（2003）还在干预研究项目的基础上，总结了四条运用课堂提问进行形成性评价的行动建议：

（1）需要投入更多的时间设计值得提问的问题，如探索有助于学生理解的发展的关键事件等问题；

（2）必须将等待时间增加到数秒钟，给学生思考的时间。每个学生都应该有一个答案，为课堂讨论做出贡献。所有的回答，无论对或错，都可以用于发展学生的理解；

（3）跟踪学生回答的手段必须丰富，因为跟踪活动给学生提供了学习机会，确保扩展学生理解，教学干预有意义；

（4）学生成为更活跃的课堂参与者，意识到学习可能更多地取决于表达、讨论自己理解的意愿，而不是找到正确答案的能力。

其他许多学者与 Black 和 Wiliam 一样也认识或认可了课堂提问的形成性价值。Heritage（2010）认为提问是唯一一种在教学和学习过程中连续使用，为教师和学生提供反馈的评价手段；只有当高质量的提问服务于形成性评价目的时才能实现其最高目标（Walsh & Sattes, 2011）。遗憾的是，在课堂中，许多教师并没有充分发挥课堂提问的形成性潜力。Walsh 和 Sattes（2011）认为造成这种状况的原因在于：首先，教师没有将提出的问题与学习的标准和目标联系起来；其次，教师或学生还没有形成分析学生回答的习惯，以发现学生现有的知识和技能与期待的学习成果之间的差距；再次，教师只提供回答对或错等简单、笼统、终结性的反馈，而不是信息量丰富的形成性反馈；最后，教师也没有一以贯之地将学生的回答看作可用来指导下一步教学的信息。换言之，教师虽然常常运用提问的策略，但并未充分挖掘其形成性评价的价值，未从形成性评价的视角来考察课堂提问。与其他形成性评价策略一样，在形成性评价的框架下，课堂提问是一种形成性的过程，需要回答"我在哪儿？""我要到哪儿？""我怎样回答问题？"图 2.1 显示了我们在Walsh 和 Sattes（2011）的基础上进一步发展形成性评价中课堂提问的工作流程：

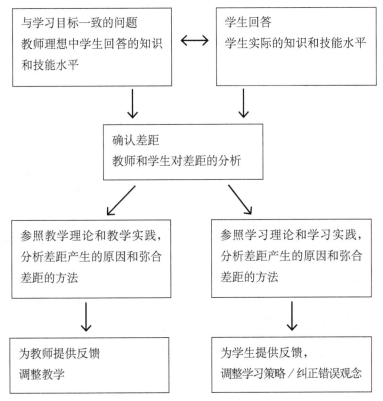

图 2.1　形成性评价中课堂提问工作流程

　　首先，教师需要根据学习目标设计形成性问题，教师心中应该明晰什么样的回答可以反映学生是否掌握了教师希望评价的知识和技能。接着，教师提出问题，根据学生的回答分析学生目前所达到的知识和技能水平，并确认理想水平和实际水平之间的差距，但仅仅确定差距还不能构成形成性评价。在确定差距之后，教师需要根据教学理论以及自己的教学实践、学习理论以及学生的学习实践，综合各种因素，分析差距产生的原因与弥合差距的方法。最后，教师根据分析的结果，为自己提供反馈，帮助自己进行教学调整，为学生提供反馈，帮助学生进行学习调整。

二、问题的分类

　　从上文可以看出，为了充分发挥课堂提问的促学功能，首先需要设计有价值的问题，也就是高质量的课堂问题。为此，教师有必要理解究竟存在哪些不同类型的问题。为了更好地帮助教师设计、实施课堂提问，下面我们介绍几种常见的问题分类方法。

1. 封闭式问题和开放式问题

最简单常见的问题分类方法是将问题分为封闭式问题和开放式问题，二语课堂也是如此。对学生的语言输出而言，封闭式问题比开放式问题有更多的限制（Tsui，1995）。Ho (2005) 认为封闭式的问题引出的是较短的、机械的回答，而开放式的问题引出的是较长的、通常较为复杂的问题。封闭式问题和开放式问题的特征如表 2.1 所示。

表 2.1　封闭式问题和开放式问题的特征

封闭式问题	开放式问题
具有预先决定的固定答案。如：What is the capital of China?	没有固定答案，要求学生进行思考。如：Why do you think Beijing is a better place to live?
几乎总是要求学生回忆事实或展示简单的理解。如：What is past tense?	鼓励学生将孤立的事实联系起来，在真实的环境中使用所学到的知识。如：Tell us how you spent last weekend.
提问的目的是为了了解学生是否知道、理解或做预先决定的事情。如：Can you spell the word?	提问的目的是提升、测量学生在发展过程中的知识、理解力和实践能力。如：Look at the map, and tell us the quickest way to arrive at the bank.

在形成性评价过程中，我们鼓励教师多设计开放式问题，因为开放式问题更能激发学生去思考，展现学生运用所学知识的能力。表 2.2 是一些常用的开放式问题模板。

表 2.2　常用的开放式问题模板

How is _____ similar to/different from _____?

What are the characteristics/parts of _____?

In what other way might we show/illustrate _____?

What is the big idea/key concept in _____?

How does _____ relate to _____?

What ideas/details can you add to _____?

Give an example of _____.

What is wrong with _____?

What might you infer from _____?

What conclusions might be drawn from _____?

What questions are we trying to answer? What problems are we trying to solve?

What are you assuming about _____?

What might happen if _____?

What criteria might you use to judge/evaluate _____?

What evidence supports _____?

How might we prove/confirm _____?

How might this be viewed from the perspective of _____?

What alternatives should be considered?

What approach/strategy could you use to _____?

How else might you say _____?

（改编自 Wiggins 和 McTighe，1998）

2. Anderson 和 Bloom 的分类法

教育工作者通常会根据 Anderson 等（2009）的认知技能等级将教师的课堂提问分为六类：知识性问题（要求学生提取大脑中的数据或信息）；理解性问题（要求学生理解意义）；应用性问题（要求学生在新环境中使用概念）；分析性问题（要求学生将概念分解、区别事实与推论）；评估性问题（对观点或产品的价值做判断）；创造性问题（也是最具挑战的问题，要求学生将细节或部分形成连贯的、新的、不同的整体）。具体如表 2.3 所示：

表 2.3　基于 Anderson 等（2009）认知框架的六种问题类型

问题类型	关键词	问题范例
Remembering: Retrieving, recalling, or recognizing knowledge from memory. Remembering is when memory is used to produce definitions, facts, or lists, or recite or retrieve material.	Tell / List / Describe / Relate / Locate / Write / Find / State / Name	Where is ...? What did ...? Who was ...? When did ...? How many ...? Locate it in the story ... Point to the ...
Understanding: Constructing meaning from different types of functions, be they written or graphic messages, or activities like interpreting, exemplifying, classifying, summarizing, inferring, comparing, and explaining.	Explain / Interpret / Outline / Discuss / Distinguish / Predict / Restate / Translate / Compare / Describe	Tell me in your own words ... What does ... mean? Give me an example of ... Describe what ... Illustrate the part of the story that ... Make a map of ... What is the main idea of ...?
Applying: Carrying out or using a procedure through executing, or implementing. Applying relates and refers to situations where learned material is used through products like models,	Solve / Show / Use / Illustrate / Construct / Complete / Examine /	What would happen to you if ...? Would you have done the same as ...? If you were there, would you ...? How would you solve

问题类型	关键词	问题范例
presentations, interviews or simulations.	Classify	the problem ...? In the library, find information about ...
Analyzing: Breaking material or concepts into parts, determining how the parts relate or interrelate to one another or to an overall structure or purpose. Mental actions included in this function are differentiating, organizing, and attributing, as well as being able to distinguish between the components or parts. When one is analyzing he/she can illustrate this mental function by creating spreadsheets, surveys, charts, or diagrams, or graphic representations.	Analyze / Distinguish / Examine / Compare / Contrast / Investigate / Categorize / Identify / Explain / Separate / Advertise	What things would you have used ...? What other ways could ...? What things are similar/ different? What part of this story is the most exciting? What things couldn't have happened in real life? What kind of person is ...? What caused ... to act the way he/she did?
Evaluating: Making judgments based on criteria and standards through checking and critiquing. Critiques, recommendations, and reports are some of the products that can be created to demonstrate the processes of evaluation. In	Judge / Select / Choose / Decide / Justify / Debate / Verify / Argue / Recommend /	Would you recommend this book? Why or why not? Select the best ... Why is it the best?

续表

问题类型	关键词	问题范例
the newer taxonomy, evaluation comes before creating as it is often a necessary part of the precursory behaviour before creating something.	Assess / Discuss / Rate / Prioritize / Determine	What do you think will happen to ...? Why do you think that? Could this story really have happened? Which character would you most like to meet? Was ... good or bad? Why? Did you like the story? Why?
Creating: Putting elements together to form a coherent or functional whole; reorganizing elements into a new pattern or structure through generating, planning, or producing. Creating requires users to put parts together in a new way or synthesize parts into something new and different, a new form or product. This process is the most difficult mental function in the new taxonomy.	Create / Invent / Compose / Predict / Plan / Construct / Design / Imagine / Propose / Devise / Formulate	What would it be like if ...? What would it be like to live ...? Design a ... Pretend you are a ... What would have happened if ...? Use your imagination to draw a picture of ... Add a new item on your own ... Tell/write a different ending ...

　　上述方法属于较为复杂和细化的分类方法。另外有一些研究者的分类方法比较简单，只将课堂提问分为两大类：低认知技能问题和高认知技能问题。低认知技能问题是事实性的、直接的、要求学生记忆的知识性问题，类似于我们上文提到的封闭式问题。这些问题只有唯一确定的答案，要求学生进行识记，属于 Bloom（1956）认知分类中最低的两个层级：知识和理解。高认知问题是开放式的、阐释性的、评价性

的、探索性的、推理性的和综合性的问题，这类问题要求学习者对信息进行加工处理后才能回答。研究表明，一些教师花费大量的时间提问低认知层次的问题（Richards，2007；Wilen，1991），这些问题要求学生关注并提供容易记忆的信息，如"Where is Beijing located?"，或要求学生回应非常典型的问句，如"Where is the bus going?"这类低层次的问题可能会限制学生的发展，因为这些问题不需要学生对主题深入了解（Richards，2007）。有时候，学生在这种情况下会问一些复杂的问题，表明他们需要更深入地理解公交系统，如"Can you tell me the connection to Route 36?"提问低层次的问题难以帮助教师确定学生的需求。

一般观点都认为高层次的认知问题对学习的促进作用更大，但这并不意味着课堂应该避免低层次的问题。即使是低层次的认知问题也有其好处，特别是在教学对象是小学生或教学的目的就是传递事实性的知识、要求学生记忆时，低层次问题的效果比高层次问题的效果更好。教学中这两种问题都很重要，特别是在语言教学中，记忆是不可缺少的一个部分。需要注意的是，仅仅问这些问题并不能保证高质量的回答或更佳的学习成果。学生需要教师针对如何回答这类问题进行明确指导。这种指导和高认知层次的问题相结合，将会对学生的学习产生积极的影响。针对年龄较大学生的高频率（50% 或以上）、高层次认知问题与下列指标成正相关：任务行为，学生回答的长度，相关贡献的数量，学生之间的互动量，学生对完整句子的使用，思辨以及学生提的相关问题。

Bloom 的分类法为我们提供了一个很好的问题模型，教师可以用它来分析、开发自己的课堂提问。另外，研究也已经表明，根据学生层次的不同，不同认知层次的问题对学习效果的影响也不同。

3. 苏格拉底式提问

苏格拉底认为智慧来自人类内心的理性，而非依靠外界他人的给予。因此，苏格拉底启发他人的方式，不是照本宣科，而是透过扮演一个一无所知的人，来协助个体产生正确的想法。换句话说，苏格拉底藉由与他人的对话，促使个体运用自身的理性来得到智慧。因此，苏格拉底式提问的本质是指有条不紊、具有意义的对话。苏格拉底认为应以有组织、有条理的对话，激发学生的逻辑思考，以验证各种观点。教师不提供太多知识或信息，才能让学生通过对话和问答进行思想的交流和探索，进而有效掌握与主题相关的知识。苏格拉底式的提问技巧，可有效探索深层的含意，适用于各年级学生。教师可通过苏格拉底式提问，促进学生独立思考，使其成为学习的主体，同时也可激发学生的高阶思考能力，包括讨论、思辨、评价与分析技巧。苏格拉底式提问的技巧包括：

- 设计关键性问题，让对话具有意义，并可主导主题方向；
- 运用等待时间，为学生预留至少 30 秒的时间思考；
- 持续关注学生的反应；
- 问题应具有探究性；
- 可写下讨论过的要点，以便定期总结；
- 尽量多让不同的学生参与讨论；
- 让学生透过教师所提的问题，领会所学的知识。

所以，苏格拉底式提问关注的是思考本身，这与 Black 和 Wiliam（2003）关于好的问题的观点不谋而合：好的问题就是能够引起学生思考的问题。苏格拉底式提问是一种方法，根据不同的功能，苏格拉底式提问中的问题也可以分为多种类型（见表 2.4）：

表 2.4　苏格拉底式提问类型

提问类型	问题例句
澄清式提问	<ul><li>你的意思是？</li><li>你能不能换一种方式说明？</li><li>你认为主要问题是什么？</li><li>可以举例说明吗？</li><li>可以进一步详细说明吗？</li></ul>
针对最初的问题或议题提问	<ul><li>这个问题为何重要？</li><li>这个问题容易回答吗？你为什么这么认为？</li><li>这个问题是否引起其他重要问题？</li></ul>
推断性提问	<ul><li>你为什么会这么推断？</li><li>你在此能够推断出什么？</li><li>我们可以改为什么推断？</li><li>你是不是将此推断为_____？</li></ul>

提问类型	问题例句
理由及证据的提问	• 可用什么举例？ • 你为什么认为是真的？ • 我们还需要什么信息？ • 是否有理由怀疑这项证据？ • 能不能解释原因？ • 你为什么这么认为？
有关起源的提问	• 你为什么有这种想法？ • 是什么让你有这种感觉？ • 你的想法是不是受到他人或某事的影响？ • 你一直有这种感觉吗？
含意及结论的提问	• 那会造成什么结果？ • 那真的有可能发生吗？ • 还有其他可能吗？ • 你这么说是表示什么？ • 如果那样的话，后来会发生什么事？为什么？
询问观点的提问	• 其他小组会对这个问题有何反应？为什么？ • 你如何回应_____的反对意见？ • _____的人，可能会有什么看法？ • 还有其他可能吗？ • _____和_____的观点，哪些地方一致？哪些地方不一致？

    苏格拉底式提问是形成性评价中一种重要的方法，它与形成性评价中的互动性形成性评价密切相关，为课堂即时互动形成性评价提供了一个成熟的视角和框架。Maxwell（2007）认为苏格拉底式提问由两个阶段组成：解构阶段和建构阶段。解构阶段要求学生质疑自己已有的信念，其目的是鼓励学生自由思考，不被固有的观念所束缚。学生在质疑自己固有信念的同时，实际上就是在对自己的信念进行自我评价。在建构阶段，教师设计问题，帮助学生发展新的理解。因为在苏格拉底式提问中没有唯一正确的答案，所以教师和学生问答对话的

典型结果是学生意识到自己知识的匮乏。从形成性评价的视角看，学生在这样的对话中不知不觉地对自己的现有知识进行了评价。同时，苏格拉底式提问要求教师像苏格拉底一样，把自己设定成一个无知的人，这就把获得知识的责任和思考的过程交还给了学生。但实际上，教师知道答案，只是不会将答案直接告诉学生，而是通过挑战学生错误观点的方式，一步一步地将学生引向正确的理解，也就是根据学生即时表现出的理解水平为学生搭架子。从上述过程可以看出，在苏格拉底式提问中，教师和学生都获得了许多形成性评价的机会。更难得的是这些机会都在师生对话中以问答形式自然出现，学生在没有感受到自己是在进行评价和被评价的情况下，就提高了对自己的认识、发展了自己的批判性思维。这使得苏格拉底式对话具备了高质量的形成性评价的一大特征：不论教师采用什么样的书面或技术工具辅助形成性评价，最好的形成性评价应该让学生感到它只是一种更好的教学，这种教学具有挑战性，又能探索学生的思维，要求他们展示出最好的一面（Noyce & Hickey，2011）。

三、如何设计问题

高质量问题的设计是一项艰巨的任务，最好由教师合作完成。Walsh 和 Sattes（2011）认为在教师设计问题时，应当考虑五个方面：问题内容、问题功能、期待的认知参与、语境和语法。

1. 问题内容

在问题涉及的内容层面，教师需要考虑问题关注哪个层次的知识：事实、概念、程序、元认知；问题是如何与学生的准备状态、兴趣和经验相联系的（相关性）；问题如何帮助学生联系先前知识，包括学科知识和跨学科知识（关系）。两位中学英语教师 Christenbury 和 Kelly（1983）创造了一个问题环（图 2.2），形象地说明了课堂设计时教师需要考虑的内容来源。很多教师可能在自己的实践中也是这样设计问题的。研究表明，当学习者将特定的事实或概念与其他信息进行多突触联系（multiple synaptic connections）时，长期记忆将得到改善。认知科学家称其为知识整合（Linn，2009）。二语习得领域内的相关理论也支持了这种做法。

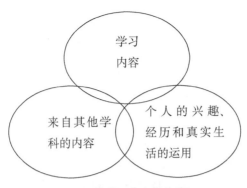

图 2.2　教学课堂中的问题环

在二语课堂中，对问题内容的考虑有其特别之处。教师在选择问题内容时，首先应该参照课程标准或学习目标。教师在设计问题时，要使问题与学习目标一致。当问题与学习目标一致时，教师可以更清楚学生回答的可接受参数。当教师提出简单的识记性问题时，学生只需要提供必要的知识；当教师提供高于识记性的问题时，学生需要展示思维技巧。在语言课堂上，情况变得更为复杂。对于识记性问题的回答不仅要求内容知识，还要求语言知识。如"How old are you?"这一简单问题，如果学生不能提供正确的回答，那么只能说明学生没有回答问题所需要的语言知识。但对于"What do you think of the financial crisis?"这样的问题，如果学生不能回答，可能是由于语言知识、也可能是因为内容知识和思维能力的欠缺。因此，在二语课堂上，教师在设计问题时，需要考虑到问题的内容，还需要考虑到承载问题和回答问题所需要的语言。

2. 问题功能

在课堂上教师会提许多问题，这些不同的问题帮助教师实现不同的教学功能。了解这些功能对于教师设计问题十分重要。Walsh 和 Sattes（2011）认为问题可以实现的常见的教学功能包括：

问题可以提供单元学习的重点，可以代替教学目标；促使学生思考，帮助学生构建辅助知识转换的图示或心理模型；帮助学生发现规律，发现个性化的意义（making personal meanings）；引导学生发现观点及其意义，促进推理式学习；帮助学生在较为复杂的层次上思考（Erickson，2002）。

鼓励学生积极参与新内容的学习：允许学生回答，使学生参与到内容之中，即使学生对内容的了解不多；帮助学生使用自己的经验、观点和创造力与内容进行关联；使学生进行深思；鼓励学生成为调查者；使学习变得有趣和富有冒险性（Fried，1995）。

激活与新单元或课程相关的先前知识或先前观念，以便达成以下目标：决定这些知识和信念正确与否；允许学生将新内容与已有的知识相连；参与到纠正错误观念的学习活动之中；通过将新内容与已有知识或经验相联，使学生投入到新内容的学习中；为教师提供信息，帮助教师判断学生是否已经准备好学习新的内容。

评价学生实现学习目标的程度：允许教师评价学生的学习进度，并通过其他教学方式纠正错误的理解或弥补不足；以易理解、方便使用、有语言产出的形成性评价的方式给学生提供自我评价的机制。

帮助教师了解学生思想背后的原因，为学生的学习和理解搭架子：帮助学生厘清或拓展理解，纠正学生错误的理解；为学生的思考、理解和学习搭架子。

要求学生分析提供的信息或证据，并得出初步的结论：鼓励学生寻找线索或证据，然后进行分析，做出推论；要求学生补充信息；提升批判性思维。

要求学生分析作品（如故事、诗歌）、事件（如贝克汉姆来华、南京外国语学校的入学考试题目）或大概念（如和平）：鼓励学生独立思考；为学生提供评价或判断的机会；允许学生表达基于标准的个人观点。

要求学生在新的环境中运用知识：帮助学生内化知识，或逐渐将其输入长期记忆中；为学生提供挑战，可以提升学生的动机；发展学生的自信和自我效能。

帮助学生构建假设：提供基于证据进行预测的经验；帮助学生思考因果关系；让学生主导课堂。

使学生思考自己对学习和思考的投入：支持元认知思维；支持学生的自我调节和自我评价。

在二语课堂中，因为培养目标是学生的语言能力，所以无论问题的功能为何，对问题本身的回答都可以提供学生语言发展的证据。

3. 期待的认知参与

在课堂问题分类中，我们提到了按照 Anderson 的认知层次对问题进行分类的方法。按照认知层次进行分类，是因为教师在向学生提任何问题之前，应该清楚所提问题的目的，而构成问题目的的要素之一就是该问题会触发哪个层次的认知处理过程。如果我们不清楚问题会引起什么样的认知过程，那么任何包含与问题内容相关的答案都可能被接受为正确或理想的答案。Walsh 和 Sattes（2011）提供了一个经典的例子，说明了考虑问题认知层次对于问题设计的重要性。

假设教师提问了这样一个问题：

The Founding Fathers decided to situate the U.S. capital in an area carved out of Virginia and Maryland. Evaluate the wisdom with this decision.

继续假设学生给出了这样的回答：

Washington, D.C., was situated in the Southern United States because James Madison, Thomas Jefferson, and Alexander Hamilton reached a compromise.

从事实的角度来说，这个答案无疑是正确的。教师也可能因此认为这个答案是可以接受的。不过，虽然学生提供的事实是正确的，但学生的答案中并没有对美国国父们决定的智慧之处进行评价。如果教师事先已经确定了所问问题希望引起的认知处理层次，学生的回答中应该体现怎样的认知层次，那么教师在收到我们假设的学生答案时，就应该能够直接提出探究性的问题，帮助学生对这一决定的明智性做出判断。对于学生的回答，教师可以提供这样的反馈：

You are correct that the location of Washington, D.C. resulted from a compromise reached by Madison, Jefferson, and Hamilton. Does historical evidence lead you to think that this was a wise decision? If it's yes, why? If not, why not?

通过这样的跟踪反馈，教师可以将学生回答的认知层次从识记层面提升到评估层面，而事先决定问题所要求的认知水平可以提高教师为学生搭架子的能力，帮助学生将问题答案提升到教师所期待的认知层次。

4. 语境

除了上述因素之外，教师在设计问题时还需要考虑问题所在的语境。教师最为熟悉的课堂语境就是上文提到的 IRE 模式的课堂语境。Wells（2001）甚至将其描述为默认的教师提问模式。在这个模式中，教师提问，学生回答，教师评论学生回答的对错，然后再提问下一个学生。但这种模式的缺陷在于，大多数学生都是被动的旁观者，而成绩欠佳的学生很可能选择退出这种问答式的教学互动。因此，这种提问模式不适用于促进全体学生的理解。

当然，也有一些情况适合教师主导的、针对全体学生的课堂提问。不过，在这种情况下，通过课堂提问实现学生互动时，教师应该在课堂中提供确保全班所有同学都积极地参与思考问题、回答问题的策略。其中最常用的两种策略是 Think-Pair-Share 和 Turn-and-Talk。这两种策略都要求学生先安静地准备自己的答案，然后再和同学交流自己的答案。许多教师会在请同学回答问题之前，先将自己的答案写下来。无论采取什么策略，Walsh 和 Sattes（2011）都建议实施"不举手"政策。这是为了让学生知道，教师来决定谁回答问题，每个学生都有被点到的机会，鞭策学生认真思考问题的答案。除了全班模式之外，教师还可以选择其他一些将学生置于不同社交语境之中的问题回答模式，如每个学生都提供书面答案、配对、合作小组、以项目为主的合作学习环境等。

并不是所有问题都可以在这些不同的环境中充分发挥自己的作用。例如，如果问题过长又比较复杂的话，教师应该采取书面的形式，要求学生书面回答或首先书面回答。在学生个人回答问题的情况下，问题的难度要适中，既要具有一定的挑战性，又不能使学生受挫。在小组或合作学习中，同伴之间可以相互学习、互相帮助，所以问题的设计应该能够促进同伴之间的互动。在设计问题时，不仅需要考虑到小组的大小和组成，还需要考虑学习的语境。

5. 语法

教师在设计问题时需要考虑到的最后一个因素是承载问题的语言。对于第二语言课堂来说，这一点尤为重要。首先，因为是第二语言，所以教师和学生对其掌握程度一般不如母语；其次，因为是第二语言课堂，问题的语言对于学生来说也是一种重要的输入。强调语言的最重要的原因还在于，如果学生想要回答教师所提问题的话，首先必须能够理解教师的问题是什么。问题本身的可理解性取决于问题本身的结构和词汇。无论问题是口头提出，还是以书面的方式提出，清晰可理解都是重要的特征，不过对口头提问的可理解性要求更高。在书面提问中，我们写下一个问题的时候，自己会去对其进行编辑，而且学生通常能够分析出词汇的含义。但在口头表达中，学生要参与语音处理过程，对于大多数视觉学习者来说比较困难。对于二语学习者来说，更是如此。

同伴编辑是一种较好的提高问题可理解性的方法。教师可以在设计问题时，请同伴教师回答、评论自己所提出的问题，并提出修改建议。另外，为了保证可理解性，教师还可以在口头提问时，将问题通过投影仪进行展示。不过对于二语学习者来说，学生听懂教师的问题也十分重要。

四、形成性评价课堂提问的实施

在问题设计完成之后，教师就可以开展课堂提问的实践了。在实施课堂提问的过程中，教师应该特别注意以下三个阶段：

1. 教师等待阶段

在提问之后，教师提供充足的"等待时间"。等待时间可以定义为教师在提出一个问题之后，允许学生进行思考的时间。还有一种不常用的定义：教师在学生停止说话、自己回应学生答案之前的一段时间（这种等待时间运用得少，研究得也少）。虽然一般认为教学的节奏应该一环扣一环，以保持学生的兴趣、教授更多的内容。但是研究表明，放慢节奏、提供更多的等待时间可以提升学生的学习效果。

问题问完后，教师的平均等待时间为一秒或少于一秒，且提供给成绩较差的学生的等待时间要少于成绩较好的学生。研究显示，对于低认知层次的问题，三秒钟等待时间最为有效。更长或更短的时间与学生表现的正相关系数降低。对于高认知层次的问题，等待时间没有门槛。研究者注意到，教师等待的时间在合理的范围内越长，学生似乎就越投入、越成功。Rowe（1986）、Stahl（1994）和 Tobin（1987）的研究发现，当为学生提供了三秒或三秒以上的等待时间，而且学生习惯了对其回答的更高期待之后：

学生回答的长度和正确性增加；

学生给出"我不知道"这样的回答和根本不回答的情况减少；

学生的自我效能感增加；

更多学生主动提供恰当的答案；

更多的学生挑战、展开或补充其他学生的回答；

学生提供更多的答案；

学生增加了与同学之间提问的数量；

学生测试成绩提高。

在教师提问或学生回答之后，如果教师耐心地等待三秒或三秒以上的时间，其提问策略也会变得更加灵活和多样：

教师减少了低认知层次、封闭式问题的数量；

教师增加了开放式、高认知层次问题的数量；

教师提问要求学生更多地思考和推理相关的问题；

教师更准确地测量学生目前的学习状况与学习目标的差距；

教师的问题将关注学生为了加深理解所需要采取的下一步措施。

2. 学生回答阶段

在学生回答阶段，教师需要认真聆听、仔细观察，以便对学生的回答做出回应。教师对学生回答的观察，可以集中在内容掌握、参与程度、认知以及与同伴互动这几个层面（Walsh & Sattes，2011）。

在内容掌握方面，教师应注意：学生的回答在多大程度上展现了其对问题本身的理解；学生的回答是否与问题的内容中心统一；回答中是否包括正确的事实性、概念性或程序性的知识；学生是否将学习的内容与其他课程内容或校外生活的内容联系起来，以发现所学内容的相关性（重要性）；学生是否能够理解元认知操作如何支持个人学习。在参与程度方面，教师应注意：学生是否认真倾听教师或同伴的问题并进行了评论；学生是否会在必要的情况下要求提问者澄清问题；学生是否通过提问、设计试验、建议可能的学习资源等方式展现出了对学习的好奇心。在认知层次方面，教师应注意学生是否理解了问题所要求回答的认知层次；学生是否提供了与问题意图一致的认知水平答案；学生是否对最初的答案进行了扩展；学生是否进一步发展了同伴的回答，将思考提升到更高的水平；学生是否将关于"思考"的语言融入答案，如在回答中使用了猜想、理论化、比较和对比等词汇；学生是否通过缜密的分析为开放式问题的答案提供了支持。在同伴互动方面，教师应注意：学生是否通过提供解释和直接的帮助，支持其他同学的学习；学生是否对小组其他成员的参与情况进行了监控，在自己思考回答问题的同时，也鼓励同伴思考回答；学生是否表现出对其他同学及其回答的尊重，即使他们的答案不正确；学生在合作小组中进行学习时，是否努力为同伴的思考搭架子，纠正他们不正确的理解；就开放式问题进行讨论时，学生是否展现出对不同观点的尊重。

3. 教师回应阶段

教师对学生回答的回应与教师提出的问题一样重要。一旦学生给出了答案，教师必须使用这些答案决定下一步的措施。因而，教师应该为学生提供反馈，反馈可以包括对正确回答的确认或对不完整答案的解释。学生的回答大致可以分为正确和不正确（或不完整）两种。为了学习的有效性，当学生回答正确时，教师有必要认可学生的正确回答。研究表明适时的、与学生回答直接相关的、真诚可信的表扬与学习成就不仅呈正相关，而且还能起到鼓励学生的作用。

当学生的回答不正确，或学生误解了教师的问题时，教师可以用学生更容易理解的语言重新组织问题；或者转向其他同学，问同样的问题。这种转向策略尤其适合于小组合作学习，即：当小组中的一个人回答不出问题，或者答案不正确时，教师就可以这么做。教师还可以采取追问探究的策略，要求学生进一步解释。探究为学生提供第二次机会，表达自己的理解。通过探究帮助学生澄清、改进学生的回答比仅仅得到一个答案更能帮助学生提高学习表现。教师可以考虑使用接受支架、转换支架和产出支架。接受支架指引学生获取组织答案的必要信息（如 "Look at the graph on page 252 of your textbook."）；转化支架提供一种信息组织方式，帮助学生组织答案（如 "How does the largest bar on the graph on page 252 of your textbook help you to find your answer?"）；产出支架为学生提供一种产出答案的方式（Fisher & Frey，2007）。这些技巧可以指导学生如何使用信息找到正确答案。教学是一门艺术，它要求教师能够提供有效的支架，支持学生的学习（Wood 等，1976）。使用支架的前提是对学生的回答进行分析。教师很容易把学生的答案看成非对即错；但实际上学生的回答只是反映了学生在某一时刻所知道的和所不知道的。换句话说，一个不正确的答案，即使对于老师来说毫无道理，对于学生来说可能是完全符合逻辑的。教师的挑战在于分析学生的回答，做出学生理解了什么和没有理解什么的假设，进而做出下一步的教学决定。

实际上无论学生的回答如何，课堂提问的效果不取决于学生回答的对错，而在于能否引发学生的思考（Black & Wiliam，2003）。Moss 和 Brookhart（2009）为我们总结了一系列利用课堂提问扩展学生思维的方法和策略：

要求学生详细解析、提供更多信息。

—Linda, please tell us a little more about that.

—Now that you have heard Rick's ideas, what are you thinking?

—Thinking about what Nick had to say, it might be useful if we knew more about ____.

强化学生回答中有用的思想、过程或概念。

—I especially liked Trish's ideas about ____ because ____.

—I think Lily used a great strategy for ____ because ____.

鼓励进一步的提问和猜想。

—I wonder what might happen if _____.

—What Mike said makes me curious about _____.

做出如何总结的示范。

—Ryan seems to be saying that _____.

—Sarah, is it fair to say that you conclude that _____?

反思某一过程或策略的使用。

—This time we thought about _____.

—Maybe the next time we approach something like this we could ____.

除了语言之外，教师还可以使用一些非语言交流方式，如目光接触、点头和微笑等，邀请学生进行讨论、鼓励学生扩展或提供其他答案、挑战学生的答案或因学生的回答表现出惊喜等。在学生知道问题的正确答案之后，教师还应该鼓励学生提问，如"还有问题吗？"学生的问题可以成为新一轮形成性提问的开始。实际上，课堂中教师常常会问学生是否还有问题，不过通常情况下，这种问题换来的是学生的沉默。如果教师希望使用学生的问题作为评价学生学习状况的工具，就必须鼓励学生在课堂上多提问，创造一种学生勇于提问的环境。

以上三个阶段对于保证形成性提问的质量至关重要。形成性评价是信息收集、判断和反馈的过程。提问的等待阶段是获得更为丰富、深刻的形成性评价信息的先决条件。只有给予学生充分的思考时间，他们才更有可能在回答阶段提供可以帮助教师了解学生学习状况的答案。学生提供口头答案的过程转瞬即逝，为了能对这些信息做出及时、恰当的反馈，教师需要关注学生回答的过程。实际上，学生回答的阶段也是教师对学生的回答进行分析判断的阶段，是教师对学生回答做出形成性回应的基础。在学生的回答结束之后，教师再根据对学生回答的判断并结合形成性反馈的原则，为学生提供形成性反馈。

第二节　形成性评价信息的反馈
（Feedback）

Black 和 Wiliam（1999）强调了反馈在形成性评价中的重要性，认为任何诊断学生困难并提供建设性反馈的教师评价都会产生重大的学习进步。Pellegrino 等(2001）认为学习是一个不断改进知识和技能的过程，而反馈对于引导、挑战和调整学生的思维十分关键。Stefani（1998）认为建设性、支持性的反馈，不论是口头的还是书面的，都是学生学习的重要部分。Brown 等（1997）认为学生反馈的效果是心理学中被验证的原则之一。Hattie 和 Timperley（2007）在对反馈研究的综述中发现反馈对学生成绩有非常大的影响，平均的效应量为 0.79，而直接教学的效应量为 0.93，交互教学为 0.86，学生教学前的认知能力为 0.71。他们还将反馈与其他 100 多个影响学生成绩的因素进行了比较，结果显示反馈的效应量排在 5 到 10 之间。因此，他们认为反馈是影响学生学习最关键的因素之一。也有人认为反馈虽然是形成性评价中的重要因素，但只有被用于改变现有知识技能水平和预期学习成果之间的差距时才能实现形成性的功能（Sadler，1989）。

反馈对学习如此重要，下面笔者就反馈的定义，尤其是在形成性评价视角下反馈的定义、反馈的类型、反馈的过程以及反馈的原则进行解释。

一、反馈的定义
反馈的定义非常多，很多学者凭借自己的理解给出了不同的定义。根据现有的文献资料，我们从三个方面理解反馈：(1) 作为信息的反馈；(2) 作为控制环的反馈；(3) 作为自我调节的反馈。

1. 作为信息的反馈

最普遍也最为人所熟知的定义方式是将反馈看作一种信息或产品。在研究学习的文献中，反馈通常被定义为结果知识（knowledge of results，KR），通过 Thorndike（1913）的效应法（Law of Effect）而广为传播。Black 和 Wiliam（1998a）为反馈提供了一个广义的定义，认为反馈指任何提供给学生关于其表现的信息。这种反馈不一定要来自外部，也不一定要有测量表现的参考标准。在教育界，我们常常将提供给学生的任何关于其目前状态的信息称作反馈（Wiliam，2011）。在形成性评价中，反馈被认为是形成性评价的关键因素，通常被定义为关于如何成功地完成或做某事的信息。

实际上，教师做出反馈的方式很多，最简单的就是通过成绩单上的分数向学生和家长提供反馈，但这种反馈信息有限，据此进行教学和调整的空间有限。在形成性评价的框架下，教师仅仅提供信息是不够的，信息还需是描述性的、具体的，并能够具体指导教学和学习。鉴于反馈的重要性在于它向学生展示了如何弥合目前的知识技能水平与理想的知识技能水平之间的差距（Harlen & James，1997），Hounsell（2004）将形成性反馈定义为任何产生了学习或加速了学习的信息、过程或活动，无论它们是帮助学生获得了比其他方式更高质量的学习成果，还是帮助学生更快地获得了这些学习成果。

2. 作为控制环的反馈

Ramaprasad（1983）认为反馈是关于实际水平和系统参数参照水平之间差距的信息，这种信息通过某种方式改变这种差距。信息只有被用于改变差距时才被认为是反馈。在理解 Ramaprasad 的基础上，Sadler（1989）将形成性评价看作是弥合现实状态和理想目标间差距的控制环。他明确指出信息本身不是反馈，只有在用于缩短差距时，才成为反馈，并提出了有效反馈的三个条件：关于标准或目标的知识，进行多标准比较的技巧以及设计缩短差距的方式和方法。Black 和 Wiliam（1998a）也秉持了同样的观点，认为反馈包括四个要素：

具有某种可测量特质的、实际水平的数据；

关于该特质的参照水平的数据；

比较两种水平，产生两种水平之间差距的信息机制；

用所产生的信息改变差距的机制。

换言之，反馈在形成性评价中被看成是一种控制要素（Carver & Scheier，2000）。实际上，这种理解符合反馈最初在工程学领域中出现时所蕴含的含义。反馈是一个循环的过程，完成反馈循环的过程，需要缩短两种水平之间的差距，否则反馈则没有发生。

3. 作为自我调节的反馈

虽然将反馈看作控制环、用于改变现实状态和理想目标之间的差距已经得到了大多数形成性评价学者们的认可，但也有部分学者认为依据这种"控制理论和弥合差距"的反馈阐释，反馈产生的各种效果太过于局限（Gibbs，2005）。Nicol 和 Macfarlane-Dick（2006）认为应该将形成性评价和反馈放在包括动机、行为、认知的自我调节的更广的框架中加以考查。例如，当学生积极地控制他们的学习实践或与其他学生的互动时，所涉及的就是反馈对于学生行为的调节作用；而当学生监控、控制动机信念，针对课堂要求做出调整时（如选择个人的学习目标时），所涉及的是动机的调节。这一点我们将在下一章学生主导的形成性评价中做详细的论述。

二、反馈的类型

按照不同的标准，反馈分为几种不同的类型。一般来说，我们可以从反馈参照的对象、反馈的内容等方面对反馈进行简单的分类。

（一）根据反馈参照的对象分类

根据参照对象，反馈一般可以分为自我参照、标准参照和常模参照三种（Wiliam，1992）。自我参照反馈将学生的作品与其以前的表现进行比较。这样做可以让学生看到自己取得的进步。这种反馈可以增强学生的自信心，使他们相信通过自己的努力可以取得学习的提升，并帮助他们决定下一步的学习计划。比如，"你的文章结构比上　篇更合理。现在你可以考虑怎样润色语言，特别是句型的变化。"在进行自我参照反馈时，教师应将学生的进步与学生所做的某些特定的努力联系起来，使学生相信他们的成功源于其自身的努力，增强学生的自我效能感。

标准参照反馈指将学生的表现与确定的行为标准和范例进行比较，并将得到的信息提供给学生。标准参照反馈是提升学生学习的一类最重要、最有效的反馈。这类反馈也是目标指向的，其重点在于帮助学生理解他们当前的表现水平与学习目标标准之间的差距。因此，在进行学习评价之前，学生应知道他们将以什么样的标准被评价。这样既有利于学生进行自我评价，又有利于学生理解教师提供的评价信息。在形成性评价中，我们提倡教师和学生共同制定评价标准，使其具有透明度。

在常模参照反馈中，教师将一个学生的表现与其他学生的表现进行比较。通常情况下，特别是对于学习困难的学生，我们不提倡进行常模参照反馈。因为这样的反馈可能导致能力归因，让学生认为自己学习不好是由于自己的能力不足。但对于学习成绩比较优异、竞争心理强的一些学生来说，常模反馈可以刺激他们更加努力地学习。

（二）根据反馈的内容分类

第二种是根据反馈的内容（Kluger & DeNisi, 1996）进行分类，一般可以分为评论性、关注任务、关注过程以及关注自我调节等四种反馈。

1. 评论性反馈

这种使学习者将注意力集中在自己、而不是任务上的反馈干预容易对学习产生负面影响。这种反馈不指向学生完成的任务，大多为一般性的积极评价，如"你真棒""你是个好孩子 / 好学生"等评语。研究发现，这也是教师使用最多的反馈形式。这种反馈由于很少涉及与任务相关的信息，它几乎不会促进学生更好地理解任务和提高学习表现。关于评论性反馈的元分析表明，一般性表扬对于学生成绩影响的效应值仅为0.09，而没有表扬的效应值高达0.34。不过，如果表扬是指向与任务相关的努力、自我调节等，如"你太棒了，因为你很好地利用概念，机智地完成了这个任务！"，那么它不仅对于提高学生自我效能感起到了支持作用，还会促使学生努力完成任务，但对于学生成绩的影响仍然非常有限。

如果表扬只是作为一种奖励，那么它对于学生成绩的影响近乎为零。这并不意味着学生不喜欢表扬。如有研究指出26%的成年学生成功完成任务时，喜欢被公开大声地表扬；64%的学生喜欢被私下表扬，而10%的学生倾向于不被表扬。在小学阶段的相关研究也给出了相似的数据。另一方面，当有藐视成绩的同伴在场时，学生会把教师的公开表扬理解为一种惩罚，因此表扬并不总能产生正面意义。相反，它对于学生自我评价会产生负面影响。有研究显示，年龄大的学生会把成功或失败后获得的表扬或中性反馈理解为教师看低了他们的能力；而对于获得的批评或中性反馈，学生会理解为教师认为他们的能力高但努力不够。对于年龄小的学生，他们把成功后受到的表扬理解为能力强的信号，把失败后受到的批评理解为能力低的信号。

以上关于表扬的作用，使我们获得了一个重要的启示，即反馈未必总会产生积极意义。教师应尽量避免过多使用那种与任务无关的表扬，使用表扬应视情况而定，如缺乏自信的学生遇到学习困难时给予适时的表扬。Black 和 Wiliam（1998a）认为，教师需要向学生传递和灌输的思想是学习的成功源于内部的、不稳定的、具体的因素，如努力程度；而不是稳定的一般性因素，如能力（外部的）或者是否被教师看好的能力（外部的）。

2. 关注任务的反馈

与评论性反馈相对的是关注任务的反馈。这类反馈关注的是内容和学习者完成任务的情况，如区别正确和错误答案，获得更多的或不同的信息，构建更多的表面知识。这种反馈常常被称为纠错反馈或者结果知识，可以与正确性、有序性、行为或一些完成任务的标准相关联。根据元分析的结果，纠错反馈本身具有很强的促学功能。以各种元分析为基础，Lysakowski 和 Walberg（1982）报告的效应量为 1.13，Walberg（1982）报告的效应量为 0.82，Tenenbaum 和 Goldring（1989）报告的效应量为 0.74。

尽管形成性反馈的促学作用已经得到学界的认可，但对纠错反馈在二语课堂中的作用还存在争论。Ellis 等（2006）对纠正性反馈的描述如下：纠正性反馈是对学习者含有错误言语的回应。这种回应包括：（1）指明学生犯了错误；（2）提供正确的目标语言形式；（3）关于错误性质的元语言信息或所有这些内容的结合。这种纠错反馈的作用可以从两种主要的教学方式的角度来理解：意义为中心的教学和形式为中心的教学。以意义为中心的教学认为，二语习得过程如第一语言学习一样以无意识的、隐性的方式发生。持此观点的学者认为对语言形式的过度关注没有必要，纠错反馈没有效果（如 Krashen，1981；Newmark & Reibel，

1968；Schwartz，1993；Terrell，1977；Truscott，1999；Loewen 等，2009）。Krashen（1982）就认为，纠错反馈不仅没有用处，而且对二语习得有潜在的危害。但也有学者认为仅关注意义，二语习得是不会发生的（Long，1996），对形式的关注是必要的。Schmidt（1995；2001）提出了二语习得中的注意概念，认为学生必须注意到学习中的形式，二语习得才能发生。持此观点的学者倾向于认为纠错反馈对于二语习得者来说是有益的，因为纠错反馈会引发注意，使学习者意识到自己的中介语与目标语言之间的差别，产生语法重构。根据形成性评价理论，意识到差距是弥合差距的第一步。从形成性评价角度说，我们应该鼓励教师提供纠错反馈，因为它起到了为学生搭架子的作用。

除了纠错反馈能否促进二语习得之外，Ellis（2009）认为还存在 4 种与纠错反馈相关的争议问题：要纠正什么样的错误？谁来纠正（教师或学习者）？哪种类型的纠错反馈最有效？以及何时进行纠错反馈更好？

3. 关注过程的反馈

关注过程的反馈提供完成任务过程与拓展任务的信息。Balzer 等（1989）关注的是关联的信息，包括环境中各种关联因素，学习者个人感受到的关联以及环境与学习者之间的关联。关注任务的反馈与浅层学习的联系更为密切，而关注过程的反馈与深层学习的相关性更高，因为浅层学习更多涉及的是习得、储存、复制和知识的使用，而深层学习涉及的是意义的构建、认知过程以及将学到的知识和技能应用于更难的或没有阐释过的任务。

在关注过程的反馈中，一种主要反馈形式是学生自查错误。这些错误显示出学生未掌握的知识或技能，要求学生运用新的策略寻求帮助。学生能否进行纠错，取决于他们是否愿意继续瞄准目标或缩短当前学习水平与目标间的差距。Carver 和 Scheier（1981；1982；1990）的研究发现，学生在追求学习目标的过程中遭遇学习障碍时，会启动重新评估学习情境的程序，评估他们在投入更多的努力和 / 或改变他们的计划的情况下完成目标的可能性。

关于任务过程的反馈信息可以通过提示的方式提供给学生，引导他们更有效地寻找信息和使用任务策略。研究发现，帮助学生放弃错误假设、提供信息搜寻和策略使用方向的提示最为有效（Earley，1988；Ha-rackiewicz，1979；Harackiewicz 等，1984；Wood & Bandura，1987）。最后，需要指出的是关注任务的反馈和关注过程的反馈之间存在交互作用，后者能提升学生完成任务的自信和自我效能感，并能进一步促使学生寻找更有效的信息与策略完成任务。

4. 关注自我调节的反馈

关于学生自我调节的反馈指向学生的努力、调整、自信以及它们之间的互动。该反馈方式致力于帮助学生对学习目标的监控、指导和行动管理，意味着自主、自律、自我控制与自我驱动。这种自我调节包括自我产生思想、情感，制订计划，周期性地依据个人目标进行调整的行动，并寻求、接受、适应反馈信息。这种反馈至少在六个方面对反馈效果进行调节，形成内在反馈。高效学习者着手完成任务时，能形成内在反馈与认知习惯。对所有的自我管理活动而言，反馈是内在的催化剂。内在反馈在监视任务的过程中产生，它描述的是产生结果的认知加工的质量。

自我评价。自我评价是一种自我管理能力，它通过选择、理解信息途径提供反馈。自我鉴定和自我管理构成了自我评价的两大方面。自我鉴定指学生通过一系列自我监控的程序，回顾并评价他们自身的能力、学习状态和认知策略。自我管理通过计划、纠错、链接策略，监控、调节学生当前的行为。

寻找、处理反馈信息的意愿。学生把这种意愿付诸行动，取决于自我调节付出的成本计算。如果能缩短当前学习水平与期望表现的差距，那么这种好处能弥补付出的成本。如果"性价比"太低，学生通常会拒绝去寻找反馈。

对反应正确性的自信程度。学生对于自身反应正确性的自信程度影响学生接受、寻找反馈信息。主要包括三种情况：（1）如果自信程度高，反应被证明是正确的，那么，学生不会关注反馈；（2）如果学生期望自己的反应是正确的，而结果被证明是错误的，那么反馈将产生巨大作用；（3）自信程度低，而反应被证明是错误的，反馈几乎不会被关注。

对成功与失败的归因。相比实际的成功与失败带来的影响，学生对它们归因的影响更大。学生如果没有获得关于失败原因的反馈，其自我效能感将受到伤害。同样，那种没有具体说明学生成功或失败依据的不清晰反馈，也会恶化负面结果，产生不确定的自我意象，导致表现变差。另一方面，名不副实的正面反馈将增加结果的不确定性，而且还可能会导致学生过多地使用自设障碍策略。

寻求帮助的能力水平。寻求帮助是一项学习能力，许多求助行为可视为自我调节的能力。区分工具性求助（寻求提示而不是答案）与执行性求助（寻求答案或无需花费时间和精力的直接帮助）的关键在于前者产生自我调节的反馈，而后者与关注任务和过程的反馈联系更加密切。要发展工具性求助行为，必须考虑它与情感因素的关系。许多学生不去寻求帮助是因为他们感到这将威胁到自尊或导致社交尴尬。

三、反馈的过程

一个好的教师在向学生提供反馈时，究竟经历了哪些认知过程呢？教师在这些认知过程中又启用了哪些资源才使得评价得以发生呢？Sadler（1998）认为，典型的教师反馈由三个要素构成：（1）首先，教师能注意观察学习者的学习产出。（2）教师能够根据某种背景或参考框架对学生的产出进行比较。这一过程是比较性的，虽然有时候学生产出比较的对象难以琢磨，不好理解（这一点与 Black 和 Wiliam 不同，他们认为有可能不依靠某种参照而对事物本身进行评价）。有时候情况似乎确实如此，不过通常这是因为参照点不具体，无法清楚表达或无法例证，但它们确实存在于评价者的大脑中。教师的评价还会涉及一些反思和优缺点的判断。（3）为了反映（呈现）判断，教师会提供一个明晰的回应，如将学习者的产出归于某个等级（如成绩），或给出一个分数（评分）或对产出质量给出陈述（如判断的理据，以及弥补不足的方式）。

上述（1）和（2）属于 Taras（2005）所说的终结性评价过程、判断的过程，而（3）则属于 Taras（2005）所说的反馈或沟通判断信息的方法。除了这三个要素之外，一个优秀的教师究竟在这一评价过程中动用了哪些智力和经验上的资源呢？Sadler（1998）提出了六种帮助给出最佳反馈的资源。

（1）优秀教师渊博的学科知识。通常情况下，教师对学生所学内容的掌握要更全面、更深刻。这种知识包括两种类型，一种是（陈述性）事实性的知识，如语法项目的意义、某个句型的用法等。它可以帮助教师直接判断学生的产出是正确、错误还是部分正确。另一种是程序性的知识，如完成一个任务的多种方式，哪种方式比较好，或某个领域或学科的专家知识。

（2）教师在反馈时带入自己对教学活动和学生的态度或倾向。这包括教师对学生的同理心，帮助学生提高自己能力的愿望，教师个人对反馈效度、判断真实性的关注以及提供帮助的模式，如倾向于给高质量的作品较少的反馈，对明显可以挽救的个案提供大量帮助等。

（3）在反馈时，教师运用自己构建或编制测试、设计任务以及引导学生产出具有揭示性或相关信息的技巧。从已存在的任务中选择或开发新的任务需要教师能够进行精确的主观判断。

（4）教师在评价时运用适合评价任务的评价标准知识。这些标准可能以无法清晰表达的形式存在，也可能以更成熟的标准参照的形式存在（Sadler，1987）。除了清晰的标准之外，教师还会在评价中融入学生应该在评价任务上如何表现的期待。这种期待包括两个要素：一是一系列总的、概括性的、关于一批学生表现的期待，这种期待基于对这些学生能力水平的判断；另一种是一些具体的、对于目前这批学生将如何回应即时学习任务的期待，这种期待基于最近的教学状况和学生处理不同（但可能较为容易）的评价任务的经验。

（5）教师在评价时，运用过去判断学生在相似任务上的表现时所用到的评价技巧或专长。在正常的教学环境中，教师通常每年需要做数以百计的质性评价。这为教师提供了广泛的、一手的评价者经验。对于教师进行评判的要求，使得教师必须有意识地观察、注意学生表现的特征。在非聚合（non-convergent）环境中，教师可以自然地接触到学生解决问题/辩论、评估、创造、分析和综合的各种方式。其中许多方式可能超出了教师的想象能力，所以教师可以从中学到很多东西。同时，了解他人的想象又可以扩展和丰富教师的策略库。有时教师不会亲自尝试，但要求学生产出同类型作品，如写诗、记叙文或调查报告。在这种情况下，学生的回答可以提供任务挑战的间接体验。所有这些都可以成为教师策略知识的一部分，并在需要时启动，为学生提供有益的反馈。

（6）最后，教师在反馈中运用为学生设计反馈形式的专业技能。最简单的形式就是教师直接告诉学生对与错。原则上，反馈的形式可以通过客观测试、答案、索引材料等自动生成。在更为复杂的环境中，需要更为复杂的反馈形式。繁杂的反馈形式有多种类型，通常采用的形式是学生可以理解的书面或口头反馈，包括对学生的作品特点进行非评判性的描述，指出学生产出高质量特征或低质量特征的标准参照的评论，提出其他改进方法的建议，或者具体展示可能的改进方式的范例型反馈。在为特定的学生设计反馈时，教师会基于学生以前的表现和个性知识。

　　了解这些教师在反馈时运用的资源非常重要。首先，只有参照这些资源，我们才能考查关于反馈有效性的研究。大多数教育系统的目的不仅是为了帮助学生增长知识和技能，而且是为了帮助他们脱离教师，逐步掌握终身学习的能力。因此，如果教师提供反馈的目的让位于自我评价和自我监控，那么教师在评价行为中运用的一些资源应该成为学习课程的一部分，而不仅仅是课程以外的、不重要的点缀。Black 和 Wiliam 的综述研究明确指出，自我评价和同伴评价具有巨大的潜力。如果能具体地引导学生进入良好的质性判断并为自我判断结论提供理由，那么自我评价和学生互评的功效将更为突出。其次，教师作为教育体制中的专业人员，在评价方面处于权威地位。教师的主题知识比学生的主题知识全面、丰富，所以教师提供反馈时使用的语言必须能为学生所理解。教师对帮助学生的态度也十分重要，不过这在很大程度上超出了学生的控制范围。

　　设计评价任务是一种创造性的、综合性的高智力活动。学习者只看到完成任务的最终结果，看不到设计任务过程中反馈修改、不断尝试的创造性工作。学习者对自己表现期待的依据不够充分，因为学习者通常没有机会接触到其他学生的表现。而教师在学生尝试完成任务之后，能够而且常常会对学生表现的期待进行调整。这种调整通常是即时进行的，或多或少有本能的成分，有时候是为了纠正任务规定中的不足，但大多数时候是为了学生的"利益"。最后，学生除了自我评价和同伴评价之外，很少有机会发展构建评判性陈述的技能。考虑到学生和教师在评价知识和经验上的不同，教师和学生为了形成性评价的目的进行跨越这种区别的交流，这是一个值得认真研究的问题。

四、反馈的原则

　　对于反馈的原则，许多研究者都提出过自己的见解（Black，1999；Walsh & Sattes，2011；Wiliam，2011 等）。总的来说，涉及以下几个方面的内容：

1. 提供高质量的信息

虽然学界对于高质量反馈信息的构成还没有达成统一的认识，但是，对于高质量的反馈信息所涉及的维度已经有些共识，如学习目标、学生需求、反馈方式和反馈时间等。

首先，高质量的标准要与一定的目标和标准相关，要能向学生传达关于目标的正确概念。帮助学生理解学习目标的常见活动有：(1) 颁布学习目标/评价标准，尤其是具有等级描述及学生作品范例的评分规则；(2) 与学生一起讨论、反思学习目标/评价标准；(3) 学生运用评价标准对同伴表现进行打分或评论；(4) 学生和教师一起设置关于某个任务的评价标准；(5) 反馈中呈现任务的评价标准；(6) 上述各种方法的组合。虽然有这些建议的做法都有利于目标的理解，但具体实施起来却并非如此简单。比如，目前一种比较普遍的做法是开发带有评价标准的反馈单，为学生提供与任务要求相关的信息以及和目标一致的反馈。但 Sadler（1983）早就提出，就作文评价而言，标准的使用常常产生意料之外的效果，例如，如果标准的数量过大（12—20 个），可能会给学生造成这样一种印象，即文章是一系列需做的事情，而不是一个整体的过程（如产生有证据支持的连贯论证）。所以，在将反馈与学习目标和标准联系时，教师需要考虑到所使用的工具可能会对学生理解预期学习目标产生负面的影响。

其次，反馈应该关注下一步要做什么，而不是学生目前表现的好坏。反馈要提供未来行动的方案，有效的未来行动方案，必须体现学习的进度，就像教练训练运动员一样：教练不仅要让运动员明白自己目前的状态和未来的目标，还要设计一系列活动将运动员从目前的状态领入理想的状态。在这个过程中，教练不仅要清楚地了解高质量意味着什么，还需要知道高质量的构成，将高质量表现看作由一系列循序渐进的、促进运动员发展的活动组成。在二语课堂中，教师的责任是将学生从目前状态到理想状态的学习过程进一步分解为一系列学习步骤，这种能力的培养和发展需要投入大量的时间和精力。除非教师在课堂上给学生提供时间，让他们使用反馈改进其学习，否则不要给学生提供反馈。只有这样，反馈才不再是对学生表现好坏的评判，而是"下一步"该做什么的问题。

再次，反馈的信息贵在质而不在量。Wiliam（2011）认为反馈应该有重点，贵在精，而不在多。教师通常喜欢给学生大量的反馈，但学生并不在意这种反馈。有学生认为好的作业得到的反馈和评语少，只有不好的作业教师才会写很多，因此反馈有可能被学生理解为惩罚。那么，什么样的评价才算是高质量的评价呢？在写作评价研究中，一些研究者提出了反馈量方面的指导原则。Lunsford（1997）分析了专家为学生提供的书面反馈，所得结果是，如果期望学生根据反馈采取行动的话，每篇文章提供三条经过深思熟虑的评论是最好的。

最后，在提供反馈时，教师要注意口气、态度以及时间，不要使用权威者的口气和姿态。Lunsford（1997）认为教师的反馈评论应该向学生指明读者（教师）在阅读学生文章时的体验，而不是提供评判式的评语。研究还显示，只有及时的反馈才能更有效地发挥作用（Freeman & Lewis，1998）。所以，学生提交作业之后，要很快为学生提供反馈，以便学生修改。

2. 充分考虑学习者对反馈的反应

反馈的有效性最终取决于学生（Perrenoud，1998），所以，反馈意味着学生需要做更多的工作，而不是教师要做更多的工作（Wiliam，2011）。但是，一般情况下，学生用在处理反馈上的时间并没有教师用在提供反馈上的时间多。Torrance 和 Pryor （1998）发现，有时候虽然教师为学生提供了关于学习成果质量有效可靠的判断，但学生的进步并没有发生。一些教师认为反馈的信息没有对学生起作用，因为反馈的形式、语调、内容（口头的或非口头），反馈的时机、作业中答到的点以及反馈发生的互动环境，使学生不理解或不能使用这些反馈。Sadler（1998）指出，不能假设学生知道如何处理提供给他的反馈。一般来说，学生对教师反馈的处理有以下几种方式（表 2.5；Kluger & DeNisi，1996），如指出学生表现高于或低于目标要求的反馈；而只有两种学生处理反馈的方式（下表中加粗之处），才有可能提高学生的表现，其他六种反馈处理方式不仅不会对学生的表现产生积极影响，有时甚至可能会损害学生的表现。

表 2.5　学生对教师反馈的处理方式

学生的反馈处理方式	表现高于目标要求的反馈	表现低于目标要求的反馈
改变行为	付出较少努力	**付出更多努力**
改变目标	**提高期望**	降低期望

学生的反馈处理方式	表现高于目标要求的反馈	表现低于目标要求的反馈
放弃目标	认为目标太容易	认为目标太难
拒绝反馈	忽视反馈	忽视反馈

Kluger 和 DeNisi（1996）的研究还表明，很难预测学生会采用哪种方式处理教师提供的反馈。可能存在的影响因素包括接受反馈的学生的个人状况，反馈针对的任务类型以及反馈接收者对提供反馈的教师的感受等。对于同样的反馈，有些学生可能理解为"你不够聪明"，而另一些学生可能理解为"你现在还不够聪明"。重要的是学生是否认为自己未来的潜力受到了现在表现的限制。认为自己的能力已定型的学生，将任何学习产品都看作确认自己能力不足或丢面子的时刻，而那些认为自己的能力会逐渐提高的学生，则将所有挑战看作学习和变得更加聪明的机会（Wiliam，2011）。

Hattie 和 Jaeger（1998）将反馈的概念与学习过程联系起来，他们摒弃了许多强调输入和输出因素的反馈分析，而更倾向于行为主义的假设，更加强调学生对于信息和学习的理解。他们提供的模型基于评价、学习和反馈的密切互动。根据他们的学习观，为了评价和改进学习，教师需要理解学生如何根据学到的／被教授的信息建构学习。根据建构主义的学习理论，学生对他们被教授的信息的理解方式不同。为了促进学习，教师和学生必须考虑学习过程和成果。反馈必须与理解相关，而不仅与测量学习中某个因素的部分证据相关。该类型的反馈不仅关注学习产品，还关注学习过程，关注每一个学生。因此，我们需要认真计划学习项目，允许教师和学生进行常规性的互动。在 Black 和 Wiliam（1998a）与 Kluger 和 DeNisi（1996）关于学生用不同的方式使用反馈的研究基础之上，Hattie 和 Jaeger（1998）强调教师应该努力发现学生如何阐释反馈，高质量的教学要求教师意识到每个学生接受反馈信息的倾向。

3. 反馈应鼓励教师与学生、学生与学生之间的对话以及学生与自身的对话

有观点认为，给学生提供纠正建议时，引导学生自己发现解决问题的方式比直接告诉学生答案更有效。因此，为了提高反馈的效果，Nicol 和 Macfarlane-Dick（2006）建议为提高教师反馈的有效性以及学生理解信息的可能性，将反馈看成一种对话而不是信息的传递。将反馈看成对话意味着学生不仅收到最初的反馈信息，而且还有机会与教师就反馈展开讨论。Freeman 和 Lewis（1998）认为教师应该努力刺激学生的回应并进行连续的对话——不论是关于学生作业或表现相关的主题，还是反馈自身。与教师的讨论可以促进学生对预期学习目标的掌握，帮助教师对学生的学习困难做出及时的回应。不过，这种师生对话的方式对于大班教学来说，存在一定的困难。但即使在大班教学的情况下，也有增加反馈对话的方法，比如在学生收到关于作业的书面评论之后，教师可以组织关于反馈的小组集体讨论。再比如，教师可以组织学生展开同伴对话。同伴对话相比师生对话有几个明显的优势：刚刚学习某内容后，学生常常比教师更适合向同学解释，因为他们的语言更容易被同伴理解；同伴讨论为学生提供了接触不同视角、策略和方法的机会；评论同伴的评价可以帮助学生提升根据标准做出判断的能力，为实施自我评价打基础，而自我评价也是反馈应该鼓励的学生行为。研究表明，组织良好的自我评价可以在很大程度上提升学生的学习和成绩。教师在提供反馈时，应该多提供机会让学习者在学习的过程中进行反思。Cowan（1999）提出了在简单的课堂环境中和长期的项目中，帮助学生进行自我反思的方法，包括学生在提交作业时提出他们希望得到的反馈类型；学生在交作业、要求教师提供反馈之前，根据标准确认自己作品的优点和不足；学生反思自己取得的成绩，并选择作品建立学习档案袋；学生在开始任务前反思进度里程碑，然后再反思进度和下一阶段的行动。当然，所有这些的目的都是为了培养学生成为自我调节的学习者，而这正是我们下一章将要重点讨论的问题。

反馈一直被视为形成性评价中的关键因素，甚至有观点认为，形成性评价就是终结性评价加反馈。因此，任何一种形成性评价形式都涉及反馈的问题。在这一小节中，我们探讨了反馈的定义、类型、反馈过程中教师动用的各种资源以及实施形成性反馈的原则，这对于教师理解反馈有一定的帮助。但是，我们认为反馈不仅是知识，更是一种技能，技能的成熟有赖于在陈述性知识的基础上进行长期的实践和对实践的反思。

第三节 学生学习档案袋
（Student Portfolios）

许多教育者一直以来都认为学校的评价方式有问题。许多教师感觉大多数传统考试既没有提高学生的学习过程，也没能给他们提供新型的教学指导方法。针对此问题，Camp（1990）指出，测试领域内外人士都意识到不同的环境需要不同的评价方式，尤其是与教学紧密结合、对教学有积极支持意义的评价方式。为了使评价过程为师生提供有益的反馈，许多教育者重新设计用于课堂的评价方式，学生学习档案袋便是其中之一。

学生学习档案袋的建设基于以下两个假设：评价方式应该让学生参与到教学过程中来，并对他们的学习有所帮助；学生应该积极参与自我评价。如果评价是一个公开进行的活动，学生就会把它看作是一个能提高他们表现的反馈资源。在教师、同学和家长的帮助下，学生学会反思和自我评价。自我评价可以引导学生一步步地发展成为终生学习者，而且培养他们对学习过程和作品的责任感。表 2.6 是学生学习档案袋和传统测试的比较。

表 2.6　学生学习档案袋和传统测试的比较

学生学习档案袋	传统测试
能够充分展示学生在某一主题领域内的作品	反映面往往比较狭窄，不一定能代表学生的真实水平。
能让学生参与评价。	只能机改或由教师判卷，学生参与微乎其微。
记录学生的个体差异。	以整齐划一的标准去测量学生。
鼓励师生合作。	完全由教师控制。
目标是学生的自我评价。	不包括学生的自我评价。
关心学生的提高、努力和最后成果。	只关心最后的结果。
把评价和学习过程结合在一起。	分离评价和学习过程。

学生学习档案袋	传统测试
具有更广泛的学生作品代表性。	考试内容与平时教学的内容可能分离。
学生评价学生的进步和/或成就,并建立实时的学习目标。	教师在少量输入的基础上进行机械的评分。
非常注重过程的评价,是一种动态的、发展的评价,对学生在每一个学习过程中的表现及进步进行全面的评价。	评价结果往往是终结性的,只提供结果。

从表 2.6 中的比较看,档案袋评价是不同于传统评价的新评价方式,不仅有多方面的理论基础,也是现代教育评价的必然要求。在下面的章节中,我们将介绍什么是学生学习档案袋、学生学习档案袋的不同类型、如何建立学习档案袋以及怎样在学校和课堂中使用学习档案袋的评价方式。

一、学习档案袋的定义

档案袋普遍应用于各个领域。艺术家、作家、建筑师、摄影师以及相关领域的工作者都用自己作品的档案集来展示他们的成果。如果一个记者拿不出可展现的成果或作品档案集,就不大可能被录用。随着个人的成长档案内容不断更新,档案集能够保存展示所有的个人成果。学生学习档案袋在教学上的应用便是进行评价的工具,一个可以记录学生成长、课堂变化、兼顾多种评价需要的工具。

目前学生学习档案袋虽然没有一个统一的定义,但却有各种描述。如 Vavrus(1990)对它做了这样的描述:学生学习档案袋不仅是一个装东西的容器,而且能把系统收集的资料用于检测学生在某一方面的知识、技能及学习态度的发展情况。Paulson 等(1991)在他们合著的书中谈到,学生学习档案袋是对学生学习情况有目的的收集,它能展示学生在一个或多个领域的努力、进步和成果。具体而言,档案袋必须包括:(1)学生在内容选择中的参与;(2)档案袋作品的选择标准;(3)判断作品质量的标准;(4)学生反思。在本书第五章中,我们将进一步描述学生档案袋案例。国内的相关定义是根据教学目标，有意识地将各种有关学生表现的作品及其他证据收集起来，通过合理的分析和解释，反映学生在学习和发展过程中的优势与不足，反映学生在达到目标过程中付出的努力与进步，并通过学生的反思与改进，激励学生取得更高的成就（徐芬、赵德成，2001）。

在众多的定义中，胡中锋和李群（2006）认为 Valencia（1998）的定义内容全面、逻辑清晰，而我们也认为这一定义更符合形成性评价的过程。Valencia 认为档案袋具有两层涵义：一是从实体的层面理解；二是从哲学的层面理解。从实体层面来看，她的理解和其他学者的理解大致相当，档案袋主要包括三个方面的内容：（1）有目的的收集（goals）；（2）学生作品和记录（contents）；（3）一段时间内的进步（progress）。在这种理解中，档案袋作为一个名词使用。从哲学层面来看，档案袋作为一个动词来使用，反映了其使用的过程。这种理解也包括三个方面：（1）合作的过程；（2）收集、检查和使用信息的过程；（3）反思和促进教学的过程。为了更加明确档案袋的概念，Valencia 还用了一个表对档案袋"是什么"以及"不是什么"进行了总结，详见下表：

表 2.7　档案袋的定义

档案袋是什么	档案袋不是什么
一种经过周密思考的目标、任务和标准的结构。	一个与学习相关的所有或任何产出的储物间。
一个使用更多变化的、真实的、基于表现和学生能力的标识机会。	一个储存间接的、过时的读写任务的地方。
一个连续的、带有指导的评价过程。	一个一年一次、课堂之外的、为其他人需要的评价结果。
一个开放的、共享的、可达到的存放学生作品与进步记录的地方。	一个累计的记录分数、等级和儿童不能接近的秘密信息的文件夹。
一个积极的思考、赋予价值和评价教与学的过程。	一个收集学生作品样本的地方。
一个对标准参照测验或标准化考试的补充。	一个避免学习标准的判断。

（Valencia，1998）

综合各种定义，胡中锋和李群（2006）总结了档案袋的五大主要特征：(1) 档案袋里的主要内容是学生的成果，主要包括测验卷、作业、学习心得、反思材料、小组评价、教师建议等；其表现形式可以是文字，也可是图像，甚至是实物材料。(2) 档案袋里的内容是经过选择的，不是随意的储存袋。重视收集体现学生发展的作品样本和成绩，即发生过的、体现学生进步的标志性事实，展示学生进步的状况，以学生进步的事实为主。(3) 档案袋具有反思的功能。收集材料的过程必然伴随学生的反思，因此也是反思的过程。在这一过程中搜集资料的活动转化为有意义的学习经历，为学生的成长提供重要契机。(4) 档案袋的内容要有真实性。即提交的内容必须是真实的，不能弄虚作假，伪造事实证据。这也是采用档案袋这种评价方式的基本前提和保证。(5) 档案袋的内容要有个性。档案袋的内容不能千篇一律，是提交者在经过反思之后选择的、最能代表其水平与进步过程的内容，是提交者个性特长的展示。

二、学习档案袋的类型

学习档案袋的分类也没有统一的标准，有学者按档案袋的不同功能，把档案袋分为理想型、展示型、文件型、评价型以及课堂型五种，还有人根据不同的开发项目将档案袋分为三种：学习性档案袋（形成性档案袋），通常出现在专业发展的历程之中；评定性档案袋（终结性档案袋），通常出现在正式评价过程的背景中；求职性档案袋（自我推销性），通常用于寻找工作。黄光扬（2003：50）认为档案袋的分类方法虽然很多，但可以分为三种基本类型，即成果型档案袋、过程型档案袋和综合型档案袋，在此基础上适当考虑其结构，如强结构、半结构或无结构形态。

胡中锋和李群（2006）将档案袋分为五种类型，包括：展示型档案袋、文件型档案袋、评价型档案袋、过程型档案袋和复合型档案袋。从形成性评价的角度来说，他们提出的前四种类型的档案袋可以提供不同程度的形成性评价机会。

1. 展示型档案袋

展示型档案袋完全由学生负责选择自己最好的或最喜欢的作品，包括学生个人在家里或学校制作的作品（Hansen，1994）。学生选择作品的原因多种多样，因此，每个学生的展示型档案袋内容与其他学生的不同。由于教师对展示型档案袋内容控制较少，加上学生选择内容的原因各异，因此，展示型档案袋或许不能提供教师需要的关于教学或学生在教学要求方面的进步信息，也不一定与教师关注的教学重点一致。展示型档案袋的主要使用者是学生自己，其主要目的是学生对自己作品的反思。展示型档案袋不能用来进行终结性评价，也不能提供学生进步或成长的连续信息。因此，展示型档案袋的形成性评价潜力不大，不过它的独特形成性价值在于，能让教师以一种新的视角来探寻学生对作品的反思以及其学习方法。

2. 文件型档案袋

文件型档案袋最早来源于幼儿教育，它包括系统的、正在进行的记录和学生进步的样本。其目的是记载学生一段时间内的学习情况，采用的方法是教师观察、轶事记录、访谈以及学生活动，材料往往由教师放进档案袋（Chittenden & Courtney，1989）。文件型档案袋极少用于终结性评价，但却为形成性评价提供了丰富的信息。文件型档案袋主要是描述学生一段时间内的进步以及教师的期望，许多教师往往保留这些文件很多年，作为其记录系统的一部分，它也是教师与家长联系的一个工具。教师和家长是文件型档案袋的主要使用者，他们通过这些信息了解学生成长的更全面的信息，以帮助学生设定今后的目标，制定教学以及家庭支持计划。

3. 评价型档案袋

评价型档案袋和上面两种档案袋完全不同，其主要目的是收集事实以系统地评价学生的学习，并将结果报告给其人；这种档案袋要按照特定的目的或学习者的结果进行评分或等级划分（Salinger & Chittenden，1994）。评价型档案袋的动力往往来自于一个地区所进行的大规模的评价活动，有时是替代或补充基于标准化考试的评价。它的使用者主要是课堂之外对学生的学习感兴趣的人们。重要的是，评价型档案袋应该能够进行可靠的评分。但是，档案袋内容不是同步进行评分，这样事情就变得非常复杂。因此，评价型档案袋试图通过简化评价任务、统一评价要求以及指导档案袋内应该放入什么材料，来保证评分过程的高信度，有的甚至把特定的评分表也放入其中。

评价型档案袋并非经常使用，往往是一年一次或在需要划分等级水平的时候使用，这和标准化考试类似；但评价型档案袋的内容主要是教师选择的，以反映学生学习结果及对结果反思方面的内容。评价型档案袋的评分者大多是教师，教师在评分的过程中需要遵循一定的标准，清楚哪些对学生是重要的，这对提高教师的教学水平、制定有效的教学策略以及阐明对学生表现的期望都很有帮助。所以，虽然评价型档案袋的目的是终结性的，但同时也具有形成性的价值，可以形成性地使用。

4. 过程型档案袋

过程型档案袋包括对作品本身产生过程的记录以及对作品的反思两个方面。第一方面，过程型档案袋包括作品从萌芽到最终定型的过程。比如，对于学生发表一篇小说的记录，就包括提纲、初稿、教师和其他人的反馈意见、编辑的修改意见和批示等，每个片段都包括作者的写作过程以及使用的各种写作技巧和策略。第二方面，过程型档案袋还必须包括学生对作品的反思过程。在完成作品的每个阶段，都要预留一定的时间给学生进行反思，包括评价他们自己的工作，了解自己在一段时间内的成长或进步。使用过程中对作品的反思比最终选择作品更为重要，这更能培养学生的思维能力。

尽管过程型档案袋也有一些内在的评价标准，但过程型档案袋极少用来评分或评定等级。过程型档案袋的使用者更多的是在课堂上，不像其他类型的档案袋呈现最好的或最终的作品，过程型档案袋更关注学习的过程，为形成性评价提供了极为丰富的信息和线索。

三、学习档案袋的建立

建立学习档案袋需要考虑许多问题，如建立档案袋的目的是什么、档案袋的内容包括哪些、由谁来选择档案袋中的材料等。作为一个产品，档案袋应该包括封面、目录及内容。

1. 封面

首先，档案袋应该有一个封面，也就是首页。档案袋的封面应该包括学习者的姓名、性别和年龄等。有时候，封面上还可以包括内容目录。学生也可以根据自己的喜好来设计档案袋的封面，突出个性化的特点。表 2.8 是 O'Malley 和 Pierce（1996）提供的一个档案袋封面：

表 2.8　阅读 / 写作档案袋封面（Reading / Writing Portfolio Cover Sheet）

Student _____ **School Year** _____ **Teacher** _____ **Grade** _____
Required Contents
1. Oral summary
2. Story summary (writing or drawing)
3. Writing sample (teacher choice)
4. Student choice of writing (any type)
5. Student self-evaluation
Optional Contents
1. List of books/stories read in class
2. List of books/stories read independently
3. Content sample (e.g., reading comprehension sample, project, report, etc.)
Comments

（Adapted from O'Malley & Pierce，1996:129）

2. 目录

为了使档案袋看起来更有条理、方便学生和教师查阅，应将档案袋的内容分门别类，制作目录，如表2.9所示。

表2.9　档案袋目录样例（Sample Recording Form）

Student Name:＿＿＿＿＿＿＿＿ Term/Semester/Year: ＿＿＿＿＿＿＿			
Item	Date	Entered by	Reasons for Inclusion

3. 内容

学习档案袋的内容收集有很多种方式。Jongsma（1989）强调，如果决定了进行学习档案评价，教师就应该在新学年一开始就定出大致方向，使用学习档案袋的目的是什么，要收集些哪些资料以及由谁来收集。

学习档案袋包括一个时期内所有与学生学习有关的资料：它们显示学生的学习态度、努力程度、学习的发展和进步。学习档案以学生为中心，从多方面向学生、教师、家长以及学校反映每个学生在一段时间内的成长过程以及学生学习目标的制定和评价。教师可以鼓励学生自己决定将哪些资料存入档案，并解释这些资料的重要性。学生和教师可以一起为每个学生建立和编辑档案。

学习档案的展示集包括作业、项目、报告、作文和测验结果。资料可以是手写的，用计算机写的，图片、声音文件或视频文件，用来反映学生的知识和技能水平以及学生学习态度和理解能力的发展过程。学习档案可以鼓励学生积极参与评价过程，充分肯定自己的进步；有助于教师和学生一起讨论学生的优势和需要改进的地方。学习档案帮助学生、教师和家长了解学生的成绩，促进学生和家长之间的沟通，让家长通过学习档案了解学生在校的表现。

我们可以考虑将下面的项目放入学习档案：

- 学生作文（如：草稿、定稿、周记等。）
- 阅读范文
- 学生录音
- 照片/（图）画
- 与同学的合作项目

……

选择哪些资料放入档案袋需要思考和时间。教师应帮助学生先学会如何整理挑选合适的资料放进学习档案。在宾夕法尼亚州的 Arts Propel 项目中，教师从学生的口头反思开始，让学生参照好作业的标准讨论并口头反思彼此的作业。在学生口头反思的过程中，教师把学生提到的问题进行归类整理。等学生习惯了口头反思并且会用现成的标准去评定自己的作业时，再转向笔头反思。这些反思有助于学生从评价中学习，找出自己的长处和不足。通过笔头反思，教师得以了解学生对自己作业的看法，如果有不恰当的看法，这就提醒教师该做提示引导了。

当学生有能力判断他们的作品并且收集了相当数量的作品后，他们可以往学习档案放入作品。选择的标准是：放进学习档案的作品必须符合建立学习档案的目的。如果这个学习档案只是展示学生的学习成果，那只能选择最好的作品；如果是展示学习过程、努力及结果，那么，选择的范围应该广一些。例如，Arts Propel 项目的学生写作档案全面展示了学生的写作过程，其选择内容如表 2.10 所示：

表 2.10　学生写作档案内容样例（Arts Propel 项目）

- 一篇重要的作品，并附上选这篇作品的原因以及完成的经历和感受；
- 一篇满意的作品和一篇不满意的作品，附上对两篇作品的思考。如果愿意，再加上对不满意作品的改进意见；
- 一篇作品的写作经历，反映学生的写作过程；
- 任选一篇作品以及选它的原因；
- 如果老师觉得有必要再加入一篇作品，师生之间可以再商量。
- 学生档案的资料收集需要一段时间，在这段时间内学生可以更改他们的选择。随着分析能力的提高，学生可能认为以前满意的作品现在看来不怎么样了，而把它们列入不满意之列　来展示他们的进步。

四、学习档案袋的应用

学习档案袋收集学生一个阶段或一个学期的学习成就（Puhl，1997）。它根据复杂程度和目的分为六个步骤：收集、反思、评价、精选学习作品、思考和评价（Gottlieb，1995）。从形成性评价的角度来说，学习档案袋不仅给学生、也给教师提供了教与学的信息：学生得到个人反馈，明确努力方向；教师得到个人反馈以改进教学，给学生提供更有意义和更有益的指导。简而言之，形成性评价关注如何使用档案袋中的信息促进教学和学习。

1. 使用档案袋的原则

在运用档案袋时，应遵循下列原则：
- 清楚确定档案袋的目的；
- 向所有利害关系人说明这一目的；
- 确定与目的相符的内容选择标准；
- 选择的内容与选择标准一致；
- 利害关系人的角色与档案袋的目的一致；
- 利害关系人清楚他们的责任和任务；
- 学生参与到与他们的发展水平相适应的过程之中；
- 在必要的地方，学会清楚说明完成作品的过程；
- 使用封面／卡片记录描述内容；
- 去除内容项目的分数和成绩；
- 存放档案袋内容的空间和容器；
- 档案袋呈现给读者。

2. 学习档案袋使用的方法

为了最大限度的利用学生学习档案袋，教师和学生应该每年翻看几次学生学习档案袋内的作品。一个有效的回顾技巧就是对学生学习档案袋的讨论，比如可以采用师生之间讨论、学生之间讨论、家长学生之间讨论以及家长、学生和教师之间的讨论。在师生讨论中，教师的角色是指导学生，帮助学生重点分析作品的某些方面。教师从学生学习档案袋的讨论中获取的信息，有助于他们调整自己的教学方法，撰写期末报告，成立小组帮助有困难的学生。关于学生学习档案袋的讨论不仅是评价性的，更是交流性的，应为学生提供帮助。它应该引导学生评论他们自己的作品、发现进步，也应该鼓励学生讨论档案袋中他们最喜欢的东西，为什么要这样建立学生学习档案袋，是否在尝试新的学习观点和方法。它还可以帮助学生设定学习目标。在学生之间的讨论中，学生交换、讨论彼此的学生学习档案袋。通过讨论，他们可以看到别人如何处理完成作业和别人的长处。以前没有与其他同学交换、讨论的学生一开始可能注重一些表面的东西。教师们事先列出讨论的重点，会对学生产生很大的帮助。在家长和学生之间的讨论中，家长分享学生学习档案袋的成果是学生学习档案袋评价方式的一个重要组成部分。教师应该保证家长一年能有几次机会看到孩子的作业。教师可以让学生把学习档案袋带回家，让家长和学生一起看孩子的学习成果。在此之前，教师需要先给家长写信，解释学生学习档案袋的目的，并给家长一些提示，让家长了解学习档案袋的作用及应注意的问题。这样，家长们通过学生学习档案袋，可以更加了解孩子完成作业的数量和质量，也更了解孩子一年的进步。家长对学生学习档案袋评价方式的兴趣和支持亦会与日俱增。

家长可以通过与教师沟通或到学校查阅学生的学习档案袋，了解学习情况。以下是给教师和学生家长一同评阅学生学习档案袋时的几点建议：

- 先通知家长组织一个学生学习档案袋的讨论；
- 然后给家长打电话，或者在家长会上邀请他们参与讨论；
- 把学生的学习档案袋和别的相关作业带到讨论会上；
- 营造轻松的讨论氛围，确保每个人都轻松自如地参加讨论；
- 确保谈话的重点一直围绕学生的作业；
- 向家长提问，询问他们对学生学习档案袋的看法，鼓励他们参与讨论；与家长探讨以前教师给学生的作业所做的评语；
- 讨论完毕，教师对讨论进行总结，并给家长复印一份材料。

关于家长对于学生学习档案袋的看法，我们会在第五章进一步提供案例说明。

3. 使用档案袋的好处

正如学校的每门课程都各有不同一样，学生学习档案袋也因班级和学生的个体差异而有所不同。虽然在特定的范围或者一个具体的学校中保持一致性很重要，但学生学习档案袋的使用并没有对错之分。如果要确保学生和学校从学生学习档案袋评价中受益，那学校的管理人员应该就他们认为影响学生学习档案袋评价的因素达成一致。我们认为，教师和学生必须保证每天使用学生学习档案袋的时候都能考虑到设计的初衷。课堂环境对学生学习档案袋的使用非常有利，有利因素如下：

教师设计的作业和小项目都保证了学生有自由选择的余地，并且鼓励学生在写作中创新冒险，这有利于培养学生的自主性；

小项目一般要求几天或一两周完成。可以使学生明白要达到预期的学习目标需要有持久的兴趣和坚持不懈的努力；

学生学习档案袋可以使学生不断回顾他们完成的内容和学习的过程，学生之间也可以通过翻阅对方的学习档案袋，相互切磋；

教室有合作讨论学习的氛围，在这里学生成为积极的学习者。教师可以组织活动和交流，帮助学生学习。

学校的管理人员和教师应该先想清楚实施学生学习档案袋评价的原因，然后再开始实施。教师需要用很多时间来考虑实施学生学习档案袋评价所需的相关策略，然后再制订计划。现在很多从事学生学习档案袋评价研究的教育者都认为，实施阶段前需投入大量的时间和精力。在大量讨论并取得一致意见之后，真正的评价计划才能出台。通过学生学习档案袋评价，教师帮助学生学会分析、评价自己的作品，并从自己和他人的作品中受益。

建立学生学习档案袋的具体益处可以体现在理念、学习过程、动力、多面性、师生合作、自我反思、不断更新、自我展示和成长等方面。学生学习档案袋具有以下优势：

- 与提倡学生参与的教学理论和学校理念相吻合；
- 可用于展示学生学习的过程，让学生看到学习是一个渐进发生的，而不是一个一成不变的过程，这是有效学习者的一个关键特征。通过档案袋，看到进步发展的过程，学生可能更明确将来可以取得更大的进步；
- 使用学生学习档案袋能给学生带来巨大动力。学生学习档案袋收集是一个长期的过程，在这个过程中，学生亲眼见到自己创作的大量作品，这些作品能够反映出学生的个性和特点。通过浏览学生学习档案袋中的作品，教师能够掌握大量的信息，从而给予学生更具体的指导和帮助，让学生长期受益；
- 每学年都有许多不同的主题活动，学生学习档案袋能够反映这些主题活动完成的过程，并展示自己的多面性和各种才能。教师可以鼓励学生去制作展示他们在多个领域的才艺和个人努力的学生学习档案袋。为了鼓励学生发展各种才艺，教师可以说类似"我的课堂鼓励多元化"之类的话。学生学习档案袋，就像不同的学生以及他们所在的不同课堂一样，可以风格各异、丰富多彩；

- 设立学生学习档案袋需要师生双方的努力。重要的是让学生学会重视作品的质量。让学生有"一定要尽力创造出最好的作品"的意识，这样就能使学生学习档案袋评价方式持续下去；

- 自我反思也许是学生学习档案袋评价方式中最重要的一环（Camp，1990）。学生把某篇作品选进学生学习档案袋或从学生学习档案袋中剔除某一篇他们认为不好的作品，这些选择给教师提供了大量信息。这些信息有助于教师决定自己下一步的教学计划。学生学习档案袋的这种促进反思的功能可以引导学生自我评价，同时也帮助教师了解学生，这是传统的评价方式无法比拟的；

- 当学生定期更新他们的学生学习档案袋时，他们就有时间审视自己的作品，进行反思，想一想在做出决定时依据的标准，并与老师同学交换意见；

- 学生通过审视、反思，再评价自己的作品，对作品的立意进行再修改，不但提高了作品的质量，而且获取了新的观点。当学生在看到自己保存在学习档案袋中的作品并为此而感到骄傲和自豪时，他们就会看到自己在这个过程中的进步，而且开始明白保存作品的重要性；

- 能清楚地展示学生的成长。学生、教师、家长都能看到一个学期以来积累的成果。到学期末，学生学习档案袋中会有许多充分显示学生成长、变化和大胆创新的例子；

- 形式上，档案袋可以将纸笔测试和表现/产品评价结合起来。

除了通过档案袋看到学生的成长之外，家长还可以参与到学生学习档案的建立和使用过程中。定期的家长反馈是非常宝贵的资源。学生会逐渐意识到自己并非孤军奋战，自己的成功是所有关心自己的人协同合作、共同努力的结果。学生学习档案袋代表了教师、学生、家长之间的一种和谐的联盟关系。随着这种联盟关系的建立和发展，教师获得了关于学生学习情况的一手资料，学生学会了反思，家长也得以参与孩子的成长经历。随着时间的推移，学生学习档案袋将成为记录和展示他们生活的相册。

4. 使用档案袋的挑战

尽管学生学习档案袋有诸多好处，但在现实中却存在很多挑战。首先是大量时间和精力的投入。一方面教师要花费大量时间设计并实施表现性评价，准备档案袋内容；另一方面，教师还需要设计、创建、管理档案袋。其次，必须对相关人员进行培训，如档案袋的目标读者、设计者和管理者以及内容的评价者。再次，高利害的档案袋评价结果可能被用于其他目的，如评价教师和学校等。最后，学生创建的内容难以评价。在对档案袋进行评价时，要注意以下五点：档案袋中包括足够的项目；内容应从结构方面进行分析性评分；设立评判标准和评分方案；使用观察工具和评分尺度帮助评分；使用受过培训的评分人。

第四节　教师主导的课堂提问、反馈及学习档案袋
（Teacher-initiated Questioning, Feedback and Portfolios）

虽然本章题为教师主导的形成性评价，但并不意味着二语课堂不再以学生为中心。实际上，形成性评价始终以学生为中心。这里的教师主导所要强调的是从形成性评价的视角，重新审视目前二语课堂中最常见的教师课堂实践方式：提问、反馈及学习档案袋。

课堂提问历来是二语课堂中使用频率最高的教学策略之一，可以实现多种教学功能。但令人遗憾的是，研究发现课堂提问并没有充分发挥其促学的潜力。二语课堂中，大多数教师提问关注的都是低认知层次的问题，不能引发学生积极的思考，导致学生回答较短，无法为教师对学生的语言和思维发展做出合理的判断提供丰富的信息。其次，教师很少接受专业的提问培训，提问行为多为自发的、随意性的、直觉式的。从形成性评价的角度看待教师的课堂提问，提醒教师应更多关注高认知层次的问题，并根据学习目的设计有价值的问题，以科学的方式实施提问过程，包括提供等待时间及学生回答的反馈等，使课堂提问的形成性潜

力得到充分的发挥。

同样，反馈对于二语课堂教师来说也并不陌生，纠错反馈更是教师日常教学的一部分。实际上，关于反馈的研究一直是二语习得所关注的课堂互动研究的一部分。不过，对于反馈的促学作用，二语研究者的观点并不一致。以纠错反馈为例，有观点认为，在交际型英语教学课堂中，提供纠错反馈会中断交际过程，并有可能伤害学习者的情感，打击学习者的自信。但也有学者认为纠错反馈能够提升学生对语言形式的注意，而对语言形式的关注是二语习得得以发生的条件之一。形成性评价理论为审视二语课堂的形成性反馈提供了一个新的视角。在形成性评价中，反馈是学生进步不可或缺的因素，纠错反馈可视为一种搭架子的形式，指明学生的中介语与目标语的差距，并提供弥合这种差距的范例或引导学生发现正确的语言表达形式。

学习档案袋是近年来国内二语课堂中十分流行的教学方式。但正如我们在本书第一章指出的那样，学习档案袋本身并不是形成性评价，只有教师和学生利用档案袋提供的信息，并调整自己的教学和学习才能称之为形成性评价的工具。这一点首先需要教师自己清楚，然后再传达给学生。从形成性的角度来看，学生学习档案袋的作用在于，它为教师提供了大量的实施形成性评价的机会。通过学生学习档案袋，教师可以获得丰富的关于学生学习状况的信息，特别是关于学生语言学习和发展过程的纵向信息，以此作为制定和调整教学策略的依据。同时，在建立和运用学生学习档案袋的过程中，教师还可以十分便利地引导学生进行自我评价、同伴评价、同伴辅导和自我调节，而这些正是我们下一章——学生主导的形成性评价——所要探讨的主要问题。

第三章　学生主导的形成性评价
（Formative Assessment by Students）

在二语学习中，学习如何学习，并能在没有教师指导的情况下积极参与到学习过程之中十分重要。这个学习过程包括学习参与、分析评价和自主学习。首先，语言学习任务十分复杂，正式教学没有足够的时间确保学生掌握一门二语。如果学生不具备课外自主学习、自我监控／评价的能力，学习便不可能发生（Carver & Dickinson，1982；Dickinson & Carver，1980）。其次，让学生参与到学习和评价的过程之中将提升学习效率。对优秀语言学习者的研究（Naiman 等，1978；Stern，1975；1983）发现，高效的语言学习者会有意识地监控、分析自己的表现并发展出一系列有效的学习策略。最后，自主学习计划不仅缩短了学习者和教师之间的距离，还可以降低学习中的焦虑、挫折和疏离感，增强学习者对学习的接受性（Brown，1973；Schumann，1975）。学生自主参与学习过程、学习如何学习，主要通过四种形式展开：自我评价、同伴评价、同伴辅导和自我调节。这几种学习活动和过程都以学生为中心，相互之间关系密切。本章将介绍它们的基本概念、作用、实施过程、方法以及原则等。

第一节　自我评价
（Self-assessment）

为了弥合学生现有水平和标准目标之间的差距，学生必须掌握教师所采用的评价技巧（Sadler，1989），然后才能进行自我评价。其实在日常教学中，学生自我评价无时不在，即使外部反馈相当贫乏（特别是在大班教学中），学生仍然会不断给自己的学习提供反馈，并在学习中取得进步。因此，我们在提高教师反馈质量的同时，还应该努力加强学生的自我评价能力（Boud，2000；Yorke，2003）。

一、自我评价的定义

自我评价并不是新的概念，它在成就纪录的开发过程中（特别是中学教育中）很突出，因为了解自己目前的知识和技能对于决定需要怎样的知识和技能至关重要。例如，你要去英国旅游，想补习一下英语。那么，需要补习哪些语言和知识呢？你可能会先想自己已经知道哪些词汇和表达方式，再决定从哪些方面去补习。简短地回顾已有的知识并不困难，我们其实常常这样做，只是没有意识到而已。实际上，这种做法就是对自己现有的知识状况进行评价，亦可称为自我评价、自我反思或自我评估。

在目前的文献中，关于自我评价的研究相当多，但不同文献中自我评价的内涵不尽相同。自我评价（self-assessment）常常与自我反思（self-reflection）和自我评估（self-evaluation）混用。这种混用，缺乏学术上的严谨性，在某种程度上给研究者的研究和教师的实践造成了一定的困难。为了厘清概念，避免混淆，Andrade 和 Du（2007）对这三个相似的概念进行了区分。自我反思指学习者对学习的总的看法，包括自己的学习质量、学习态度以及学习倾向。当学生进行自我反思时，他们可能会反思自己在一段时间以来取得的学习成果或对某一个学科的兴趣。反思时通常不会参照确定的标准（Camp，1998；Garcia & Floyd，1999；Stellwagen，1997；Walstad，2001）。自我评估是指学生对自己的作品进行终结性的判断，产生最终的成绩或分数，如"我给自己评了一个A"。自我评估的研究倾向于关注学生自我评分和教师评分之间的相关性。一般来说，这种相关性都比较高（Falchikov & Boud，1989；Gruppen 等，1997；Hafner & Hafner，2003）。自我评价则属于形成性评价过程。在这一过程中，学生对自己的作品和学习的质量进行反思和评估，判断自己的作品和学习表现在多大程度上反映了明确表明的目标或标准，发现作品的优点和不足并进行相应的修改（Andrade & Boulay，2003；Goodrich，1996；Gregory 等，2000；Hanrahan & Isaacs，2001；Henner-Stanchina & Holec，1985；Klenowski，1995；Paris &

Paris，2001；Sebba 等，2008）。

Henner-Stanchina 和 Holec（1985）认为自我评价是一种评价技术、一种过程。在这个过程中，学习者同时创造并经历评价程序，根据个人的标准并遵循自己的目标和学习的预期成果，对自己的学习成就进行判断。他们的定义强调了个人化的标准，暗示了教师提供的标准与学生自我评价时真正使用的标准之间可能存在不同。Sebba 等（2008）认为自我评价意味着学生对自己的成绩和学习过程进行判断，并参与决定，为取得更大进步而采取的行动。为此，学生需要知道学习的目标和判断学习目标达成情况的标准。Klenowski（1995）则将自我评价定义为对一个人表现的价值的评估和判断，并发现其优势和不足，以改进学习成果。这一定义强调了自我评价在促进学习方面的潜力，关注的是自我评价结果的效度。

上述自我评价的几个定义，虽存在着细节的差异，但都反映了形成性评价的特点。以下是形成性评价视角下自我评价的特点：

（1）学生自我评价是标准参照的。Frederiksen 和 Collins（1989）、Wiggins（1998）以及 Stiggins（2001a）认为学生作品的评价标准必须透明，以便学生能采用与教师相同的方式评估自己的作品。评价的标准从何而来，不同的学者有不同的观点。大多数现有的自我评价研究中的自我评价标准都是由教师预先制定的（Falchikov & Boud，1989；Garcia & Floyd，1999；Hanrahan & Isaacs，2001；Longhurst & Norton，1997），但也有一些学者，如 Dochy 和 McDowell（1997）以及 Stallings 和 Tascione（1996）认为评价标准应该由教师和学生共同制定。

（2）自我评价强调通过提供反馈，引导学生的努力方向和学习策略，以促进学生的学习（Adams，1998；Horner & Shwery，2002；Lewbel & Hibbard，2001；Paris & Paris，2001）。

（3）自我评价是实时进行的。自我评价要求经常性地监控并调节学习者在完成学习任务过程中的思维过程和学习表现（Andrade & Boulay，2003；Goodrich，1996）。

（4）有观点认为在自我评价中，形成性评价和终结性评价的界线常常模糊不清。在 Sebba 等（2008）看来，自我评价本身就应该是形成性的。因为在自我评价中，对于学生自我表现的反馈是即时进行的；而终结性评价的反馈通常是延时的。自我评价被形成性使用的程度取决于学习者对学习目标的理解和坚持，以及学习者发现问题并采取必要措施、展开进一步学习的能力。

在本书中，自我评价被定义为一种形成性评价的过程。在这一过程中，学生反思自己学习成果的质量、判断自己的学习产品在多大程度上反映了明确表明的目标或标准，然后再做相应的调整。为了促进学习，学生不仅需要拥有和教师基本一致的质量观（Sadler，1989），还需要能够监控产品在形成过程中的质量，并采取各种策略弥合现有表现和希望达到的标准之间的差距。形成性的自我评价是对正在完成过程中的学习成果进行评价，以便进一步地修改和提高。让学生进行自我评价的最终目的，和其他形成性评价一样，是为了改进学习。与其他形式的形成性评价不同的是，它要求学生向自己提供关于自己的理解程度和表现的反馈；这种反馈具有即时、方便、容易获得的特点。因此，自我评价是一种重要的形成性评价过程。

二、自我评价的益处

自我评价一般有两种用途，一是作为问责系统的一部分，二是作为提升学习的手段，也是形成性自我评价研究的内容。自我评价对于帮助学生解构形成性反馈、从反馈过程中学习都有益处（McDonald & Boud，2003；Sambell，1999）。具体而言，自我评价对学习的促进作用主要表现在以下几个方面：

1. 提升学习策略和自主学习能力

通过自我评价，学生可以自己设定目标，培养如何正确评价自己的能力。要想成为学习过程中积极的学习者，学生必须构建自己的学习结构，设计自己的学习路线，并随时检查自己的进步。这样，学生将逐步学会为自己的学习进度和学习方向负责，从而逐步成长为一个自主、自立的学习者，为终身学习打下基础。Sebba 等（2008）关于自我评价的综述研究中，26 项研究中有 20 项报告了自我评价在如何学习方面的研究成果。大多数研究的结果都显示了自我评价对学习如何学习的积极影响。20 项研究中有 17 项显示了在目标设定、目标澄清、学习责任感和 / 或信心方面的积极影响，其中五项影响高，八项影响中等，四项影响较低（WoE，Weight of Evidence）。Brookhart（2001，中等 WoE）还注意到学生会以终结性和形成性两种方式进行自我评价；四项研究特别显示了目标和预期学习成果设定后，相关的学习技能得到了提高。

2. 提升学习者的情感态度

自我评价能激发评价者的自尊心和自信心，而这正是终身教育的重要前提之一。自我评价还可以提升学习者的学习动机，这对于二语学习者来说尤为重要，因为态度因素比学能因素更能影响二语习得（Krashen,1985；Lambert & Gardner，1972）。Butler 和 Lee（2010）发现，自我评价可以提升年轻学习者学习 ESL（英语作为第二语言）的信心。研究发现，在二语课堂中，对于那些害羞、不愿意坦诚自己不理解的学生，以及那些因为感到自尊受到威胁或害怕社交尴尬而不主动寻求学习帮助或参与学习过程的学生来说，自我评价特别有用，不仅可以帮助维护学生的自尊，还可以避免尴尬的出现（Baniabdelrahman，2010；Hattie & Timperley，2007）。通过自我评价，学生可以在没有负面反馈的威胁或害怕同伴嘲笑的情况下，重新调整学习目标、决定改进学习的计划。对于一些学生来说，自我评价的这种自我保护特点尤为重要，这也是为什么学生特别重视自我评价的原因之一（Andrade & Du，2007），尽管它不会计入成绩。

3. 提升学习成绩

自我评价对学习的促进效果已经得到了广泛的认可。但是，在二语习得领域内，关于自我评价促学效果的实证研究并不多。Bulter 和 Lee（2010）的研究表明自我评价对年轻外语学习者成绩的提高有正面的作用，尽管作用并不十分明显。Baniabdelrahman（2010）的研究表明，自我评价对大学生在阅读方面的表现具有积极影响，且成绩较差的同学的成绩提高幅度更大，也就是说自我评价对于提高后进生的成绩影响更大。

4. 为教师评价提供诊断性信息

教师可以通过学生的自我评价，意识到学生的学习需求，监控学生的理解、策略的使用和情感的状态。学生的自我评价不仅为教师提供教学中与学生进行交流的话题，促进教师与学生之间的互动，也为教师实施互动性形成性评价提供机会。当学生熟悉评价技术，可以客观描述自己的表现时，他们将能够用事实来说明自己的成绩。这些事实可以是作业样本、磁带、照片、资格证明书或正式记录，为教师进行计划性形成性评价提供信息。

三、如何进行自我评价

1. 自我评价的实施过程

实施自我评价的方式有很多，一般来说，任何自我评价的实施都必须经过三个步骤（Andrade & Valtcheva，2009）：首先，明确目标。为了进行自我评价，教师和 / 或学生必须明确学习任务或表现的预期成果。为了加深学生对任务的理解，教师应与学生一起思考完成任务的重要标准及质量（Nicol & Macfarlane-Dick，2006），为学生提供评分准则。最好的方式是通过分析学生作品（优秀的和不优秀的），与学生共同制定全部和 / 或部分的评价标准。

评价标准制定后，学生进行评价。学生完成作业的初稿，如作文、报告、演讲等，然后将自己的表现与预期的学习目标进行比较。Andrade 等（2008）在写作的自我评价中，要求学生找出初稿中的成功之处，用彩笔或记号笔标出评分准则中的关键词，然后再找出初稿中符合关键词表达标准的地方，并用彩笔标记出来。比如，学生应该在作文评分标准中用蓝色标出"清晰的陈述观点"，然后再用蓝色标出初稿中"清晰陈述观点"的地方。如果学生发现没有达到某个标准，则应该给自己写一个提示，提醒自己在写最后一稿时加以改进。评分标准中的每一项都可以重复这一过程。对于二语课堂的学生来说，一般可以分两步走：首先评价一般性的标准，如思想内容、组织结构；然后评价细节的标准，如选词、句子的流畅性等。

最后，学生根据评价结果进行修改。这一步十分关键，因为学生有自己的想法并具有主观能动性。所以，除非他们明白自己的努力可以改进作品或提高成绩，否则他们不会认真地进行自我评价。

虽然仅仅这三个步骤就可以帮助学生在写作上取得很大的进步，这三个步骤仍然可以配合同伴评价和教师反馈进行（Andrade 等，2008）。

2. 自我评价的实施方法

在课堂上实施自我评价有很多的工具和技巧，我们基于文献（如

Wiliam，2011；Black 等，2003）在此介绍几种常用的方法：

（1）交通灯

很多学校都采用了交通红绿灯系统，帮助评价自己的作品。例如：绿灯表示学得很好，掌握了学习目标；黄灯表示理解了基本概念，掌握了部分学习目标，但需要支持和帮助；红灯表示不理解，没有掌握学习目标、需要帮助等。交通灯可以用在日常课堂学习中，也可以用来准备考试。在课堂中，教师与学生分享学习目标以及相关的成功标准。课后，学生需要评价自己在何种程度上完成上课伊始确定的学习目标。具体做法是将不同颜色的交通灯与笔记本上记录的学习目标相匹配。红灯同学交由教师处理，绿灯同学在老师的要求下帮助黄灯同学。这种方法让绿灯同学从"我认为我理解了"，变成"我准备好帮助其他同学学习上课的内容"，这样做还可以避免学生为了面子问题而举绿灯。

在备考中使用红绿灯时，教师鼓励学生在复习材料每一页的上角画一个带颜色的圈，表示他们对材料的理解程度。在准备复习时，学生可以略过标有绿色的材料，把精力集中在他们认为自己掌握的不充分的材料上。这种方法本质上是自我报告，依靠的是学生对自己的判断。因为自我评价报告的读者是学生自己，所以学生会诚实判断。

（2）红绿牌

交通灯是很好的评价的工具，但不方便学生用于提供实时的学习信息。红绿牌可以帮助学生提供实时理解的信息。红绿牌通常和 CD 一般大小，一面是红色，一面是绿色。开始上课的时候绿色朝上，但如果在课程推进的过程中，学生认为教师说得太快，可以将牌子翻到红色面。这种方法可以让一些不愿意在课堂上提问的学生融入到学习过程之中，提供自己学习状况的实时信息。

（3）彩色杯

彩色杯的功能和红绿盘差不多。彩色杯分三种颜色：红、黄、绿。班上的每个学生都发一套彩色杯。开始上课时，学生显示绿杯子。如果学生希望向教师示意教师教得太快，就可以举起黄杯；如果学生希望问问题，可以出示红杯。一旦有同学出示了红杯，教师可以随机找另一个学生到讲台前面来回答出示红杯的同学提出的问题。

（4）检查表

教师可以使用检查表，要求学生按照事先确定的检查表，检查自己的作业（检查表可以根据作业指导原则设计）并与作业一起提交。检查表要求学生验证他们的作业是否达到了基本的标准，无论是书面作业还是口头表达都可以运用。在提交作业之前，学生检查自己的作业可以确保学生遵循作业的指导原则。检查表还可以鼓励学生认识到评价的不同要素。

（5）封面

教师可以使用封面（cover sheet），要求学生回答一系列关于作业的自我反思问题，让学生确认其在作业中的什么地方、以何种方式对评价标准做出了回应。一系列关于作业的自我反思问题确保学生可以达到基本要求，鼓励学生发现自己的优势和不足，以及将来应该在什么地方加以改进。封面为学生提供机会直接与标准进行互动，使学生能够专注于提高作业质量应该采取的措施，增强学生对评价过程和学习过程的自我意识。

（6）反馈要求

教师要求学生找出一或两个需要教师提供反馈的地方，并加到反馈表或封面中。这也可以作为一个活动单独使用。教师鼓励学生在提交作业之前，反思自己作业的优点和缺点，学生通过发现特别需要提供反馈的地方，发展对学习的责任感。来自学生具体的反馈要求使得评价者可以针对个人的需求定制反馈，同时发现学生共有的优势和不足。

3. 自我评价的实施原则

自我评价是一个重要的学习过程，很多学者对如何成功实施自我评价提出了自己的建议和原则（Andrade & Valtcheva，2009；Dann，2002；Goodrich，1996；Ross，2006；Sebba 等，2008），例如，Goodrich(1996)和 Dann(2002) 各做过一项研究。综合他们的研究成果，实施自我评价时应考虑的要素包括：

- 自我评价应该内置于课堂环境之中；
- 应该给学生机会理解评价的标准并反思自己的学习表现和成果；
- 需要理解学生形成判断的过程；
- 教师需要理解他们和学生在判断上的差距和不同；
- 教师需要通过与学生讨论努力弥合这种差距；
- 自我评价需要与将来的学习相联系；
- 意识到自我评价的价值；

- 拥有进行自我评价的清晰标准；
- 具体的有待评价的任务或表现；
- 自我评价的范例；
- 对自我评价的直接指导和帮助，包括反馈；
- 修改和改进任务或表现的机会。

这其中的一些要素实际上属于常用的课堂策略，如范例、指导、修改等。关于标准和目标的确定，可以通过分析范例或提供评价准则的方式实现。具体行为目标的描述有助于提升学生提供自我评价的准确性。具体在二语课堂中，实施自我评价时还应注意以下问题：

（1）全员参与、尽早进行、循序渐进

所有的学生都必须参与自我评价，而且应尽早参加。在自评的开始阶段，学生每次只从学习的一个方面进行评价，然后逐渐建立一套自评的方法和技巧。如学生首先可以对自己的基本写作能力进行评价：写作前是否思考？选题方式（题目大小）是否正确？是否会写开头和结尾？句子是否完整等。学生还可以对自己的阅读、听说和交际能力进行自评。这样，学生对自己的各种语言能力有一个基本认识，知道自己的优点和不足，这有利于他们确定自己的努力方向和发展目标。作为教师，应时刻记住自我评价是一个过程，学生需要随时引导。自我评价不仅是完成表格或评价表，还是一种新技能的学习。

（2）学生自我评价的准确性

自我评价的准确性是学习者自主性的条件。这对于外语学习者来说可能是一个不利的方面，因为外语学习者将自己与本族语使用者进行比较的能力不够。除此之外，外语学习是一个复杂的过程，情感因素和个性特征都起着非常重要的作用，因此学生判断的可靠性可能会受到影响。此外，自我评价的准确度还会受到主观错误的影响，如过去的学习成绩、同伴和父母的期望、缺乏自我评价和自我管理相关的培训等。Butler 和 Lee (2010) 指出，影响自我评价准确性的因素包括：被评价的内容或技能；学生的个人特点；构建和表达问题及评价项目的方式。

学生自我评价的准确性与评价的内容密切相关。研究表明，在评价自己的语法和语音时，学生容易低估自己的水平，而且自我评价与其他更为客观的成绩之间的相关性较低 (Raasch, 1979, 1980；Anderson, 1982；Palmer & Bachman, 1981；Von Elek, 1981, 1982)。大多数学生会觉得评价自己的纯交际技能会更容易一些（Blanche & Merino，1989）。就交际技能而言，Ross（1998）发现至少在成人学习者中，学生对接受性技巧进行自我评价的准确性，如听力和阅读，要高于口语和写作，而Anderson（1982）发现很多ESL学生只用听说能力来评价它们整体的语言表现。

学生个人的因素也会影响到自我评价的准确性，包括学生的语言水平和学习目标语的经验（Blanche & Merino，1989；Davidson & Henning，1985；Heilenman，1990；Janssen-van Dieten，1989；Patri，2002；Stefani，1998）；学生理解并对项目及量表作出反应的方式（Heilenman，1990）；年龄（Butler & Lee，2006）；学生在多大程度上能够使用事件记忆（episodic memory）练习被评价的技巧（Ross，1998）；学生的语言焦虑水平（MacIntyre等，1997）；学生的自尊和动机（AlFallay，2004；Anderson，1982；Dornyei，2001）。尽管在各种不同的学习环境中，许多研究者都提出了对学生进行自我评价培训的重要性（如McDonald & Boud，2003；Nicol & Macfarlane-Dick，2006；Orsmond等，2002；Stefani，1998；Taras，2001），但在语言评价中，到目前为止，培训对自我评价究竟会产生怎样的影响尚不十分清楚。Patri（2002）对口语评价的反馈作用进行了研究，研究结果显示，为自我评价提供反馈并不能提高自我评价的准确性。

自我评价项目的构建和表达方式也会影响自我评价的准确性。Bachman和Palmer（1989）认为，要求学生给各种语言任务难度进行评价是最有效的自我评价项目。Butler和Lee（2006）发现，与学生的直接任务目标相关的项目，自我评价更加准确。自我评价项目用学生的第一语言表达时，学生对自我表现的评价比用目标语言表达时更准确（Oscarson，1997）。

（3）自我评价的语境

虽然自我评价可以带来很多的好处，但是实施自我评价必须考虑到实施环境对它的影响。自我评价会改变教师和学生之间的权力关系，所以一些教师可能将其看作对自己权威地位的挑战（Towler & Broadfoot，1992）。Hamp-Lyons（2007）描述了两种相互冲突的评价文化：学习性文化和考试性文化。学习性文化强调学习中学习者个人的进步，而考试性文化则关注相对于其他学习者，该学习者掌握语言的情况。形成性评价要求的环境是学习性教育文化环境，但中国的评价文化以考试竞争为主流。从考试性文化向学习性文化转换是一个复杂的过程，教师的看法和想法是转型成功的必要条件之一。例如，韩国的研究就发现，教学和 / 或学习环境以及教师对评价的态度不同，教师和学生对自我评价有效性的感受便不一样。环境和个人的因素对自我评价在教学中的定位、管理和价值都有很大影响。实际上很多研究已经开始关注考试性教育环境对评价改革的影响（如 Carless，2005；Davison，2007；Mee，1998；Yung，2002）。在 Carless（2005）报告的两个研究案例中，两位中学教师在实施形成性评价过程中遇到了不少困难，他们需要在教师控制的"教学与学生为中心"的教学以及评价的测量取向和学习取向之间获得平衡。Yung（2002）的研究发现，教师评价实践在很大程度上受到教师专业意识的影响。这里的专业意识指教师对作为政策回应和专业实践基础的、被广泛接受的假设和价值提出疑问的能力。换言之，即使在考试文化中，我们也可以看到由于教师对政策、教 / 学、评价的不同信念和态度而造成的评价实践和结果的多样性。因此，考试文化和学习文化之间的差异不是固定不变的，而是动态、多面的，在大程度上受到具体环境的影响。

（4）以学生为中心

在实施自我评价的过程中，教师应该充分考虑学生表达自己想法的技巧和能力，努力创造环境，为学生提供适当的表现机会。在很多课程中，帮助学生进行自我评价要求教师根据学生技能、能力和态度的发展，提供不同的任务。学生自我评价的形式可能是书面的，也可能是口头的；可能是独立完成的，也可能是和同伴一起或在小组中完成的。即使学生对自己学习成果的观点和教师的印象不符，也应该尊重学生评价的价值。忽视学生对自己学习的看法对未来的学习不利，因为他们对自己的学习进度和成果的看法是未来学习的起点。

（5）将自我评价纳入整个评价过程

教师应该将学生的评价看作起点，然后再融入自己的判断。教师在自我评价中的责任是认可学生完成的部分或全部评价，并在此基础上做适当的补充。这样做可以帮助学生对学习进行进一步的反思。在与教师讨论后，学生可能会对完成任务的方式以及如何进一步改进产生新的理解，并挑选合适的内容作为未来学习的新目标。根据 Vygotsky（1978）的理论，知识更渊博的人在评价过程和学习过程中的作用一样重要。因此，将自我评价限于个人行为就无法充分发挥自我评价的促学作用。自我评价的潜力在于，它是更大的评价系统中的一部分，这一系统试图将教学和学习联系起来。

第二节　同伴评价
（Peer Assessment）

同伴评价和自我评价是终身学习的重要组成部分。同伴评价的发展目标之一是为自我评价做准备和铺平道路。Carless（2011）认为，与自我评价相比，同伴评价对于年轻的学习者来说是一种社会化的、更亲切的评价策略，因此更容易吸引年轻学习者投入其中。大学中的同伴评价研究比较深入（Falchikov，2005），但在中小学中的研究较少。中小学的同伴评价研究集中在同伴评分和学生分数的对比，属于终结性评价的范围。形成性评价中的同伴评价是为了辅助学习，关注的是解读标准，然后应用于评价同伴的学习成果。同伴评价追求的是让学生了解教师在具体的任务中所寻找的高质量学生表现的特征，发现同伴作品中的优势和不足，以便同伴能改进自己的作品。除了学习目标之外，同伴评价还有更宽泛的目标，如发展如何学习的能力、继续学习的动机和对学习的责任感、拥有感（Deakin-Crick 等，2005）。

一、同伴评价的定义
作为一种主要的评价形式，同伴评价在学习和教育研究中具有非常重要的地位。Topping（1998）将同伴评价理解为组织学生思考并决定其他同等地位的学习者的学习成果或表现的水平、价值或质量的过程。Roberts（2006）认为同伴评价是让读者（同伴学生）批判性地反思同伴的学习，并为同伴的学习评分的过程。与自我评价一样，同伴评价既可以终结性地使用，也可以形成性地使用。形成性同伴评价的目的是让学习者互为学习的资源。在同伴评价的过程中，学生互相帮助，为学习做计划、确认同伴的优势和不足、确定补救措施的目标、发展弥合差距的方法、促进彼此的学习。在形成性同伴评价中，学习者提供的关于同伴作品的反馈，无论是正面或负面，都应该具有形成性的特征，即详细、高质量、描述性。

同伴评价中的同伴可以作狭义的理解，也可以作相对灵活的理解。同伴可以指任何具有相同学校教育经历的人。同伴评价属于课堂评价的范畴，可以通过课堂测验、讨论、项目或家庭作业进行；同伴评价所涉及的评价作品可以包括作文、口头报告、学生档案袋或其他技能成果，所有自我评价的评价对象都可以成为同伴评价的对象。

同伴评价可以一对一地进行，也可以在小组中相互进行。后者的评价可靠性更高，但需要花费更多时间。同伴评价也可以面对面或远程进行。如果必要的话，同伴评价的反馈也可以匿名提供。

二、同伴评价的益处

同伴评价的实证研究近年来呈上升趋势。一些研究者基于不同学科的相关研究、二语习得研究、主流教育研究、二语和一语写作研究，发现同伴学习是促进学习的关键手段（如 DiPardo & Freedman，1988；Liu & Hansen，2002；Long & Porter，1985；Webb，1982）。各个领域的研究文献显示，同伴评价一般具有下列特征和好处：

1. 促进学习

同伴评价可以提供即时、个性、大量、客观的反馈。与教师提供的反馈相比，同伴提供的反馈信息量更大、更即时，这可以在某种程度上弥补自我评价在质量上可能存在的缺陷。与教师评价相比，学生更容易接受同伴提出的批评（Black 等，2003），而且同伴之间交流使用的语言也更能为彼此所了解。与没有权威感的同伴间的相互信任关系，使学习者比较放松地显露出自己的无知和误解，提供一些其他情况下很难获得的诊断信息。同伴评价可以避免错误的累积和困惑的加深。

当同伴一起讨论、协商、使用评价标准时，学习成果的特质会变得更加清晰。评价同伴的学习成果能帮助学生清楚地阐明好坏表现的特质、开拓思考并讨论学习成果质量的语言。学生一起面对面地交流，由于出发角度和个人经历不同，他们提供的措施和解决方法可能会非常多样，因此，每个学生都能获得丰富自己策略库的机会。

在二语课堂中，同伴评价为学生提供更多的反馈，提供对于语言发展来说十分重要的技能练习，如了解写作过程的不同视角、接触更多不同的观点。很明显，同伴评价创造了互动的机会，增加了评价的客观性。如果能接触到关于同伴及其表现的质量和水平的信息，可以帮助学生明确他们自己对评价标准的理解，更重要的是明确对自己的要求（Patri，2002）。

文献研究表明，同伴评价在二语教学中越来越普遍，尤其在英语作为第二语言的写作教学之中。在二语写作课堂上，学生可以相互回应、编辑彼此的作文，为进一步修改提供帮助（如 Bell，1991；Birdsong & Sharplin，1986；Devenney，1989；Hogan，1984；Mendonça & Johnson，1994；Jones，1995；Lynch，1988；Mangelsdorf，1992；Mürau，1993；Rainey，1990）。这些研究都强调了自我评价对写作能力、写作表现和写作学习自主性发展的价值和作用。与写作相比，口头报告技巧的同伴评价研究相对较少。这些研究同样发现了同伴评价对成绩和学习的促进作用（Falchikov，1995；Saito，2008；Watson，1989）。另一些研究比较了英语作为第二语言写作课堂中的教师和同伴评价，发现同伴评价可以产生与教师评价相同甚至更好的成果（Topping，1998）。Khonbi 和 Sadeghi（2012）发现，评价类型对课程成绩有影响，同伴评价对课程成绩的影响最大，其次是自我评价。Chang 等（2012）对档案袋评价的研究也发现，同伴评价对成绩的影响最大，随后是自我评价和教师评价。自我评价效果不如同伴评价的可能原因在于，自我评价组没有认真严肃地对待评价（Butler & Lee，2010；Dann，2002），而这可能导致浅层学习；另一个原因可能是自我评价只有学生自己是反馈源，与同伴评价相比缺乏反馈（同伴是反馈源，学生自己也可以是反馈源，来处理同伴的反馈），这也限制了自我评价的效果。

2. 认知训练

在同伴评价中，各种认知技能都得到了锻炼的机会。在这个过程中，同伴评价者需要监控学习者的表现，并监测、诊断、纠正、管理误解和错误。因此，评价者获得了很多认知训练的机会。同伴评价意味着评价者要在任务上投入更多的时间，进行思考、比较、对比和沟通交流。VanLehn 等（1995）认为在进行同伴评价时，学生需要进行检查、总结、澄清、反馈、诊断错误的理解，发现被忽略的知识，分析与标准的偏差等。这些都是高级的认知活动，可以帮助提升评价者本身的理解力。形成性同伴评价可能涉及深度提问，引出更多的信息、更深刻的评价。同伴评价可以帮助学生较早地发现错误和误解，帮助学生发现差距，并通过解释、简化、澄清、总结、重组和认知重构等方式弥合差距。形成性同伴评价还可能增加反思的机会。在进行同伴评价时，学生要观察同伴作品，清楚评价表现的标准，这使得学生的反思能力得到了锻炼的机会。在这个过程中，学生可能并不一定认可同伴提供的反馈，但是不得不对同伴提出的意见进行反思，这可能会促使学生对自己的学习产品进行进一步的修改，这种修改可能和同伴提供的反馈并不一致。即使被评价的产品没有明显的错误，同伴反馈也促进了高级思维的发展或高质量的思考，鼓励学生将所学的知识运用于新的环境，提升自我评级以及元认知意识。

3. 情感态度

评价者和被评价者在开始阶段都可能经历同伴评价带来的焦虑。但同伴评价将学生直接置于学习过程之中，可以提升学生的自主意识、动机和共同的责任感（Somervell，1993）。同伴评价还可能增加学习方式和活动的多样性和互动性（需要确认他人的反馈并结合自己的评价），并培养学生的学习兴趣、自信心及对他人的同理心。通过同伴评价，评价者和被评价者对学习互动过程中发生的一切将有更清晰的认识，他们监控和调节不同环境中学习策略的能力将得到提升。这种元认知能力的提升不仅对将来更有效地学习有促进作用，而且还能增加评价者和被评价者的自信，令他们相信成功是自己努力的结果。评价者所展示的热情、能力和对成功的信念可能会对被评价者的自信产生积极的影响，彼此间的责任和忠诚能帮助他们保持学习动机，坚持完成任务。

因为同伴之间的能力差距可能不会太大，所以同伴评价可以避免在评价过程中对学生提出过于挑战性的任务，远超学生能力的任务可能对学生的学习动机产生伤害。Vygosky（1978）的最近发展区概念强调将学习活动控制在最近发展区内的必要性，而同伴评价者在这方面比较有优势。

4. 社交及可转移技巧

同伴评价可以发展团队合作技巧，促进主动学习。同伴评价还可以发展书面交流技巧、谈判技巧和外交技巧。学习如何提供和接受批评、论证一个人的立场以及拒绝建议，都是各种形式的社交技巧。

进行同伴评价还可以发展学生终身受益的迁移能力。在未来的人生道路上，学生都有可能成为各种环境下的评价者和被评价者。同伴评价要求评价者和被评价者进行良好的沟通。在同伴评价中，参与者需要将思想转化成语言，向同伴解释，并进行具体地表达。通过同伴评价，参与者的沟通能力得到了锻炼。倾听、解释、提问、总结、猜想和假设都是有效的同伴评价所涉及的重要技能，也全部可以运用到其他语境之中。

5. 体制上的益处

同伴评价可以帮助学生更深刻地理解学校的评价过程（Fry，1990），提升学生的评价素养。学生可能因此对评价过程更有信心。当然，学生也更容易发现学校评价程序中的不足之处，从而对改进学校评价系统产生正向的压力。虽然在开始阶段，教师需要投入大量时间对同伴评价进行指导，但是，同伴随时都可以提供帮助，因此开展同伴评价能大大降低教师的工作量。如果同时使用同伴评价和学生自我评价，则能更好地促进学习。

三、同伴评价的机制

显然，同伴评价可以促进学生的学习，但同伴评价是怎么促进学习的呢？教师如何设计有效的同伴评价呢？在过去二十多年中，许多学者对此展开了很多理论研究，并对同伴评价的促学意义进行了理论性解释，但理论研究与教师的课堂实践始终有一定距离。Topping（2005）在综合前人研究的基础上，提出了一个整合性的同伴评价模型（图 3.1）。

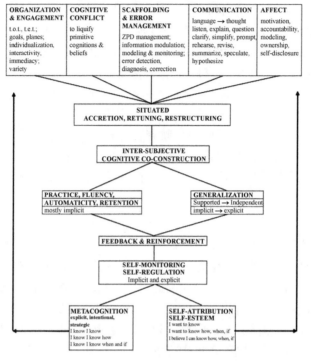

Groups of Processes Influencing Effectiveness:

ORGANIZATION & ENGAGEMENT	COGNITIVE CONFLICT	SCAFFOLDING & ERROR MANAGEMENT	COMMUNICATION	AFFECT
t.o.t., t.e.t.; goals, planes; individualization, interactivity, immediacy; variety	to liquify primitive cognitions & beliefs	ZPD management; information modulation; modeling & monitoring; error detection, diagnosis, correction	language → thought listen, explain, question clarify, simplify, prompt, rehearse, revise, summarize, speculate, hypothesize	motivation, accountability, modeling, ownership, self-disclosure

SITUATED
ACCRETION, RETUNING, RESTRUCTURING

INTER-SUBJECTIVE
COGNITIVE CO-CONSTRUCTION

PRACTICE, FLUENCY,
AUTOMATICITY, RETENTION
mostly implicit

GENERALIZATION
Supported → Independent
implicit → explicit

FEEDBACK & REINFORCEMENT

SELF-MONITORING
SELF-REGULATION
Implicit and explicit

METACOGNITION
explicit, intentional, strategic
I know I know
I know I know how
I know I know when and if

SELF-ATTRIBUTION
SELF-ESTEEM
I want to know
I want to know how, when, if
I believe I can know how, when, if

In iterative cycles: Surface → Strategic → Deep   Declarative → Procedural → Conditional

图 3.1　同伴评价模型（Topping，2005）

　　该模型共由七个层次组成。在第一个层次中，Topping 将同伴评价涉及的主要子过程分成了五大类型：组织与参与、认知冲突、搭架子和错误管理、沟通交流以及情感因素。组织参与过程包括了学习互动的组织或结构特征，如同伴评价内在的压力和需求会增加学生投入任务的时间及参与任务的程度；评价者和被评价者都需要讨论和理解目标与计划；使学习变得个性化；在小组或一对一的环境中，反馈可能变得更加及时；具有多样的新型学习互动方式等。认知冲突指的是调和原始的认知和信念。从皮亚杰的认知理论视角看，在同伴评价中，一个或多个同伴会提供认知上的冲突和挑战，而这可以帮助学生疏通因固有的想法和错误信念而形成的认知障碍。搭架子和错误管理以 Vygosky 的理论为基础。Vygosky（1978）认为，在学习过程中能力更强的学习者应该为较弱的学习者提供支持和搭架子，且有必要将评价

120

者和被评价者双方的活动控制在最近发展区之内，以避免提供过大的挑战，对学习造成伤害。评价者努力控制和减轻信息处理过程对学习者的压力，使学习进步最大化，同时评价者还为被评价者提供了一个能力表现的认知模型。这对评价者的认知要求更高，评价者需要监控被评价者的表现，监测、诊断、纠正并处理误解和错误，因此评价者将获得更多的认知训练和益处。沟通交流包括倾听、解释、提问、澄清、简化、提示、演练、修改、总结等。在同伴评价中，评价者和被评价者必须进行沟通和交流。有观点认为，可能没有人能真正理解一个概念，直到他能向他人进行解释、将思想凝结为语言为止。同伴评价要求评价者和被评价者聆听、解释、提问、总结、思考、论证观点，接受、拒绝接受建议等等。同伴评价帮助发展了学生的沟通技巧、协商技巧和外交技巧。同伴评价对情感过程的影响也很大。情感因素包括动机、责任感、示范、拥有感和自我表露。学生与同伴处于相同的地位，容易建立互相信任的关系；学生在同伴面前也更容易表现真实的自己，袒露自己的无知和错误，以便进一步诊断和纠正自己的学习。评价者表现出的热情和能力以及对于成功的信念，可以影响被评价者的自信，而相互间的忠诚和共同承担的责任可以帮助提升评价者和被评价者的学习动机和对完成学习任务的专注。

第一个层次中的五个子过程融入更宽泛的第二层次之中。在第二个层次中，评价者和被评价者互相拓展陈述性知识、程序性技能以及对这些知识和技能有条件、有选择的运用过程。在这个庞大的过程中，评价者和被评价者增加、扩展（累计）和修正目前的能力，在全新的学习内容、错误或重大错误理解的情况下，构建新的理解（重构），这与皮亚杰的吸收和容纳的理念十分相似。第二层次的这一过程转化为第三层次的评价者和被评价者之间的认知共建过程。这种共同理解的建构根据评价者和被评价者认知的特点进行调整，并且深深地植根于实际应用的真实环境之中，形成进一步学习的基础。

因为模型中前三个层次各个程序的贡献，同伴评价不仅促成了更大量的学生参与的成功实践，还促进了思维、社交、交流以及其他核心学习技能的巩固、流利性和自动化，即同伴评价的第四层次。这种促进作用通常都是以隐性形式发生的，评价者或被评价者没有完全意识到作用正在发生。与此同时或接下来，同伴评价将促使学生对学习概念的具体案例进行总结。在这种总结的过程中，学生学习了概念，并扩展了将概念用到其他不同语境中的能力。第五个层次由反馈和强化组成。评价者和被评价者以隐性或显性的方式互相提供反馈。实际上，隐性的反馈可能在前几个阶段已经发生。同伴评价显著提高了反馈的量和及时性。显性的强化可能来自于评价者和被评价者之间的合作或合作之外的情境，通过语言或非语言的表扬、社会认可和地位、正式的认证甚或有形的奖励等方式实现。

第六个层次包括隐性或显性的自我监控和自我调节。随着学习关系的发展，评价者和被评价者对学习互动过程中发生的各种情况的意识应已得到强化，更有能力监控和调节自己的学习策略在不同语境中的有效性。第七个层次包括元认知、自我归因和自尊。在这一个层次中，学生将发展更加清晰的、关于学习策略的元认知能力。这不仅能使学习者更为有效地学习，也能提升学习者的自信心，使他们觉得自己可以取得更大的成功，并将这种成功归结于自己努力的结果。换言之，他们将成功归因于自身而不是外界的因素，因此学习者的自尊得以提升。

随着同伴评价关系的发展，学生逐步学会追求自己的学习目标而不是他人为其设置的目标，同伴评价模型依然发挥着作用，因为学习者的学习从浅层的、工具性的表层学习转向策略的、深层的学习。同样，学习也从陈述性学习（已有事实的陈述）转向程序性学习（指明某个程序是如何形成的）以及条件性学习（建议其他的可能性）。这些情感态度和认知成果将融入最开始第一个层次的五个子过程之中，形成连续的、互动的过程。

当然，实践中的同伴评价不可能完全按照上述步骤依次进行。在实践中，有些层次可能会缺失，有时候模型中各个阶段的发生顺序也可能会颠倒，最有可能的是，发生的许多学习事件似乎是一个层次或几个层次中不同要素的结合。有时候，即使学习者已经到达第七个层次，一遇到一个新任务或不同的任务，他们又可能从头开始。

评价者和被评价者都可以操作更复杂、认知要求更高、需要使用各个层次中所有要素的同伴评价形式，并从中受益。角色互换可以促进和确保这一过程的发生。评价者和被评价者在经验或能力上的差异越大，认知上发生冲突的可能性就越小，搭架子的可能性也就越大。如果评价者年龄更大，更有经验，则更可信。但如果实践能力或知识不及被评价者的话，可能会以一种不同的方式出现不匹配或错误学习的现象。

四、同伴评价的实施过程、方法及原则

1. 实施过程及方法

同伴评价的实施过程与自我评价一样，主要包括标准明确、评价实施和评后修改三大过程（请参照"自我评价"部分）。在课堂实践中，同伴评价可以采取多种形式和方法，以以下九种形式为例：

（1）C3B4ME（See three before me）：要求学生在向教师寻求帮助之前，先向三个同学寻求帮助。也就是说，同学里有很多"老师"，他们可以成为我们的学习资源。

（2）同学评估家庭作业：由于教师个人的工作时间有限，为了减少批改家庭作业的时间，教师可以安排同学之间进行互评。互评的形式可以很多样：学生可以和同桌交换家庭作业，互相批改；也可以由教师把学生分成几人一组，在小组之间进行互评。实施这种方法的教师发现，不仅做家庭作业的学生越来越多，作业的质量也越来越高。

（3）家庭作业帮助板：在一天开始或一堂课开始之前，学生在家庭作业帮助板上写下在做家庭作业的过程中发现的问题，教师鼓励有能力且愿意提供帮助的学生向有困难的同学提供帮助。

（4）两星一希望：这是一种非常简单的启动同伴评价的技巧。当学生给同学的学习成果提供反馈的时候，必须提出同伴学习成果的两个优点（两星）和一个改进的建议（一希望）。学生的反馈写在贴纸上，这样如果收到反馈的同学觉得同伴提供的反馈没有帮助，可以很容易撕掉。为了提高反馈的质量，一旦学生对反馈做出回应，教师可将所有贴纸收集起来，展示给全班同学看，并请同学投票表决哪个反馈评论对他们有帮助。接着，同学们讨论得分最高反馈的显著特点，由此产生的反馈标准将在海报上展示，以供参考。

（5）错误归类：这种方法适合于可以直接归类的错误。如在二语写作课堂中，我们可以将学生的错误分为拼写错误、语法错误等，而语法错误又可以分为时态、性数、代词等。教师可以先把学生写作中的错误标出来，然后让学生对这些错误进行分类。通过这种方法，学生可以发现在哪些方面自己犯的错误比较多，在哪些方面的错误比较少，然后再寻求同学的帮助。

（6）学生主导讨论：还有一种做法是选一个学生主导一堂课即将结

束时的讨论。在上课前（或一堂课结束后），教师指定一个学生作为本堂课或下堂课的报告人，在规定的下课前的10分钟停止授课，请学生报告人总结这堂课的要点，并回答其他学生的问题。如果报告人不能回答同学提出的问题，可以请其他同学帮忙。一开始学生可能对做报告犹豫不决，但很快他们就会意识到这是一个促进全班同学学习的机会。观察这一过程，我们会发现，学生进行了很多自我评价和同伴评价。还有一种做法是让报告人在听课的过程中设计几个在课堂结束时提问同学的问题。

（7）飞行前检查表：这种方法需要对学生提交学习成果有非常明晰的要求。以二语写作为例，学生在学习封闭式写作时，必须按照标准的结构进行。例如，开头要有引入部分和主旨句，主体部分的每一段要有主题句、支撑句和合题句，结论部分要有对主旨句的回复和解释。在学生提交作文之前，必须先由同伴对照检查表，检查这些结构要素是否齐全。在教师批改作文时，如果有哪一条没有达到要求的话，教师需要和进行检查的同学（而不是提交作文的同学）沟通。这样就形成了某种问责机制，使得同伴会对检查同学的作业采取认真的态度。

（8）我－你－我们检查表：在小组活动结束之后，每个学生记录下自己的贡献、小组中其他成员的贡献以及作为小组工作的整体质量评估。

（9）以小组为基础的测试准备：在学生为考试做准备时，为了让学生更投入地进行复习，可以将学生分成五六个人一组，为小组中每个成员分配一项复习的内容。具体做法可以为每个学生提供一张卡片，卡片上写下详细的任务，以及怎样完成任务的建议。任务布置完的第二天，小组中的每个成员要向小组做汇报。小组的其他成员可以通过彩色杯的形式回应，如绿色表示"如果我来做的话，我没有他做得好"；黄色表示"如果我来做的话，会和他做得差不多"；红色表示"如果我来做的话，会比他做得好。"在每个人都表决之后，小组共同决定还需要采取何种措施使任务完成得更好。

2. 实施原则

虽然同伴评价的主体是学生，但为了同伴评价的有效性，教师的作用不容忽视，特别是在同伴评价的组织方面。在组织学生进行同伴评价时，教师应该遵循七项原则，即明晰标准、合理分组、提供培训、评价活动、提供反馈、态度调整、同学偏见。

（1）明确标准

与自我评价一样，评价标准的明确是同伴评价取得成功的重要保证。自我评价中用来设立评价标准的方式对于同伴评价一样适用。同伴评价的优势在于，学生们可以共同参与到标准的建立过程之中，对标准进行讨论、细化、简化等操作。这不仅有利于增强学生对学习的拥有感（参与评价标准的制定），还能减少学生的焦虑（评价标准的透明）。教师可以组织小组讨论教师提供的标准初稿，并提供一定程度的修改建议。同伴评价标准可以采用多种方式呈现，如清单、检查表、回复表格等。为使标准更加明晰，学生还可以为同伴评价提供更为详细的指导、标准答案、批改方案等。

（2）合理分组

同伴评价的学生组合应该实现最优化的配对。什么样的同伴评价人员组合可以帮助实现最大的同伴评价效果，这是一个值得研究的问题。有人认为，学生与已经建立了朋友关系的或信任的同学进行同伴评价比较好，随机分配的情况也比较普遍。一般情况下，教师应该将能力相当的同伴配在一起（Topping，2010）。如果学生都来自同一个班的话，可以将他们按学科能力的高低进行初步排序，按顺序两两配对。排在最后的同学组成的小组可能水平较低，但在教师的支持下，他们的收获可能会超过预期，因为他们将在较为简单的层次上参与同样的过程。在进行同伴评价时应注意的一点是，评价小组的人员数量不宜过多。虽然同伴评价对评价者和被评价者的学习都有促进作用，但是评价者过多会影响其效果的发挥。要采取措施确保同伴之间的交流不会引起摩擦、憎恨，或使成绩较差的同学感到威胁或羞辱。

（3）提供培训

研究发现，为了让学生有效地完成同伴评价和自我评价任务，学生需要培训和经验（Adams & King，1995；Freeman，1995；Jafarpur，1991；Pond 等，1995）。同伴评价在语言课堂中的功能无法得到保证，除非学生有能力实施评价。数位学者在二语写作指导原则中提出了学生鉴别同伴表现能力和培训需求的问题（Hu，2005；Liu & Hansen，2002）。Stanley（1992）发现，受过培训的小组所提供的反馈比没有受过培训的小组更具体，且受过培训的小组在修改阶段对反馈有更多的回应。Berg（1999）发现，培训使学生在修改阶段产生更多的"意义"改变，且能提高最终写作产品的质量。Saito（2008）的研究发现，给同伴评价者的培训对同伴评分与教师评分之间的一致性并没有产生具有统计意义的影响，但确实影响了不同层面的评价行为，如经过培训的评价者做出的评论质量高、会设定相似的参考框架。

教师应该和学生讨论对学生的期望，比如期望评价者和被评价者承担的角色及表现行为。然后，教师可以通过两人之间的角色扮演，向学生展示如何完成自己的角色。最后，教师可以让学生针对一个较简单的任务，练习自己学到的同伴评价技巧。在学生练习的过程中，教师巡视、监测学生的表现，并在必要的时候提供反馈和指导。

同伴评价培训的内容可以包括目标、组织结构、发展和适用标准及相关的材料，以不同的形式提供和接受正面和负面的反馈，回应反馈的措施及评估安排。通过录像展示优秀的同伴评价范例是一种非常实用的方法，为学生提供讨论的机会也很重要。学生互评的成功和学生自评的成功一样，需要教师提供榜样，展示优秀的互评范例。通过评议使学生充分理解评价的标准，发展"我也能做"的态度。同时，让他们学会信任，诚实、公正地对己与对人。互评中最重要的一点是要了解学生的学习，包括学习经历，让学生意识到同伴文化的力量以及友好气氛在学习过程中的重要性。互评鼓励学生合作并向他人学习。通过与同学的讨论，学生可以说出他们的忧虑，听取他人的观点，从而确定自己努力的方向。

（4）评价活动

教师应该规定活动时间表，明确什么时间段内需要进行记录的内容。教师还应该考虑如下问题：如果学生提早完成了评价任务应该怎么办？是为他们提供额外的评价工作还是他们可以去做其他工作？如果学生没有按时完成评价任务应该怎么办？如何利用时间表和提醒手段等让学生保持进度？学习的顺序如何随时间展开？学生完成评价任务的时间可能进一步拉大，但学生是否应该承担其管理时间的责任？为了帮助学生进行同伴评价，应该规定或建议同伴评价中进行的具体活动，如寻找具体的错误、完成具体的任务、找出广泛使用的元认知程序，并使用发展性的建议或提示。这些活动需要向学生解释清楚，最好用范例向学生说明。教师可以规定具体活动的实践和反馈的形式，如口头的或书面的。同伴评价的形成性反馈将应用于调整被评价者下一步的学习，或对目前的学习成果和表现进行改进。明确说明同伴评价与正在进行的教学间的联系也十分重要。

（5）提供反馈

在同伴评价中，教师应监控全过程，并提供指导和反馈。虽然同伴评价的主角是学生，但教师的作用在这一过程中也不可低估。只要学生在进行同伴评价，教师就应该承担起指导的责任，而不是权威的象征。教师应该低调地在班上进行巡视，观察学生作为同伴评价者的表现，然后为学生提供反馈、指导，并在必要时调整活动顺序。特别是当参与同伴评价的学生经验不足时，进一步的辅导或提供问题解决方案对学生来说是必要的。有些问题需要尽早注意，如评价者没有注意到的被评价者的错误或误解，没有提供补救措施或补救措施存在问题以及作弊和剽窃存在的可能性。对学生的评价过程进行录音和录像是一种有效的监控方法。当然，当参与评价的学生不需要见面讨论时，教师监控很难进行（Jacobs，1989；Jacobs & Zhang，1989；Zhu，1994，1995）。如果教师不为学生作为评价者的表现提供反馈的话，学生作为评价者的能力不可能提高。

（6）态度调整

总的来说，学生对同伴评价的反应是正面的、积极的（Azarnoosh，2013；Patri，2002；Saito & Fujita，2004），但也有些学生表达了一些关于同伴评价的负面情感、不满和不安（Saito & Fujita，2004）。部分学生认为同伴给出的评价太肯定，教师的评价更权威，能提供更准确的知识、更具体的解释和修改建议。同伴评价的能力需要持续的、重复的练习（Oscarson，1997）。在二语课堂实施同伴评价可能更困难，因为能力较低的学习者会发现自己很难给出建设性的评论，而且他们的同伴也可能不重视他们的意见（Miller & Ng，1996）。关于二语课堂中的同伴写作研究最多，研究发现，学生写作者在修改作文时对同伴评论的运用是有选择性的，他们倾向于更多依靠自己的知识进行判断。学生可能对同伴缺乏信任感，但同样的评论如果来自教师，学生则更愿意接受（Mendonça & Johnson，1994）。虽然同伴评价对一些学生来说具有高度的可接受性，但也存在文化上的不同，如前面提到的考试性文化和学习性文化。Mangelsdorf（1992）发现亚洲学生对同伴评价的评价一直都很负面。所以教师为中心的文化，对学生如何看待同伴评价也是值得研究的问题。而为了发挥同伴评价的作用，教师需要采取措施调整学生对待同伴评价的态度。

（7）同学偏见

同伴评价对语言学习的影响非常大，但它的效果取决许多因素，包括学生的态度、语言水平、对评价标准的熟悉程度、被评价的技能以及可能存在的偏见，如性别和友谊（Azarnoosh，2013）。Patri（2002）的研究发现同伴评价的行为和自我评价的行为不同。Chang 等（2012）以及 Sadler 和 Good（2006）发现同伴评分时比学生给自己评分更加严格。Lin 等（2001）发现同伴评价组和自我评价组的学生表现不同，并认为造成这种不同的原因是自我评价的标准过于宽松。Sadler 和 Good（2006）的研究也证明了这一点，即同伴评价评分偏低，而自我评价评分偏高。Pond 等（1995）和 Falchikov（1995）的研究得出了相反的结论：他们发现同伴评价者在相互评价时倾向于不严格，他们甚至将这种现象定义为"友谊评分"，并认为这是因为同伴之间很难互相批评。但 Azarnoosh（2013）的研究没有发现同伴评价存在友谊偏见，并认为之所以没有发现这种偏见，可能是因为同一个班级中的所有同学都相互熟悉，关系都比较亲密。当然，这些评价研究中，学生对评价尺度的把握都是在学生评分情况下的研究结果。形成性评价不要求学生评分，利害性较低。在这种情况下，学生的严格程度需要进一步地研究。

第三节　同伴辅导
(Peer Tutoring)

一、同伴辅导的定义

同伴辅导指的是通过作为辅导者的同龄或年长的学生的帮助获得知识和技能（Topping & Ehly，1998）。同伴辅导的目的是促进学习、动机和社会目标的发展。有效实施同伴辅导对辅导者和被辅导者的学习成就都有提升作用（Topping，2005）。形成性同伴评价指的是学生对同伴的作品进行评价并给出评论，以帮助改进学生的学习。通过比较这两个定义，我们会发现，二者的相同点在于它们具有相同的目的——促进学习，不同点在于同伴评价强调将学习过程限制在对同伴作品的评价和反馈这一过程之中，而同伴辅导所涉及的学习过程更为多样。因此，同伴评价可以被看作是同伴辅导的一部分

（Donaldson & Topping，1996）。

关于以合作学习的形式进行的同伴辅导，目前已经积累了大量卓有成效的研究，但从形成性评价策略的角度探讨同伴辅导的研究并不多，仅仅在结合同伴评价时被详细探讨过。Sliwka 等（2005）曾将同伴辅导作为形成性评价策略加以研究。在他们的研究中，学生结对相互支持学习英语、数学和科学课程。有时候学生自己选择合作伙伴，有时候教师将他们认为可以相互支持的好生和差生结对。Sliwka 和 Spencer（2005）认为，合作学习为教师提供了一个空间，在这一空间中教师可以对学生和小组提供形成性反馈。除此之外，合作学习还提供了丰富的同伴学习、同伴评价和自我评价的机会。在笔者看来，同伴辅导与形成性评价的关系在于，同伴辅导提供了大量关于学生学习状况的数据以及教师和学生使用形成性反馈的机会。

在形成性评价的框架下，同伴评价和同伴辅导可以是同义词，各种各样的同伴辅导形式为同伴评价提供了很多机会。

二、同伴辅导的形式

同伴辅导可以采用简单的形式，也可以采用高级的形式。反复练习和实际操作是最简单的同伴辅导形式，该形式使用了如搭架子、错误管理、练习和强化等过程，但缺乏元认知的发展。较为高级的同伴辅导形式要求辅导者和被辅导者形成正面的相互依赖关系，因此，个人的成功取决于集体的努力，所有小组成员都要为完成小组任务做出贡献。

除了简单和高级的形式之外，同伴辅导还可以采取跨年级同伴辅导、课内同伴辅导和课外辅导的形式（Carless，2011）。

跨年级的同伴辅导指高年级学生对低年级学生进行的辅导。Carless（2011）描述了在香港的一所学校实施跨年级同伴辅导的情况。在该校，五年级的学生被安排对三、四年级学习成绩不理想的同学进行辅导。辅导时间一般是午饭后，持续时间为 15—20 分钟。通常安排 5 名辅导者和 5 名被辅导者，辅导者常常帮助学生拼写单词和讲故事。高年级学生和低年级学生都很喜欢这种辅导形式。低年级学生喜欢，是因为他们觉得大哥哥大姐姐们真正地帮助了他们，对他们很友善，还会给他们贴纸、糖果或图片，而且他们的关系也十分亲密。而高年级学生似乎更喜欢这种辅导形式，因为他们喜欢帮助老师。研究发现，同伴辅导策略受到具体语境下教学策略的影响。同伴辅导一般由学生独立于教师完成，而该校规定教师必须出现在同伴辅导的现场，这使得同伴辅导减轻教师工作量的目的无法实现。同时，学生自主性的培养也会受到影响。

Carless 提供的班级内同伴辅导范例呈现出非常正式的特征。在这个范例中，同伴辅导每月进行一次，一般四个人一组；每个小组成员都有明确的分工：一个小组领导负责指导工作；一个秘书负责记录；一个辅导者收集材料；一个管理者控制时间，并努力确保小组不制造太多噪音。当学生进行同伴辅导时，教师巡视并提供支持。学生合作学习 15 分钟后，用英文进行口头报告。教师鼓励学生对报告的优点和缺点进行反馈。在教师看来，给学生明确分工是一种非常有效的方式，能让所有学生都参与到学习中来。为了鼓励学生，对表现优秀的小组教师将给予奖励。除了课内时间外，同伴辅导也可以发生在课外，比如午饭时间。一开始学生可能会因为占用了他们的业余时间而不高兴，但如果活动安排得巧妙，他们也会渐渐喜欢上这种形式的同伴辅导，甚至成绩不理想的学生也会愿意参与其中。

三、同伴辅导的益处

同伴辅导的益处主要体现在促进学习、情感态度、社交沟通以及教学辅助等方面。

1. 促进学习

通过向被辅导者进行解释，辅导者可以获得对学习内容的更深刻的理解（Topping & Ehly，1998）。学生作为辅导者，通常能将教师的语言翻译成学生的语言，从而很好地解释学习中的难点。和同伴交流时，学生不会假装理解；而和教师互动时，学生有可能假装理解。与同伴交流时，学生更有可能插话，请求澄清。因此，在同伴辅导过程中，被辅导者获得了额外的明晰概念或知识的支持和机会。

有时候辅导者的收获比被辅导者更大，因为提供支持的过程促进了他们对概念的理解和记忆（Greenwood 等，1988）。当目标设定和确认奖励这样的过程由学生参与，而不是完全由教师控制时，学生的学业收获通常会更大（Rohrbeck 等，2003）。Hattie（2009）关于教学方法的深度元分析表明，同伴辅导是非常具有前景的提升学业水平的策略。因为成功的同伴辅导方式结合了集体的目标和个人的问责，当这些都很清楚时，学业的提升效果呈现稳定的正向特质。

2. 情感态度

在同伴辅导过程中，辅导者的自豪感和责任感也得到了发展（Topping & Ehly，1998）。同伴辅导可以提升动机，减轻失败带来的情绪压力（Johnson 等，2007）。个人失败的风险变小，同伴们的焦虑感会减少，因此参与的动机得以增强（Chiu & Kuo，2009）。

3. 社交沟通技巧

在学生面临超过个人能力范围的挑战性任务时，小组成员的参与可以鼓励同学坚持。Carless（2011）的研究表明，为使同伴辅导顺利进行，学生必须运用一定的沟通策略，如一位参与同伴辅导的学生表示，有时候在小组中他们会有争论、有沉默，甚至什么也不做。但在他们平静下来之后，会重新开始合作。

4. 对教学的辅助

同伴辅导有利于大班教学。在大班教学中，特别是在东方文化传统中，让所有学生都参与到教学活动中来十分困难，而且有些学生羞于开口说话。当学生在小组中学习时，他们更愿意分享自己的想法。同伴辅导还可以帮助学校在校园内成立社团，跨年龄的辅导强化了各年级的合作结构（Brown & Campione，1996）。

四、同伴辅导应注意的问题

同伴辅导可能导致的负面结果是，小组可能进步了，但个人，特别是学习好的个人的进步可能不大；另一个风险是同伴辅导带来的进步没有个人独立学习带来的进步大。如果一个学生可以一个人完全独立完成一个任务，那么小组同伴辅导的吸引力可能就不大。另外，Carless（2011）的研究发现，部分学生对同伴辅导的反应不积极，如有的同学喜欢在小组中互相帮助，但不喜欢和某个同学在一个小组，因为那个同学总是在一边玩，并不学习；有的组员要完成很多工作，而有的组员不需要参与很多。

一些教师发现，成绩好的同学对同伴辅导有抵触心理。成绩好的同学认为同伴辅导不仅对他们没有作用，反而是在花时间为教师做事。这一点在数学课上最为明显，因为数学成绩好和成绩差的同学差距非常大。在二语课堂上，学生的这种抵触情绪较为缓和，因为成绩好和成绩差的同学进行的每一次交流都是对语言能力的锻炼，而且用语言向别人解释是一项重要的语言技能。另外，文化方面的因素也很重要。Carless（2011）就指出高年级的学生很愿意帮助低年级的学生，因为他们意识到那是在帮助教师。

第四节　自我调节
（Self-regulation）

到目前为止，我们还不十分清楚自我评价、同伴评价、同伴辅导是如何促进学生学习的，但可以肯定它们和自我调节的学习关系密切。研究表明，最有效的学习者是能够自我调节的学习者（Butler & Winne，1995）。为了成为有效的学习者，学生需要更多关于自己作为学习者和思考者的知识、对任务更深刻的了解以及更好的推进学习的策略知识。

一、自我调节的定义

自我调节这一概念来自于生物学。从皮亚杰开始，自我调节被从不同的视角运用于学习和发展理论。首先，自我调节是一种组织概念，描述学习者如何从认知、动机和行为方面提升自己的学习效果（Zimmer-man & Schunk，1989）。Winne（1996）将自我调节定义为一种元认知控制的行为，在这种行为中，学习者在完成任务的过程中适应性地调整认知技巧和策略。Pintrich（2000）、Paris 和 Paris（2001）认为自我调节学习是指一种学习过程，在这一过程中学习者为自己的学习设定目标，然后试图监控、调节和控制他们的认知、动机和行为，以逐步实现信息获取、专能扩展和自我提升的目标。而 Boekaerts（2006）认为自我调节的认知和动机层面难以区分，因为自我调节的学习受到元认知和情感的双重控制，并将自我调节定义为一种多层次、多构件的过程，它以情感、认知、行为和环境特征为调整对象，其目的是为了达成目标。总之，自我调节学习最基本的思想就是学习者能够协调认知资源、情感和行为，为实现学习目标服务（Boekaerts，2006）；自我调节的研究关注学生怎样管理学习过程，包括理解文本、执行学习计划或保持学习动机。

二、自我调节学习的假设和构件

Pintrich（2000）强调在学习环境中自我调节模式的四大假设：第一是积极的、建构性的假设，指在学习过程中，学习者被看成积极的建构者；第二是控制潜力假设，所有的学习者都有潜力控制、监控和调节自己认知、动机和行为的各个方面以及环境的某些方面；第三是目标、标准、准则的假设。参照目标或标准，学生可以进行对比，决定继续或改变正在进行的过程。最后，个人和环境特点与实际的成果或表现之间的中介是大多数自我调节模型的特点。因此，学习成果在某种程度上要受到自我调节过程的影响。

自我调节包括三种：元认知策略、认知策略和情感策略。一些人强调了自我调节学习过程中的认知因素，即学习者是否具有实现目标所必需的知识、技巧和策略等（Winne，1996）。还有一些人则指出许多学生都拥有必要的技能，只是不在课堂中使用，这意味着问题不是缺乏技巧而是缺乏动机或意愿。自 1970 年以来，很多学者在元认知和动机领域做了大量研究。

1. 元认知

元认知是指对我们的思考过程或认知进行思考的能力，一种从我们的思绪中暂时抽离，以便对我们的所思进行分析和评价的能力。也就是说，元认知使我们成为思考的主体。简言之，元认知就是关于思考的思考。在自我调节理论中，元认知是一个重要的组成部分，它对根据反馈采取措施及进行判断的机制有积极的影响。元认知要求学习者理解知识，并认识到自己在监控和调节知识方面的能力。这两者都很重要，因为仅仅知道自己在认知、情感方面的状态还不能构成元认知，元认知要求使用这种知识评价和实现学习目标。

具体到语言学习语境之中，元认知框架主要具有两个重要的功能：认知状态和过程的自我评价或理解与认知的自我管理或控制。为了实现这两个功能，元认知框架整合了三大成分：经验、知识和策略。元认知经验指一个人体会到的、其思考过程中出现的或关于其思考的思考或感觉；元认知知识则包括人的认知、任务知识和策略知识；策略使用指个人使用适当的策略实现认知、社会和情感目的的能力。前者是一种不自觉的反应，而后两者则可以习得。

元认知作为一种认知程序在实施时所呈现出的特点如下：

（1）有意识地注意自己的知识、经验和策略行为；

（2）对思想和行动进行反思并记录以便分享、分析和反思；

（3）根据反思规划将来的学习；

（4）后续活动可以立即进行，也可以延时进行；

（5）知识或经验不是个体所独有，可以由两个或多个个体合作建立。

语言学习者具有不同程度的关于自己作为二语学习者以及学习过程中的元认知知识，这种知识不仅可以影响学习者处理语言学习任务，还可以通过课堂教学获得。

在实践层面，为了有效地组织元认知教学，需要遵循三大原则：

（1）将元认知教学内置于主题之中，确保连续性；

（2）通过向学习者展示元认知活动的好处，鼓励学习者付出额外的学习努力；

（3）提供培训，以确保元认知活动得以持续。

2. 认知策略

认知策略是指 Anderson 等（2009）提出的认知框架中包含的六个认知层次：知识、理解、应用、分析、评估以及创造（具体见第二章第一节）。浅层学习的认知水平停留在第一、二层，而深度学习的认知水平对应着后四个层面。深度学习是指在理解学习的基础上，学习者能够批判性地学习新的思想和事实，并将它们融入原有的认知结构中，能够在众多思想间进行联系，且能将已有的知识迁移到新的情境中、做出决策并解决问题的学习。

3. 情感态度

这里的情感态度，主要指学习的动机。皮亚杰认为驱动认知发展的过程内置于生物体及生物体与环境的互动之中。不过，这样的解释并不符合课堂教学的实际情况。在课堂教学中，学生和学生之间的学习动机明显不在相同的水平。那么，究竟是什么导致了这种差别呢？Rheinberg 等（2000）认为学习动机不仅与个体差异密切相关，如兴趣、目标信念，而且与具体情境因素相关，如任务的性质、潜在的得失和环境特征。Rheinberg 等（2000）认为当学生自己判断在多大程度上愿意参与学习时，会关注以下四个问题：

（1）学习的成果是由情境因素决定的吗？

（2）我的行为会对结果产生影响吗？

（3）潜在的结果会对我有足够大的影响吗？

（4）学习的成果会带来理想的结果吗？

如果学习成果是由情境因素决定，则学生不可能产生学习的动机。如果不是，那么结合学生对其他因素的感知，学生可能会产生学习的动机。简单地说，当感到自己对学习的成果没有影响力的时候，学生就不会产生强烈的学习动机。一种观点认为，动机与其说是造成学业表现的原因，还不如说是结果。这种观点的代表人物是 Mihaly Csikszentmihalyi。在他的最优经验心理学中，他描述了好几个学习者完全投入到他们所从事的活动中的情形。他认为，投入的感觉可能源于对任务本身的兴趣，也可能来自于人们的能力和任务的挑战性之间的匹配程度。当任务的挑战性较低，学习者的能力较强时，结果就是无趣；当任务的挑战性较高，而学习者的能力较低时，就会产生焦虑。当两者都低时，就会对任务感到冷淡或无感觉；当两者都高时，结果就是投入。这是看待动机的一个新视角。如果我们将动机看作结果，看作能力与挑战性的匹配属性，当学生的动机不够时，就表示教师和学生应该尝试不同的任务活动。

当然仅任务本身吸引人还不够，还应考虑任务难度是否与学生能力匹配。学生在投入任务时，还会考虑到任务的成本，如完成任务的机会成本，以及完成任务的负面结果，如任务失败带来的自身形象损害。学生在课堂上对学习的投入取决于成本和利益的复杂平衡。自我评价和同伴评价从某种程度上可以降低任务完成的负面结果。

自我调节的学习是一个系统工程，它包括高层次的元认知策略和低层次的认知策略、社会或情感策略。一方面，元认知策略制约或促进认知策略的发展，对学生的认知策略和情感策略起调节和整合作用。认知策略和情感策略的效果在很大程度上取决于对高层次策略的选择与把握（任庆梅，2011）。如果忽视高层次元认知策略而单纯训练低层次策略，学生便失去了培养主动性、独立性和自主学习能力的机会，因而无法统筹自己学习计划、系统地提高语言水平。另一方面，作为系统的一部分，元认知策略的训练也不能脱离整个系统环境而独立存在。如果只教授学生如何宏观地制定和调控学习计划，不指导其微观的认知策略过程，计划最终只能沦为纸上谈兵、空中楼阁。

三、自我评价、形成性评价与自我调节的关系

自我调节的关键在于对自己的所知和所不知进行准确的自我评价；只有当学生了解自己的知识状态之后，才能有效地将学习导向自己未知的内容（Hacker，1998）。自我调节学习的两个方面包括形成性评价和自我评价（Andrade，2010）。它们的关系如图 3.2 所示：

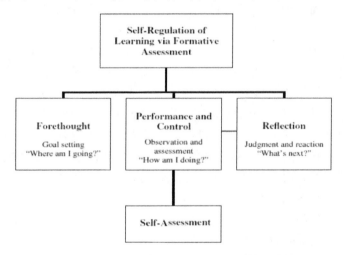

图 3.2 自我调节与形成性评价工作原理图

图 3.2 是 Zimmerman（2000）自我调节模型和 Hattie 和 Timperley（2007）反馈概念相融合的产物。Zimmerman 的模型包括三个方面：(1) 先见：学习者设定目标并制定达到目标的计划；(2) 表现与控制：发生在学习过程中，包括自我监控和使用学习管理策略；(3) 反思：学生对自己的学习进行评价和反思。

Hattie 和 Timperley（2007）认为，反馈的主要目的是缩短设定的目标和人们目前的理解和表现水平之间的差距。能够有效弥合现有状态和目标状态间差距的反馈要求学习者回答三个问题：我要去哪里（目标是什么）；我怎样去（我做的怎样，向目标迈进了多少）以及下一步该去哪里（需要进行什么样的活动以获得更大的进步）。

"先见"要求学生向自己提问："我要到哪里去？"以及"目标是什么？"表现、控制和反思阶段包含了自我评价，即学生要问"我的表现如何？""离目标还有多远？"以及"下一步要做什么？"表现与控制和反思阶段的联系说明了有效的学习者如何通过复习和修正对感受到的学习产品和学习方法上的缺陷进行回应。自我评价则属于表现与控制和反思的一种方法。自我调节理论要求高效学习者问类似的问题，且需要经常性评价自己的学习成果和表现。

1. 目标设定（我要去哪里）

反馈有效性的研究表明，如果设定的学习目标不能清楚地告诉学生何时、如何知道自己成功与否，那么这样的目标就是模糊的，不能起到促进学习的目的（Hattie & Timperley，2007）。有效的目标设定要求在学生表现的类型或水平上提供清晰的、具有一定挑战性的目标。学生应该为几乎所有学习活动设定目标，包括作业、完成作业的过程。

比较流行的设定任务相关目标的方式是为学生提供评价准则或与学生共同创造评价准则。检查表、评分指导和详细的作业说明也能起到设定任务相关目标的目的；如果这些评价工具是与学生讨论共同制定的，那么，效果会更佳（Andrade，2000；Butler，2002）。教师和学生之间真实的互动会提升目标设定过程的质量，因为当学生承担了制定目标的责任时，目标会更有效（Hattie & Timperley，2007）。

我们在教室中观察到的许多学生行为都不属于自我调节，它们更应该被看作是遵从、自我控制或自我管理（Boekaerts，2001）。因此，有必要区分学生的个人目标和教师规定的目标。学生的个人目标常常与真实的未来目标关系密切。Brickman 和 Miller（2000）的研究表明，学生认为与达成目标相关的自我调节更有效，如上大学或开始自己的职业生涯。因此，为了充分发挥自我调节的功能，教师应鼓励学生参与设定对他们来说有意义的目标。

2. 帮助学生为自己提供反馈（我的表现如何）

前面部分已经提到，在适当的条件下，学生可以为自己提供反馈。这些条件包括：

（1）明确学生用于评价自己学习过程和产品标准方面的指导；

（2）通过评价他们的学习产品和学习方式学习如何运用标准；

（3）获得有关过程和成果自我评价的反馈；

（4）帮助学生使用自我评价数据改进学习；

（5）提供充足的时间修改作业，并调整学习策略；

（6）对一些自我评价进行保密，因为学生可能会说或写一些教师不愿意读到的东西；

（7）不要将学生的自我评价计入成绩，把自我评价变成自我评估。（Andrade & Valtcheva，2009；Butler，2002；Maguire 等，2001；Ross，2006；Thompson 等，2005）

除此之外，学生的自我评价需要即时。延迟的自我反馈不利于学习者即时展开纠正性的措施。需要注意的是，学习好的学生倾向于低估自己的表现，而学习差的学生倾向于高估自己的表现（Boud & Falchikov，1989；Dochy 等，1999）。也就是说，学习较差的学生需要更多的帮助，才能理解他们的任务、任务的标准和自我评价的过程。

3. 提供充足的时间进行修正或重温

学生必须知道，这些评价行为会产生更好的学习成果，有利于他们更深刻地理解和掌握更好的技能。否则，他们不可能认真地进行自我评价或自我调整。因此，修正和重温对自我调节和自我评价非常重要。除了鼓励学生改进自己的作品和方法之外，还需要明确地检查学生的归因或学生对于自己成功或失败的内部或外部原因的信念（Weiner，1986）。考虑到归因对策略选择、坚持以及成就的影响，指导学生进行正确的归因十分关键。"下一步"的问题还可以扩展到其他语境和作业之中。Butler（2002）引用了支持转移方法的文献（Perkins & Salomon，1989），注意到了帮助学生建构可以迁移到后续学习中的自我调节技巧。

四、自我调节与反馈过程的模型

Butler 和 Winne（1995）提出了自我调节与反馈过程的模型（图3.3）。该模型展示了学生如何监控和调节自己的学习和表现、内部反馈的重要性以及内部、外部反馈之间的关系。在该模型中，教师设置的学习任务（A）是位于中心位置的学生自我调节过程的触发器。学生在处理任务的时候，需要利用先前知识和动机信念（B），构建个人对任务内容及任务要求的理解。在这种理解的基础之上，学生形成自己的任务目标（C）。这暗示我们，虽然通常情况下教师设置的目标和学生的目标之间会存在重叠，但重叠的程度可能并不高（如学生只是想通过考试的话）。学生的目标也可能模糊不清（如模糊的意图或任务导向）。尽管如此，学生目标还是将帮助学生形成策略（D），产生内部结果（E）和外部结果（F）。内部结果是指在任务完成过程中，认知、情感或动机状态发生的改变，而外部结果是指可以观察到的、有形的产品（如文章）和行为（如口头报告）。

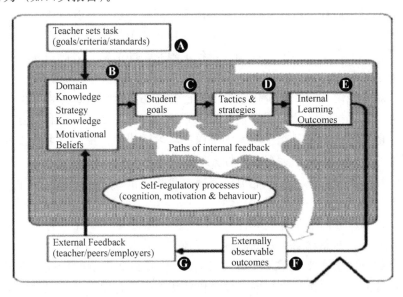

图 3.3 自我调节与反馈过程的模型（Butler & Winne,1995)

这些与任务的互动和内、外部结果的形成过程会受到学生的监控，并由此产生各个层面上的内部反馈（如认知、动机和行为），而这种反馈来自于目前进度与理想目标之间的对比。这种对比帮助学生决定目前与任务的互动方式是否应该继续，还是要做出必要的改变。例如，学生自己产生的反馈，可能会导致对于任务的重新理解，或者内部目标、策略以及技巧的调整。学生甚至可能修改内容知识或情感信念，而这可能会影响接下来的自我调节。除了内部反馈之外，该模型还考虑到外部反馈。给学生的外部反馈（G）可以由教师、同伴或其他手段提供（如监督者、电脑）。这种外部反馈提供的额外信息可能会加强学生对任务和学习路径的理解，也可能与学生的理解保持一致或产生冲突。但无论如何，为了对内部过程或外部结果产生作用，学生必须积极地处理这些外部的反馈信息。实际上，教师的反馈必须为学生所理解、构建和内化才能对学生接下来的学习产生影响（Ivanic 等，2000）。

因此，从某种意义上说，形成性评价和自我调节具有相同的过程。自我调节与形成性评价的区别在于，自我调节扩大了反馈和调整的范围，将动机和行为也视为反馈的对象（而形成性评价更多关注的是作品的质量）并强调了认知、动机、行为之间复杂的互动关系。所以，自我调节比形成性评价更为全面。教师评价、同伴评价、自我评价，在形成性评价框架下的最终目的都是为了促成自我调节的学习。同时，该模型的不足之处在于学生的自我调节受到了限制，即通常是教师决定学习任务和任务要求。

简单地说，自我评价指学生对自己的作品进行评价；同伴评价是对同伴的作品进行评价；同伴辅导指在同伴的帮助下获得知识和技能的过程；自我调节学习是指学习者为了保证学习的成功、提高学习效果、达到学习目标，主动地运用与调控元认知、动机与行为的过程。从本章对这个几个概念的论述中我们可以看出，自我评价、同伴评价、同伴辅导和自我调节的关系十分密切，你中有我，我中有你。它们有许多相同的地方，如所有活动都涉及"评价"和"标准和目标的确定"等；也有不同的地方，如概念所涉及的范围、实施的形式及强调的重点。同伴评价和自我评价最重要的联系在于，同伴评价是自我评价的前提条件。同伴评价为学生提供了丰富的实践评价技能的机会，而且还可以帮助学生发展自我评价过程中需要的客观性。同伴辅导的意义在于提供了许多实践同伴评价的机会，而同伴评价和自我评价是自我调节得以实现的先决条件。总的来说，自我调节是要学生担负起设定自己的学期目标并评估目标进度的责任。Nicol（2010）认为，发展自我调节学习能力要求学生经常有机会进行下列活动：（1）在作品产出过程中和完成之后，批判性地评价自己作品的质量和影响（如学术文本、问题解决方案、设计等）；（2）批判性地评价同伴作品的质量和影响。换言之，为了发展学生的自我调节能力，学生必须进行自我评价和同伴评价。也就是说，自我调节能力是最终的发展目标，因为它是终生学习最重要的条件，是学生需具有的最重要的特质。自我评价、同伴评价、同伴辅导是实现这一目标的手段和形式。

附录
（Appendix）

自我评价、同伴评价、自我调节的相关检查表和问卷

（1）学习日志

今天我学到了：

今天的课程中，让我感到惊讶的是：

我从这节课上学到的最有用的东西是：

我感兴趣的是：

我最喜欢这门课的：

我可以确定的是：

我想更多理解：

我可以从这节课上学到更多，如果……

（2）话题掌握程度评价

表1　在过去的一个单元中，我已经学了如下话题：

如何问路
如何求助
圣诞节

表2　表1中的话题，我表现如何

表现 / 话题	不好	一般	好	很好	熟练
(1)					
(2)					
(3)					
(4)					
(5)					

表 3　表 1 中的内容对我的生活有多重要

重要性 话题	一点都不重要	不是非常重要	重要	非常重要	极其重要
(1)					
(2)					
(3)					
(4)					
(5)					

（3）学习策略掌握程度评价

总结过去几周的学习，我觉得： 一点没学到 / 学到的非常少 / 学了一点 / 学了不少 / 学了很多
经过反思，我觉得我应该改变我的学习习惯 / 学习方法 / 优先学习的内容。
总的来说，我认为我的弱点在于：
我希望老师接下来的教学可以把重点放在如下要点 / 技能和方面：

（4）情感态度评价

在过去的几周中，我觉得我对学习英语的兴趣： 下降 / 不变 / 提高

（5）语言知识与技能的评价方法

词汇的自我评价可以单独进行，也可以作为技能的一部分在技能评价中进行。下面是几种进行词汇自我评价的表格。

表 1　我遇到了下列领域的这些词汇（写下对应的中文，如果可以的话）

(1)	
(2)	
(3)	
(4)	
(5)	

表 2　表 1 中的词汇，我的掌握程度如何

词汇 ＼ 掌握程度	不好	一般	好	很好	熟练
（1）					
（2）					
（3）					
（4）					
（5）					

表 3　表 1 中的领域和词汇对我的生活有多重要

词汇＋领域 ＼ 重要性	一点都不重要	不是非常重要	重要	非常重要	极其重要
（1）					
（2）					
（3）					
（4）					
（5）					

（6）句型的自我评价

与词汇的自我评价相同，句型的自我评价可以单独进行，也可以作为技能的一部分在技能评价中进行。下面是几种进行句型自我评价的表格。

表 1　我遇到了下列领域的下列句型

（1）	
（2）	
（3）	
（4）	
（5）	

表2　表1中的句型，我掌握的程度如何

掌握程度 句型	不好	一般	好	很好	熟练
(1)					
(2)					
(3)					
(4)					
(5)					

表3　表1中的句型对我的生活有多重要

重要性 句型＋ 领域	一点都不 重要	不是非常 重要	重要	非常重要	极其重要
(1)					
(2)					
(3)					
(4)					
(5)					

（7）阅读和听力自我评价

作为接受性的语言技能，阅读和听力具有不可观察性，这使得阅读和听力的学习证据难以收集。阅读和听力的自我评价在语言教学和评价过程中的作用十分重要，因为学习者对自己的学习过程有最深切的体验。在学生进行听力和阅读的自我评价之前，了解听力和阅读的基本知识和特性非常关键。如学生应该了解听力和阅读有许多不同的类型，有些类型的文本较难，有些比较容易。阅读和听力技巧技能可以细分为若干微技能，如：

Listen for details:
Understand and identify specific information in a text: for example,
key words, numbers and names.

144

Listen for global understanding:
Understand the general idea in a text: for example, the theme, the topic and the overall view of the speaker.

Listen for main ideas:
Understand the key points or propositions in a text: for example, points in support of an argument, or parts of an explanation.

Listen and infer:
Demonstrate understanding by filling in information that is omitted, unclear, or ambiguous and make connections with prior knowledge by "listen between the lines": for example, use visual clues to gauge the speaker's feelings.

Listen and predict:
Anticipate what the speaker is going to say before and during listening: for example, use knowledge of the context of an interaction to draw a conclusion about the speaker's intention before he/she expresses it.

Listen selectively:
Pay attention to particular parts of a message and skim over or ignore other parts in order to achieve specific listening goals: for example, when experiencing informational overload, listen for a part of the text to get the specific information that is needed.

在完成听力或阅读任务时，最常用的评价任务表现方式是评价任务的完成情况。对于大多数听力或阅读任务来说，这意味着算出答对了多少题，并找出错误或正确的原因。学生可以通过自我批改完成，然后可以在他们的学习日记中或其他地方记录任务的完成情况，完成任务的结果可以和教师或其他同学讨论。教师在和学生讨论时，应将重点放在学生的收获或进步情况上，鼓励学生进一步学习。除了日记之外，建立听力和阅读记录也是很好的自我评价方法。教师可以为学生提供表格和图表，帮助学生记录他们完成听力或阅读任务时他们所理解的部分。比如，第一次学生可能只理解了文本的20%，第二次50%（理解了大致的情境，但错过了一些细节）。这种记录表的优点在于方便学生填写，帮助学生记录、跟踪自己的表现进步情况。听力／阅读记录表可以很简单，只记录简单的完成情况，如下表所示：

听力／阅读记录表

任务编号	文本类型	完成日期	任务执行人
任务完成情况	第一次	第二次	第三次
100%			
90%			
80%			
70%			
60%			
50%			
40%			
30%			
20%			
10%			
0%			

阅读／听力记录表说明：

100% = I understood absolutely everything.

90% = I understood nearly everything. I only missed a few words.

75% = I understood most of it, but I didn't understand a few sentences.

50% = I understood the situation quite well, though I missed a lot of the details.

35% = I got the general idea, but at times I got a bit lost.

20% = I could understand what it was about more or less.

10% = I understood a few words here or there.

0% = I didn't understand a single word.

听力／阅读记录表也可以较为复杂，不仅记录每次听的结果，而且对听的过程和出现的问题进行记录，如下表所示：

146

听力过程记录

（1）	First listen: How much of the meaning do you think you can understand? Almost nothing Less than 40% About 50% More than 60% Almost all
（2）	Second listen: make notes of the key words
（3）	Third listen: add more notes
（4）	In your group, try to write the sentences completely. They don't have to be perfect, but try to make the meaning as similar to the original as possible.
（5）	What problems did you have? (Circle the problem words in Exercise 4. And write a, b, c, d, e or f beside them) a) I couldn't hear which sound it was. b) I could separate the sounds into words. c) I heard the words but couldn't remember their meaning quickly enough. d) This word was new to me. e) I heard and understood the words but not the meaning of that part of the sentence. f) Other problems (write on the back of the page)
（6）	Which of these words (or phrase) caused you biggest difficulty in understanding the general or overall meaning?
（7）	When you read the transcript of the listening, did you have any trouble understanding it? No Yes (if yes, write the problem on the back of the page)
（8）	Final listen: Can you hear and understand clearly now? Almost nothing Less than 40% About 50% More than 60% Almost all

（8）写作自我评价

在对自己的作品进行评价时，首先需要明确评价的标准。根据写作任务的难度水平和类型不同，评价的标准可以包括：内容的趣味性和相关性，风格的适切性，观点的组织、衔接，标点、语法的准确性及格式等。当然，关于写作的评价标准有很多，教师可以按需求和情境选择，并提供给学生。下文是一种常见的作文评价标准。

Holistic Writing Rubric for the Short Constructed-response Task, Grades 4—10

Score Level	Content and Organization	Language
4	• Supporting details are relevant and provide important information about the topic. • The writing is balanced; the main idea stands out from the details. • The writer seems in control and develops the topic in a logical, organized way. • The writer connects ideas to the specified purpose.	• The writer selects words that are accurate, specific, and appropriate for the specified purpose. • The writer may experiment with and/or use figurative language and/or imagery. • The writer uses a variety of sentence structures. • The writing is readable, neat, and nearly error-free.
3	• The writer has defined but not thoroughly developed the topic, idea, or storyline. • Some supporting details are relevant but limited or overly general or not so important. • The writer makes general observations without using specific details or does not delineate the main idea from the details. • The writer attempts to develop the topic in an organized way but may falter in either logic or organization.	• The writer mostly selects words that are accurate, specific, and appropriate for the purpose of the writing. • The writer uses age-appropriate words that are accurate but may lack precision. • The writer uses simple but accurate sentence structures.

Score Level	Content and Organization	Language
3	• The writer connects ideas with the topic implicitly rather than explicitly.	• Errors in language usage, spelling, and mechanics do not impede communication.
2	• The writer has defined but not thoroughly developed the topic, idea, or storyline; response may be unclear or sketchy or may read like a collection of thoughts from which no central idea emerges. • Supporting details are minimal or irrelevant or no distinction is made between main ideas and details. • The writer does not develop the topic in an organized way; response may be a list rather than a developed paragraph. • Ideas are not connected to the specified purpose.	• The writer sometimes selects words that are not accurate, specific, or appropriate for the purpose of writing. • Writing may be choppy or repetitive. • Portions of the writing are unreadable or messy; errors may impede communication in some portions of the response.
1	• The writer has not defined the topic, idea, or storyline. • Supporting details are absent. • Organization is not evident; may be a brief list. • Ideas are fragmented and unconnected with the specified purpose.	• Much of the writing is unreadable or messy. • Word choice is inaccurate or there are many repetitions. • Vocabulary is age-inappropriate. • The writer uses simple, repetitive sentence structures or many sentence fragments. • Errors severely impede communication.

续表

Score Level	Content and Organization	Language
0	• The response is off-topic or unreadable	• The response is off-topic or unreadable

Source: Colorado Department of Education

直接告诉学生复杂的学习目标和成果标准很难实现，我们建议教师可以和学生一起共同创建一个好的标准。具体来说，学生可以通过批判性地看待自己以及他人的作品，发展对于学习目标和成果的理解。对于小学生来说，教师可以通过让他们选择自己最好的作品并说为什么选择这些作品，帮助学生确立成功的标准（参见第五章，形成性评价案例）；对于年龄较大的学生，教师可用较为显性的方式与他们进行沟通。

标准确定之后，接下来就是标准的应用。当学生完成初稿之后，应该进行检查，改正作品中所有的简单错误，并评价作品的优点和不足。初稿错误检查之后，学生可以按照确定的标准，对终稿进行评价。

（9）口语自我评价

口语是另一个比较难进行评价的技能。基本上，我们可以采用与写作类似的评价方法。但这种评价方法不能运用于所有课堂口语活动中，它最好用来评价比较关注表现的活动，如角色扮演或模拟，而不是调查，因为调查中信息更重要。在学生开始口语任务前，同样也需要确定口语评价的标准，包括流利度、表现的相关性和趣味性、发音（声音／节奏／词或句子的重音／语调）、语言的适切性和语法的准确性等。对于低水平学生，建议他们在自我评价时，只考虑一两个标准，对于水平较高的学生，可以将所有这些标准纳入考量的范围。在让学生考虑自我评价的标准之前，可以先让他们对标准有一个大致的了解。下面的活动可以帮助学生思考成功的口语交流要素包括哪些，并提供了一个口语自我评价的模型。

任务一：

下面是两个自我评价的范例。两个人对自己的口语表现进行自评。你认为谁在口语考试中表现得更好：

A: I made very few grammatical mistakes, but I spoke very slowly.

Sometimes I couldn't think of the word and had to stop completely. My pronunciation was not too bad, but the other person did not understand one or two words and I had to repeat them. I only bought three of the six things I wanted to get.

B: I made a lot of grammatical mistakes, but the "shop assistant" was able to understand me. I think my pronunciation was not very good and some words were wrong. I spoke at normal speed and when I couldn't think of a word in English I described what it was. I bought what I wanted."

任务二：

在他们的自我评价中，提到了哪些方面？

发音	
语法错误	
词汇	
流利度／停顿犹豫	
传达信息	
使用了与情境匹配的语言	

在进行形成性口语自我评价时，应该将重点放在思考学习者出现的问题和获得的成就上。自我评价可以在口语活动完成后立即进行，学生既可以粗略地评价自己的表现，也可以很详细地评价流利度、准确度以及发音等。为方便自我评价，对完成任务的过程最好进行录音或者录像，并保存。这相当于建立一个口语表现的档案袋，方便学生比较课程各个阶段的表现，也可为学生在口语方面的进步提供具体的证明。在完成对作品的自我评价之后，学生还应讨论如何改进某个具体任务的表现，以及将来提升口语能力的策略。口语的自我评价可以参照一定的评价标准，下面是 Patri（2002）提供的口头报告技能的自我评价表：

Self-assessment Questionnaire of Oral Presentation Skill

Name	
Topic	
Date	

Rate yourself by using the scale:
Poor   Unsatisfactory Satisfactory Good Excellent 1   2   3   4   5
A. Introduction 1. Topic sentence – appropriate? 2. Topic sentence – interesting? 3. My opinion on the issue – clearly stated?
B. Body 4. Details supporting the main points – sufficient? 5. Details supporting the main points – relevant?
C. Conclusion 6. The main points – summarized?
D. Language use 7. Grammar – accurate? 8. Fluency 9. Pronunciation – words clearly pronounced?
E. Manner 10. Confidence (not nervous) 11. Confidence (depended very little on my notes) 12. Eye contact
F. Interaction 13. Non-verbal interaction with the audience (facial expressions, gestures) 14. Verbal interaction (involving the audience during the talk by asking questions and encouraging them to respond)

第四章 形成性评价与终结性评价
（Formative Assessment and Summative Assessment）

> 在前几章中，我们对形成性评价的定义、分类、工具、形式等做了介绍与讨论，从纵向看，形成性评价是在终结性评价的基础上提出来的。我们首先了解的是评价的终结性功能，之后有学者发现了评价本身的促学功能；从横向看，在许多国家的评价体系中，形成性评价与终结性评价处于共存的状态。因此，为了更清楚地了解什么是形成性评价，并充分发挥其作用，有必要探究其与终结性评价的关系，以及它们对学习的影响和在教学实践中的互动方式。本章首先从功能和过程的视角，讨论形成性评价与终结性评价之间的关系，然后看两者对于学习的影响，最后探讨在实践中形成性评价与终结性评价的融合。

第一节　形成性评价与终结性评价的关系
（The Relationship Between Formative Assessment and Summative Assessment）

一、功能视角下的终结性评价与形成性评价的关系

自从 Scriven（1967）提出了形成性评价和终结性评价的概念之后，形成性评价和终结性评价逐渐发展为基于不同功能的两个相互排斥的实体（Taras，2009）。Bloom 等（1971）认为终结性评价是在学习结束时进行的评价，具有总结的功能，而形成性评价是在学习环境内、学习过程中发生的评价，其目的是提供反馈。功能成为 Bloom 等区分终结性评价和形成性评价最重要的标准。自此，主流的形成性评价文献都是从目

的和功能的角度来区分形成性评价和终结性评价的，形成了一种二分法的评价框架。正如 Knight（2001）指出，形成性评价和终结性评价最大的区别在于终结性评价是为了判断，而形成性评价是为了改进。这种定义方式强调了评价中一直被忽视的教育功能，并使形成性评价与终结性评价相比，拥有一种教育伦理上的优势。因为形成性评价是正面的，是一种通过有意义的反馈支持学习的课堂过程。Stobart（2008）认为，功能观主导了形成性评价文献本身并不是一件坏事，因为它至少提醒人们评价一直都没有得到正确的运用，从某种程度上说，尤其在一些高利害的考试上，评价一直在主宰甚至摧毁我们的生活。但是，从功能视角定义形成性评价和终结性评价也存在理论和实践上的问题。

1. 无法厘清终结性评价和形成性评价的关系

清楚界定形成性评价和终结性评价并非易事。Yorke（2003）指出，区分的难度在于形成性评价的范围十分广泛。非正式的评价过程中的口头反馈可以作为形成性评价，设计用于终结性目的的任务也可形成性地使用。例如 Black 和 Wiliam（2003）提出的终结性评价的形成性运用。换言之，形成性评价所使用的信息收集工具十分丰富，当中包括了许多大家常用的终结性评价工具。曹荣平（2012）甚至提出"所有的评价都是形成性评价"的观点，认为所有的评价都具有形成性的潜力或可以被形成性地使用——收集信息、指导教学和学习。此外，形成性评价也可以终结性地使用（Harlen & James，1997；Gipps，1994；DES/WO 1988）。包括课堂练习在内的非正式、不严格的学习活动也可以用于做出许多重大的决定。一些最终的、重要的判断很可能是基于特定的、非正式的评价做出的（Taras，2009）。也就是说，功能视角的问题在于，一旦评价过程完成，评价结果出现，我们无法控制人们对评价结果的使用和感受的方式。我们不能确保评价过程的结果如我们预计的那样使用（Taras，2005；2007a）。当针对终结性评价提供形成性反馈，或为形成性评价活动打分的时候，从功能的角度来说，它们之间的界限变得模糊。Bennett（2011）明确提出：各种评价只存在主次之分，且都具有形成性和终结性两种功能。因此，功能或目的不是区分终结性评价和形成性评价的理想标准。仅从功能的角度考查，实践者无法深刻理解终结性评价和形成性评价的本质和区别。

2. 忽略了评价的中立性和终结性评价的促学作用

功能视角的二分法使人们忽略了评价的中立性质以及终结性评价对学习的积极意义。如上文所述，功能视角下和评价常被赋予负面意义的形势下，形成性评价改变了人们对评价的负面态度，成为了"有机"评价，被赋予了伦理上的积极意义——支持学生的学习；而终结性评价则与之相反，代表所有负面的社会效果。在促学评价的文献中，终结性评价被认为是教育中的怪兽（Frankenstein's monster）（Broadfoot，2002，2007，2008），与支持学习背道而驰，具有负面的、摧毁性的作用（Taras，2007b，2008）。正如 Broadfoot（2000）所说，终结性评价可以随意谴责。但这种谴责针对的是评价结果的社会化使用对教学和学习所造成的影响，而非评价行为本身。

评价本身是中立的（Taras,2005），评价的本质是一种判断。评价（特别是终结性评价）的中立特性对于建立符合伦理、支持学习的教育体制非常重要。任何判断都应该是积极正面的，因为它可能有助于支持学习（Scriven，1967；Taras，2005）。广义上说，评价这一术语可以指任何用于更好理解学生现有知识水平的方法（Collins & O'Brien，2003：29），而了解学生的知识掌握情况是促进学生学习的先决条件。Bennett（2011）进一步指出，高质量的终结性评价可以在三个方面起到支持学习的作用。首先，如果终结性评价的内容、格式和设计使终结性评价可以充分代表某学科的内容，那么备考过程则成为一种宝贵的学习经验(Shepard，2006)。其次，参加考试可以帮助学习者记忆考试过程中处理的信息，并且减缓知识遗忘的速度（Shepard，2006）。最后，终结性评价也可以提供一定程度的形成性信息，虽然信息量有限（注：终结性评价对学习的影响，下文将较为详细地探讨）。Biggs（1998）也认为评价在很多方面可以促进学习，而且评价的负面反拨作用可以转化为正面的对于形成性评价的支持。

3. 忽略了形成性评价过程的评价本质

对功能的强调模糊了人们对评价过程的认识，使得人们很少关注如何确保精确地、正确地执行评价过程。人们已经将功能作为区别形成性评价和终结性评价的基础，但并不清楚这种理解方式可能带来的结果。令人感到奇怪的是，人们如此关注怎样使用结果（即功能），但对结果是怎样获得的（过程）却漫不经心。从许多形成性评价的定义来看，大多数定义都强调了评价信息的反馈和使用，但对评价信息从何而来这一问题却鲜有提及。评价结果是评价过程的产物；忽视评价过程的后果非常严重。如果没有监控过程，就意味着我们没有办法确保正确地实施评价或正确地使用和报告评价结果。没有过程的监控，评价关键的中立特性受到损害，对评价的信度和效度也有影响。功能视角的终结性评价和形成性评价二分论使得形成性评价等同于临时的课堂反馈（Berry & Adamson，2011；Black 等，2003；Black & Wiliam，2006；Wiliam，2007），而终结性评价与正式的考试或测试相联系。这使得重视效度和信度，需要投入大量时间精力的终结性评价可能被边缘化，而非正式的、临时的评价与学习联系在一起。容易造成信度、效度的问题对反馈的准确性和学习来说并不重要的误解（Bennett，2011）。但实际上这种非正式评价的准确性也非常重要，因为这种评价是学习过程中的主要部分，学习者的身份、感受、自我信念和同伴信念常常受到此类评价和互动的影响。

4. 将形成性评价和终结性评价看作是两个独立的过程

强调功能视角产生的另一个问题是，将形成性评价和终结性评价的过程分离。这意味着，为了尊重不同的功能，教师要重复进行形成性评价和终结性评价。这种重复不仅没有必要，而且还会使学生和教师产生困惑，浪费宝贵的时间。Black 等（2003）调整了关于形成性评价和终结性评价在课堂环境中相互支持的看法。一方面，教师拒绝将终结性评价与形成性评价分开；另一方面，教师收集的证据表明，终结性评价可以用于形成性评价的目的 (Taras, 2001)。在目前功能视角的二分框架下，即使教师的工作量已经很大，不愿意再将自己的工作量加倍，他们仍然在重复形成性评价和终结性评价的过程（Black 等，2003；Torrance，1993；Wiliam，2000；Wiliam & Black，1996）。这种将形成性评价和终结性评价视为两个独立评价过程的做法显然不利于形成性评价的发展，因为我们让教师以为形成性评价是额外的工作（Black 等，2003）。Wiliam（2000）发现，许多国家的经验表明，很少有教师愿意用一种评价实现终结性功能，用另一种评价实现形成性功能。

二、过程视角下的终结性评价与形成性评价的关系

如上文所述，从功能视角考查形成性评价和终结性评价会产生许多问题。那么如何解决这些问题呢？Taras（2005，2009，2010）认为，如果我们从过程的视角研究形成性评价和终结性评价，许多功能视角下产生的问题都可以迎刃而解。功能视角下的二分法实际上是由 Bloom 开始的。但Scriven（1967）在最初提出形成性和终结性的概念时，提醒我们不要因为功能而忽视了过程。也就是说 Scriven 最早关于形成性评价和终结性评价的区分是有过程基础的。我们首先看一下 Scriven 对评价的定义。

评价本身是一种基于方法的活动。无论我们是评价咖啡机还是教育机器，计划建造房屋还是计划开发课程，这种基于方法的活动在本质上是相似的。简单地说，评价活动需要根据经权重的目标尺度收集和组合数据，以产生比较性的或数字形式的等级并论证以下三者的合理性：（1）数据收集工具；（2）权重；（3）目标选择。（Scriven，1967：40）

实际上这一定义本身就包含了对评价过程的描述。这一过程中涉及诸多参数，如评价工具、权重、目标的选择以及论证。评价是一个复杂的过程，各个要素在永恒的互动中，用于做出判断。Scriven 在课程开发的语境中，第一次区分了形成性评价和终结性评价。他注意到评价的过程是一个根据标准进行判断的单向过程，终结性评价是任何评价过程的第一步。形成性评价是终结性评价之后的额外步骤，在这一步中，明确反馈可能存在的与标准的差距是必要的；最终，学习者必须学会在将来的活动中使用这些信息（Taras，2009）。Taras（2005）对 Scriven 和Sadler 的评价过程描述进行了对比（表 4.1）：

表 4.1　终结性评价和形成性评价的步骤对比

终结性评价 （Scriven，1967）	终结性评价和形成性评价 （Sadler，1989）
1. 经权重的一系列目标 2. 收集和组合表现性信息 3. 产生对比性的或数字形式的等级 4. 论证信息收集工具、权重和目标选择的合理性 *1+2+3+4 ＝终结性评价	1. 标准、目标或参照水平的概念 2. 将真实水平和标准进行比较 *1+2 ＝终结性评价 3. 在终结性评价完成之后，才可能提供反馈和采取弥合差距的适当措施 *1+2+3 ＝形成性评价

Sadler 对终结性评价和形成性评价的解释十分有趣。在 Sadler 看来，形成性评价关注的是能够通过对学习成果的质量判断提升学生的学习。这里的动词"能够"表示如果被使用的话，那么判断就是形成性评价，否则判断仅仅就是判断。因此，必须先有终结性评价，先判断学习成果的质量，才能给学习者提供反馈。所以，除了评价功能和产品之外，终结性评价和形成性评价都是过程。当评价在判断阶段停止时，评价就是终结性评价。在判断结束后，提供反馈的是形成性评价。

在理论层面上，Sadler（1989，1998）提供了一个连贯的形成性评价和反馈理论。但该理论没有明确地探讨终结性评价以及终结性评价与形成性评价的关系。现有的文献中也缺乏对终结性评价和形成性评价关系的探讨，然而如果我们不理解它们的关系，就很难理解终结性评价或形成性评价。更为严重的是，这种讨论的缺乏导致了终结性评价与形成性评价之间关系的扭曲，大多数人都认为它们之间充满了张力，是对立的关系，这导致了对两种评价过程的误解（Taras，2005）。Taras 将终结性评价和形成性评价的关系表示为：终结性评价＋反馈＝形成性评价。或更准确地说，终结性评价将产生反馈，当反馈被使用时，产生形成性评价，即：终结性评价→反馈，使用反馈＝形成性评价。

通过上文可以看出，如果我们把评价（终结性评价）理解为根据标准进行判断，那么终结性评价和形成性评价是紧密联系在一起的。终结性评价是所有评价的起点（Taras，2009）。反馈不可能从天而降，根据隐性的或显性的标准考查学生学习成就，由此产生判断。这种判断可以以隐性的方式存在于评价者的脑中，但表达或交流这种判断则会产生信息（如以分数或肢体动作的形式表达所做的判断），形成提供信息的反馈，尽管通过分数或肢体动作形式获得的反馈信息量有限。换言之，终结性评价并不排除反馈（或结果知识）（Taras，2005），甚至无法避免反馈。实际上，终结性评价可以产生并常常产生可以使用的反馈。形成性评价和终结性评价的差别在于前者被教师和学习者用于改进教学和学习。因此，从某种意义上说，形成性评价和终结性评价的差别不在于是否有反馈，而在于反馈的内容、形式和方法。这可以帮助我们更好地确认一个活动或过程究竟是不是形成性的，或更准确地说，它在多大程度上可以起到形成性的作用。

教师和研究者都发现，在提供反馈之前需要进行判断。只是强调功能的区分方式从某种程度上淡化或掩盖了形成性评价中的终结性评价过程。Taras 对于终结性和形成性评价过程的描述使两者的关系变得分外明晰。终结性评价和形成性评价都是过程，终结性评价是形成性评价的开始，形成性评价中必然包括终结性评价。反馈的使用成为终结性评价和形成性评价的分界点。

从评价过程而不是功能角度区分形成性评价和终结性评价，提供了一种新的范式，使形成性评价和终结性评价各个步骤变得明晰、透明。这种区分方式帮助教师和学生理解在形成性评价中究竟产生了怎样的过程，这些过程如何实现，以便获得更好的评价效果。在以往对形成性评价的分析中，终结性评价要么是没有明示（隐形的），要么被排除在分析之外。从过程的视角考查形成性评价，过程的明晰和改进变得简单了，也更有利于理论和实践的统一。

从过程看形成性评价和终结性评价的区别，让人们更清楚地认识到形成性评价的评价本质。任何评价首先都是一个判断的过程，在判断之后加上反馈，它就具备了形成性。从这个角度看，它解决了终结性评价和形成性评价之间的对立关系。如果在判断结束之后，为教师和学生提供适当的反馈，高利害终结性评价也可以成为形成性评价。换言之，Taras 的分析表明，形成性评价和终结性评价是包孕关系，而不是排斥关系。这种概念上的厘清，为终结性评价的形成性运用提供了过程依据。虽然形成性评价策略中提到了终结性评价的形成性运用，但为什么终结性评价的形成性使用属于形成性评价策略，在理论上并没有阐释清楚。Black 和 Wiliam（2003）将它们列入形成性评价策略，完全是出于实践的考量，因为教师不愿意将终结性评价和形成性评价分开。从过程角度来说，终结性评价之所以可以形成性地使用，是因为它是形成性评价的第一步。

一个清晰的理论框架能避免实践中产生种种不一致的情况，因为它能帮助推广者更顺畅、更专注地沟通评价的参数（Taras，2005）。从功能的角度来考查形成性评价的不利之处在于，它把形成性评价看成万能公式，不仅与终结性评价不同，而且与终结性评价不兼容。也就是我们通常所说的形成性评价和终结性评价之间的张力。Wiliam（2000）希望将形成性评价从终结性评价中拯救出来，并认为我们不仅要拒绝接受终结性评价和形成性评价的不兼容性，而且必须找出削减它们之间张力的方法。这是一个巨大的工程。

所有评价的过程是相似的，但目的可以多样，信息的收集和处理方式可以根据目的进行调整。对于教师而言，从过程的角度审视形成性评价和终结性评价最大的成果在于，教师不再需要重复评价过程以获得终结性评价和形成性评价所需要的信息。这种视角不把终结性评价限制在终结性范围之内，而是鼓励教师充分发挥终结性评价的形成性潜质。

三、以功能为导向的评价过程重构

Taras（2005）的过程视角为厘清终结性评价和形成性评价的关系做出了一定的贡献，但 Taras 的过程视角也存在一个严重的缺陷，即把评价看作纯认知的过程，忽略了评价目的和功能对评价微观过程的影响。

仔细分析我们会发现，Taras 所说的终结性评价与目前文献中的终结性评价并不是同一个概念。Taras 认为评价是一种商定的参数内的判断：这种判断是任意时间点上的总结（终结性评价）（2007b），终结性评价可以发生在项目或课程的任何阶段（2007a）。而主流文献认为终结性评价发生在某一学习阶段结束之后，其目的是为了定级、认证等。如 Wiliam 认为终结性评价用于判断学生对学习内容掌握程度的目的是为了定级和认证等（2000），且终结性评价发生在学习阶段结束之后（Wiliam & Black，1996）。

由此可见，Taras 的终结性评价是指不受目的控制的纯认知的判断，而 Wiliam 的终结性评价则包含了认知过程判断和认知过程判断的目的和结果的使用（评级、定级等）。换言之，在 Taras 的文本和其他形成性评价文本中，终结性评价有两个不同的理解。Taras（2009）认为终结性评价是根据单向的标准进行判断的过程，当判断结束时，终结性评价停止，这里的终结性评价指的是判断。Taras 将终结性评价等同于判断得出这样的结论：终结性评价是形成性评价的第一步。

但实际上，我们认为将"判断"视为形成性评价的前提更为准确。当然，判断也是终结性评价的前提。评价，不论是终结性评价还是形成性评价，都是在一定目的指引下的认知判断过程和评价结果的社会化使用（反馈）过程。Taras 的过程视角最大的问题在于，它将终结性评价定义为一个不受目的支配的纯认知过程。我们认为，人类的任何行为都受目的支配，而且因为目的不同，认知的过程将呈现出不同的特点。在教育环境中也是如此。Black（1998）指出评价过程在以下四个方面会受到评价目的的影响：（1）评价目的将影响评价开始前测试项目或程序的选择；（2）测试项目实施和评分的方式也可能因评价目的不同而不同；
（3）评价结果的分析或组合也可能因评价目的的不同而变化；（4）评
价目的还可能要求对评价数据进行具体阐释。

我们认为，在不同目的的影响下，终结性评价和形成性评价过程（包
括判断的过程）也并不相同，具体如表4.2所示。虽然终结性评价和形成
性评价具有相同的宏观过程：确定学习目标和成功标准、收集学习证据、
判断和使用判断结果，但由于评价目的的不同，终结性评价和形成性评价
在每个过程中的内容都存在较大差异。

表4.2　目的影响下的终结性评价和形成性评价的过程重构

终结性评价	形成性评价
1. 确定学习目标和成功标准； 2. 收集学生学习证据； 3. 判断：将实际水平和标准水平进行比较，确定等级； 4. 论证信息收集工具、权重和目标选择的合理性； 5. 判断结果的使用：汇报。 　*1+2+3+4+5 = 终结性评价	1. 确定学习目标和成功标准； 2. 收集学生学习证据； 3. 判断（1）：将实际水平和标准水平进行比较，确定差距（标准参照）； 4. 判断（2）：判定产生差距的原因（参照学习理论及学生状况）； 5. 判断（3）：决定改进措施（参照教学理论及学生状况）； 6. 判断结果的使用：实施改进措施。 　*1+2+3+4+5+6 =形成性评价

从表4.2可以看出，终结性评价和形成性评价都是判断和判断结果
使用的过程，判断学习质量是所有评价的起点。但由于评价目的的不同，
终结性评价中和形成性评价中的判断并不相同。终结性评价的目的是为
了评级，一般来说，评价者只需要确定实际水平和标准水平之间的差距
即可，评价者的判断只需要参照确定的标准；而形成性评价的主要目的
是促学，因此评价者的判断过程更为复杂，不仅需要通过判断确定差
距，还要根据学习理论、教学理论和学生状况确定产生差距的原因以及
缩短差距的方法。除了判断过程之外，评价目的实际上对评价的其他层
面也有很大的影响，主要表现在以下方面：

1. 利害程度

终结性评价具有高利害性，它的利害方包括教师、学生和学校等。学生在终结性评价中的表现不仅关乎自己的未来（进一步的升学或其他奖惩），而且与教师的奖金、晋升以及学校的排名关系密切。而形成性评价的风险较低，它更多考虑的是评价的成本和可用性。降低评价的利害性，推广形成性评价文化，可以降低学生的压力。当评价压力减轻之后，没有了分数、成绩的要求之后，设计形成性评价，促进学习的机会将大大增加。

2. 信度和效度

在终结性评价中，信度被定义为独立观察的一致性，而效度指的是评价在多大程度上测量了它需要测量的东西。在终结性评价中，信度常常被认为是效度的必要不充分条件，因此测量可能是有信度的或一致的，但却并没有测量其想要测量的东西。因为终结性评价的利害程度高，所以终结性评价对评价的信度和效度的要求较高。形成性评价也有效度和信度，但形成性评价更加关注的是效度（Sadler，1989；Harlen & James，1996；Moss，1994），特别是结果效度。结果效度指的是评价产生的教和学的结果（Messick，1989）。形成性评价的目的是为了推进学习，如果没有推进学习，即使形成性评价的意图是形成性的，过程也不是形成性的。所以，如果根据评价信息对教学和学习进行的调整不适合学生的学习，那么评价的结果就是无效的。

3. 收集信息的方法和工具

终结性评价因为受到时间、空间、信度和效度的限制，可以采取的评价方法有限，通常可以分为客观题和主观题两大类型。形成性评价因为发生在学习过程之中，利害性较低，受到的时空限制较低，所以形式十分多样，包括结构化的、正式的观察，非正式的观察，课堂讨论，学生作品分析，监控进步的策略，检查学生理解程度的策略，基于课程的测量，自我评价和同伴评价等。只要产生系统的、可执行的学习信息，任何形式和手段都可以为形成性评价所用。实际上，很多形成性评价收集信息的方法都是教师日常工作中常用的。只是，教师在使用时不够系统或没有将收集到的信息用于帮助教师和学生决定下一步的教学和学习活动。

4. 所收集信息的类型

因为时空和方法的限制，且终结性评价不可能测试所有的学习目标，所以它能提供的关于学生学习状况的信息不够全面。高利害的终结性评价可能会窄化课程，并忽略不属于测试范围的社会或情感层面的要素。形成性评价有条件并有可能对学生就所有学习目标上的表现进行评价。终结性评价只能报告学习的成果，形成性评价可以揭示学习的过程。终结性评价提供的反馈为粗放型，通常是一个简单的分数，是深度的编码。形成性评价要为教学和学习提供反馈，指导下一步的教学和学习，因此形成性评价需要收集详细的信息。通过形成性评价获得的信息可能不完整，因为即便是最好的观察或任务计划，也可能受到意外情况的干扰。另外，形成性评价的信息常常自相矛盾，因为学生在一种情况下可以做好某件事，但在另一种情况下却不能。但这对于形成性评价来说并非坏事，因为形成性评价的最终目的是辅助教学和学习，所以学生在不同语境下的不同表现可以帮助学生和教师发现有利于其更好表现的条件，方便教师和学生采取进一步的行动（Harlen & James，1997）。

5. 评价信息的处理方式

终结性评价提供的学习证据是正式的，表明在一定标准参照下学生的水平。对终结性的目的进行评价时，评价者需要进行标准参照和 / 或常模参照。形成性评价目的是为了提供反馈、指导教和学。因此，它不仅需要根据标准判断学生的现有知识和技能与理想的知识和技能之间的差距，还需要分析这些差距产生的原因及弥合差距的方法。

首先，形成性评价要关注学生现有的知识和技能水平，因此，严格来说它也是标准参照的。不过，形成性评价同时也是学生参照的，因为如果评价的目的是为了帮助学生、鼓励学生学习的话，必须考虑到学生的个人环境。如果形成性评价只是标准参照的话，对于许多一直达不到标准的学生来说，评价会挫伤他们学习的信心和动机。所以，在形成性评价中，判断学生的学习成果或进步时，会考虑到学生付出的努力、产出学习成果的特殊语境以及学生一段时间以来的进步情况。除此之外，进行学生参照的另一个原因是，形成性评价不仅要发现学生在学习上存在的差距，还需要找出差距产生的原因与弥合差距的方法。为此，形成性评价必须考虑到学生的个人因素。当然，标准参照和个人参照也不足以找出产生差距的原因与弥合差距的方法。为了找到原因和解决方案，形成性评价还必须参照相关的学习和教学理论。从这个角度上说，形成性评价对评价信息的处理方式要比终结性评价复杂得多。形成性评价需要挖掘学习表现的原因，终结性评价则不需要。或者说形成性评价需要对判断结果进行深度挖掘，而终结性评价在判断结果出来之后，汇报给相关利害方就结束了。如果要把终结性评价转化为形成性评价，那么需要对判断的结果进行进一步挖掘，也就是说终结性评价和形成性评价的区别在于它对评价结果的处理（挖掘）深度不同。

6. 评价过程中教师和学生的角色

在终结性评价（特别是高利害终结性评价）中，教师通常不能决定什么时候以何种方式对谁进行评价。在形成性评价中，教师决定何时使用形成性评价策略、使用哪些形成性评价策略、对谁进行评价。在终结性评价中，学生仅仅是被测试者。在形成性评价中，对学生参与程度的要求非常高，学生参与从目标理解/设定到采取改进措施的整个评价过程。在终结性评价中，学生和教师没有互动。但在形成性评价中，教师和学生一直处于互动的状态。学生和教师都需要参与如何展开下一步学习的决策，认识到下一步该采取何种措施调整学习，使学生有可能更有效地投入到学习之中。让学生参与到评价之中意味着学生必须明确学习目标。沟通学习目标绝非易事，不过它是自我评价和自我调节学习的先决条件。直接提供复杂的学习目标和成功标准很难获得成功，学生可以通过批判性检查自己学习成果的方式，逐步发展对学习目标和成功标准的理解。对于小学生，教师可以请学生选择自己最好的作品，然后讨论做出这个选择的理由。对于年纪较大的学生，教师可以用更显性的方式与学生分享评价使用的标准（Harlen & James，1997）。

任何评价，因为涉及判断这一认知过程，都会促进参与者的认知发展。从过程的角度来看，因为判断是所有评价的起点，因此判断的质量非常重要，没有良好的判断，整个评价就失去了基础。但学习过程不仅是认知过程，还会受到非认知因素的影响。Taras（2005）以过程替代功能定义形成性评价和终结性评价的缺陷在于：Taras认为评价目的对评价标准有影响，但对评价过程没有影响。Taras所说的过程指的是判断与反馈的过程，也就是纯认知的过程。从纯认知的角度看，终结性评价和形成性评价都包含相同的"判断"过程，但没有考虑到评价开始之前设定的评价目的对评价过程各个步骤的影响，即对评价参数的影响，如：评价工具选择的信息、阐释的方式、反馈提供的方式等。如果为了促学，在选择评价工具时，教师可以选择或设计各种受教师时间或空间约束的信息收集工具。在阐释评价信息时，评价者不仅要分析学生现有水平和理想水平之间的差距，还要分析产生差距的原因（终结性的目的则不需要）；在提供反馈时，要考虑什么样的交流形式能使学生更容易接受教师提供的反馈信息。从某种意识上说，形成性评价在这些步骤上都与终结性评价呈现一种包孕的关系。

因此，为了全面深入地了解形成性评价，我们认为需要结合功能和过程视角考查形成性评价和终结性评价。我们既要强调两者的评价本质，同时也要强调两者在功能上的不同。以目的为导向的评价过程视角强调了评价目的对评价过程中各微观参数的影响，更加明确了终结性评价和形成性评价的关系。

第二节 形成性评价和终结性评价对学习的影响
(The Effects of Formative Assessment and Summative Assessment on Learning)

我们知道评价是教育过程不可或缺的组成部分，对学习影响重大。不过，由于形成性评价和终结性评价存在上述不同，所以它们对学习的影响程度和方式也不尽相同。理解形成性评价和终结性评价如何影响学习的过程十分重要，因为它有助于我们更好地使用这两种评价方式，为教育服务。

一、形成性评价对学习的影响

形成性评价对学习的促进作用已经获得了许多综述研究和实证研究的支持。它对学生的学习成绩的提高作用巨大，而且可以帮助提升学生的自我效能和自主学习能力，为终身学习打下坚实的基础。它应该成为任何致力于促进学习的政策的中心，同时也应成为课堂教学的中心（Black，2002）。许多学者（如Irons，2007；Moss & Brookhart，2009；Black & Wiliam，1998a 等）都对形成性评价对学习的积极影响进行了描述，总结如下：

1. 形成性评价提供一个安全的学习环境

形成性评价为学生提供了安全的学习环境。Knight（2001）认为形成性评价的利害程度低，所以学生更愿意实验、冒险。学生可以从评价活动中学习，但不必担心失败的风险。因此，学生更愿意开诚布公地表达自己的担忧和弱点，与教师和／或同伴展开真诚的交流（Black & Wiliam，1998a）。形成性评价鼓励学生去尝试，不怕犯错，从错误中学习，并通过提供反思和反馈，为学生提供纠正错误的机会。Race（1994）发现，允许学生在建设性的环境中犯错是学习的重要组成部分，形成性评价在这方面有巨大的潜力。为了建设和巩固这种环境，平衡终结性评价和形成性评价的量并改进形成性反馈的质量和时间十分必要。

2. 形成性评价改进教师的教学

由于形成性评价不仅要求教师转变角色，而且对教学方式的转变提出了要求。因此，它对教师和教学都具有重塑作用。在形成性评价中，教师可以清晰地看到教学意图和教学效果之间的差距，从而采取建设性的措施弥合这种差距。教师可以关注什么方式和活动能够使学习发生、对学生的学习有效，什么方式和活动对学生的学习没有产生效果，并收集和使用这些信息，使之成为改进教学的依据。优秀的教师每天、每堂课、每次与学生互动时，都会批判性地考查自己的知识和工作假设，他们具有探究性的思维习惯，敏锐地意识到教学中哪里需要改变，哪里需要提供反馈或信息，从而帮助学生推进学习（Moss & Brookhart，2009）。

3. 形成性评价促进学生学习

形成性评价过程能对学习有巨大的促进作用，其中一个重要的原因在于它让学生参与到学习如何学习的过程中。在形成性评价中，学生收集自己的学习信息，然后使用所收集的信息决定采用何种策略，以获得学习上的进步或成功。也就是说，形成性评价帮助学习者成为自我调节的学习者和数据驱动的决策者。学生不仅学着如何掌控自己的学习，其自主性、自信心和能力也会越来越强。这些学习因素的结合增强了学生学习的韧性。韧性强的学生可以更好地处理学习中的逆境和起伏，更可能将学习上的成功和失败归结于自己可以控制的因素，并相信自己有能力调整学习内容和学习方法，以获得学习上的改进。另外，形成性评价还可以缩短学生之间在学习上的差距。Black 和 Wiliam（1998a）的研究发现，虽然形成性评价对所有学生的学习都会产生重大影响，但它对落后学生的帮助要大于其他学生。这一点也是值得进行实证研究的课题之一。

4. 形成性评价提升师生之间的互动

高质量的形成性评价模糊了教学、学习和评价之间的关系，在课堂中创造了一种合作探究和推进学习的文化。在形成性评价中，教师和学生形成了一种合作伙伴的关系。随着这种合作伙伴关系愈发紧密，学习对话成为最重要的课堂原则。教师和学生互相交流，共同计划、协商学习目标，收集分析关于学生表现的信息，为课堂学习提供指导。

Knight（2001）认为，好的形成性评价意味着循序渐进地设计学习，为良好的学习对话提供大量的机会，而这种对话来自于与课程学习目标相匹配的高质量任务的反馈。从某种意义上说，形成性评价可以彻底改变教师和学生之间互动的质和量。

尽管形成性评价对学习有上述积极影响，但形成性评价在现实中的实施并不理想。一方面，形成性评价对教师和学生的素养和技能要求颇高，而目前教师的评价素养能力有待加强。另一方面，学校和教师在终结性评价上投入了过多的时间，挤压了形成性评价的发展空间，而且形成性评价虽然能促进学习，但在学生学习和生活的重要决定中没有相应的地位。因此，学生和教师投入形成性评价的动力不足。

二、终结性评价对学习的影响

学界就终结性评价（特别是高利害终结性评价）对学习的影响有两种不同的观点，一种是反对，一种是支持。他们都进行了相关的研究，以支持自己的观点（如 Black & Wiliam，1998a，1998b；Crooks，1988；Gibbs，2005；Kellaghan 等，1996；Koretz，1988；Koretz 等，1991；Linn，2000；Linn 等，1982；Pellegrino 等，2001；Shepard，1991；Stiggins，1999）。

反对派的观点主要从知识与技能、课程标准要求、深浅层次学习以及学习动机四个方面进行了讨论：

1. 能否真正提高学生的知识与技能

反对派的研究发现，高利害的测试导致教师为考而教，在教学中专注于测试的内容，实施重复的模拟测试、训练学生回答考试中出现的类型的问题，采用灌输式的教学方式。这使教师很少形成性地运用评价信息，推进学生的学习（Broadfoot 等，1998；Osborn 等，2000；Pollard 等，2000；Reay & Wiliam，1999）。这种为考而教的结果是学生的成绩提高了，但学生并没有真正提高其知识和技能。一些研究表明，终结性测试后学生成绩的提高是因为对测试的内容、题型更为熟悉，学生有"题感"，而不是因为语感或知识和技能得到了提高（Linn，2000）。Gordon 和 Rees(1997) 认为，教师可以训练学生通过任何测试，甚至那些评价高认知层次技能的测试。不仅对二语学习，对母语学习也是如此。

在一次大学英语专业二年级的阅读课上，学生问："读书后想写一些感受，写不出来怎么办？"阅读老师回答："首先，用英文写不出来，可以用中文写。然后，中英文一起来。坚持下来，有一天你会发现自己会用英文表达思想。关键在于要动笔。"学生回答："中文也不会写。"老师不明白，问："你们通过高考，中文作文要求是 800 字。怎么会写不出来呢？"学生答是背出来的。老师仍不解："作文题千变万化，你怎么可能通过背范文做文章呢？"学生齐答："是一个模式，随便什么作文题，总能套上的。"这就是类似高考这种高利害考试的后果。这种评价方式让学生养成套模式的学习习惯，疏于思考。这种所谓以不变应万变的学习行为和习惯，显然不利于学生今后乃至终身的学习。

2. 能否达到课程标准的要求

由于时间和空间的限制，一般来说，终结性评价不可能测试课程标准中包含的所有内容，只能对其进行抽样测评。例如，因评价手段的限制，终结性评价通常无法评测课程标准中情感态度层面的目标。另外，由于终结性评价以评级为目的，采用常模参照，旨在体现一定的区分度。在区分度的要求下，大多数学习者做得较好的题目可能不会出现在评价中。而这些题目反映的可能正是教学中需要关注的内容。如果考试的利害性很高，教师为考而教，学生为考而学的话，学生可能会错过很多课程标准中规定的、应该学习的内容。在高中日常教学中，教师和学生有这样的口号：三年高考，五年备考。其教学的目标、内容可想而知。

3. 能否促进深层学习及高层次认知能力的发展

终结性评价是否能抓住复杂的知识和技能是一个值得研究的重要问题（Pellegrino 等，2001）。Black 和 Wiliam（1998a）认为，终结性评价不是很好的确定学生知识水平的方法。许多测试的内容多为需要死记硬背的知识，测评的是低层次的认知知识，忽略了高层次的认知技能，因此，只鼓励了呆板的记忆学习和表面学习，而不能促进深度学习。另外，即使涉及了高层次的技能，终结性评价是否能准确将其测试出来也值得商讨，因为学生可能会玩测试游戏，依赖测试技巧而非真实的技能回答问题。

4. 能否激发学生的学习动机

鉴于终结性评价对教学和学习的影响，学生可能不愿意在得不到外部奖励的事情上投入时间。有研究发现，学生可能只参与具有终结性评价目的的活动，因为对学生进行判断和分类的是终结性评价的分数；学校重视终结性评价；外部利害相关方重视终结性评价。换言之，学生看不到学习本身带来的鼓励和刺激，一旦走出校门，可能就失去了学习的意愿。所以，有时候这种方式不利于学生内在学习动机的发展。

支持终结性评价的一派有不少研究得出与之相反的结论，认为终结性评价也可以促进学生的学习。主要表现在测试提供学习机会、复习与策略、成就感、诊断学习、提供信息等几个方面：

（1）许多有关测试效果的研究都发现，测试有利于学习（Biggs，1998）。在课程设置上安排考试时，由于备考，课程的进度得以减慢，学生因此得到了更多的学习机会，以便于巩固已学知识、思考学习进度等；

（2）测试鼓励学生投入更多的时间学习。在测试期间，复习不仅是一种重要的应试技巧，同时也是一种非常重要的学习策略。一些复习应考的形式能帮助学生组织、强化学习；

（3）测试可以提供成就感，培养在压力下学习的技能和时间意识；

（4）测试不仅能帮助学生找到自己的优势和不足，还可以为教师提供关于教学的信息；

（5）许多教师认为，分析学生在测试中的表现是良好的教学实践形式，帮助教师和学生思考将来的教学和学习（Carless，2011）。Black 和 Wiliam（1998b）提出，虽然在许多课堂中过于强调评分、评级功能，而淡化了提供建议和学习的功能，但如果它们的频率高，且与学习目标明确相关的话，测试、练习和家庭作业可以成为提供反馈和学习的工具。

终结性评价虽然是终结性的，但也可以对教师的形成性工作有所帮助，如帮助教师检查标准，提供良好的评价任务的范例。在考试愈发频繁的现代教育文化中，如何提升终结性测试的形成性反馈质量不仅值得研究，而且也是评价发展的方向。

第三节　形成性评价与终结性评价的实践融合
（Integrating Formative Assessment and Summative Assessment）

以上论述说明，形成性评价和终结性评价是学习不可分割的一部分。如果要提高教育质量，就不能忽略评价对学习产生的各种影响。充分发挥形成性评价和终结性评价各自的优势，克服其不足之处，是我们需要努力的方向。实际上，由于终结性评价和形成性评价的融合既有现实的必要性和理论的可行性，又有成功融合的范例，很多学者都提倡融合终结性评价和形成性评价（Biggs，1998；Brookhart，2001；Harlen，2005a，2005b 等），建立一个协调终结性评价和形成性评价的平衡体系（Darling-Hammond & Pecheone，2010；Learning Point Associate，2009；Stiggins，2006，2008）。

一、形成性评价与终结性评价融合的必要性和可行性
有观点认为终结性评价，特别是高利害的测试，弊大于利，阻碍、扭曲了学习过程，不仅无用，且没有必要（如 Holt，1970）。但这种观点过于极端。除了本章第二节中提到的测试对学习的促进作用之外，终结性评价还有许多重要的功能，如维护社会公平性、调整资源分配方式等。换言之，虽然终结性评价有时候并不完美，但终结性评价是一种存在，一种现实。与之相比，形成性评价显得更令人青睐，因为它更符合学习和教育的根本目的，促进学习和发展；其促学效果也有大量的实证

支持；它与学习的关系更为密切；它不仅备受研究者和教育家的赞誉，还出现在很多国家的教育文件中。但它在现实课堂中的呈现并不多，特别是在考试文化盛行的国度中，它的发展并不顺利，原因来自教师、学校、社会环境和体制等方面。

因此，虽然我们希望形成性评价和终结性评价融合并存，但在实践层面，它们并未形成合力，反而在某种程度上存在着相互抵消的局面。首先，教师认为，终结性评价具有高利害性，居于支配地位，为考而教占用了大量的课堂时间，以至于教师没有时间进行形成性评价（Carless，2011）。其次，由于培训、实施、资源等种种原因，形成性评价似乎不能提高学生在终结性评价上的表现，还成为消耗教师精力和时间的一大来源，使人们没有动力去实践形成性评价。最后，即使部分教师投入时间和精力进行形成性评价，这种评价的结果很少得到政策层面的重视，在决定学生命运的重大决策中，它发挥的作用微乎其微。换言之，它的低利害性进一步降低了教师进行形成性评价的热情。综上所述，形成性评价在现实中基本处于与终结性评价无关甚至冲突的状态：终结性评价虽然难受，我们必须忍受；形成性评价虽然好处多多，但我们却无福消受。

然而，一个好的教育模型应同时充分利用终结性评价和形成性评价（Biggs，1998）。鉴于形成性评价和终结性评价在整个教育体制中的不可或缺性，融合终结性评价和形成性评价，充分利用它们各自的特点和优势，减少各自对教育过程的负面影响，是促进形成性评价和终结性评价共同发展、促进教育成功改革的最佳选择。

也许有人会质疑这种融合的可行性，下面我们从理论层面分析其可行性。

在终结性评价和形成性评价关系的分析中，我们发现：（1）形成性评价和终结性评价具有相同的宏观过程，即：判断与判断结果的使用；（2）形成性评价与终结性评价是一种包孕的关系。从功能上看，所有的评价都具有形成性的潜质。为终结性目的开发的评价完全可以用于服务形成性的目的。从过程上看，形成性评价和终结性评价都拥有"判断"的过程。所以，终结性评价和形成性评价应该是互补的关系。除此之外，在我们的二语教学环境中，终结性评价和形成性评价的融合还有一个重要的基础——它们一般具有相同的参照标准。例如，英语作为第二语言的教学，基础教育阶段参照的是国家的《义务教育　英语课程标准（2011年版）》（教育部，2012）（以下简称《课标》），汉语作为第二语言的教学，参照的是《国际汉语教学通用课程大纲》(2009)。

以英语作为第二语言的教学为例，无论是终结性评价，还是形成性评价，在我国的英语教育中都属于基于标准的评价。《课标》规定，英语教育的目标是提高学生综合语言运用能力（见图4.1），并且提出了英语分级标准。分级标准以四级写作标准为例（教育部，2012：16）：

(1) 能正确使用标点符号；

(2) 能用词组或简单句为自己创作的图片写出说明；

(3) 能写出简短的文段，如简单的指令、规则；

(4) 能在教师的帮助下或以小组讨论的方式起草和修改作文。

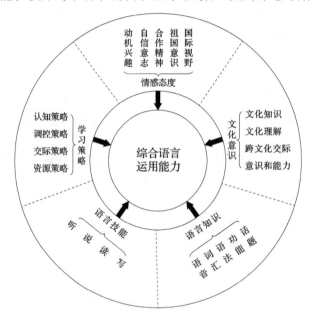

图 4.1 课程目标结构（教育部，2012：9）

综合语言运用能力是评价的构念，而分级标准是它们共同的参考依据。换言之，从理论上说，因为它们都基于标准参照，形成性评价和终结性评价应该是互补的，其互补关系可以通过图4.2[①]表示：

---

① 该图受Ainsworth和Viegut (2006: 17) Standards-assessment Alignment Diagram 的启发。

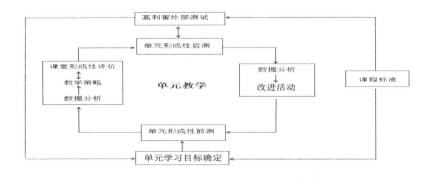

图 4.2   高利害外部测试与形成性评价标准参照图

如图 4.2 所示，在各种评价都以统一标准（课程标准）为基础的情况下，终结性评价和形成性评价相互关联、互相促进。在日常教学中，首先根据标准确定单元学习目标。单元学习目标确定之后，以学习目标为基础开发单元形成性前测。前测完毕，对测试结果进行分析比较，并根据分析结果调整教学策略，实施教学。在实施教学的过程中，教师和学生进行课堂互动形成性评价，在此过程中调整自己的教学行为。单元教学完成后，根据学习目标开发、实施单元形成性后测。如果后测分析结果显示学生掌握了单元目标，教师决定进入下一单元的学习；如果没有掌握，教师补充额外的教学活动。在所有单元学习完成之后，学生将迎来高利害的外部测试。高利害外部测试的开发同样以课程标准为基础，它和单元形成性评价的不同之处在于，高利害外部测试参照的是学生在完成较长阶段（一学年、初中阶段、高中阶段）之后需要达到的大目标，而单元形成性评价参照的是大目标分解出的小目标。因为小目标源于大目标，所以小目标的稳步实现有助于大目标的达成。换言之，形成性评价应该可以促进终结性评价的表现。同样，终结性评价也可以形成性地使用。以大目标为参照的高利害外部测试也可以提供一些形成性的信息，指出学生在某一个方面的优势或不足。例如，高利害外部测试表明，大多数学生在测试不定式用法的题目上丢分。那么教师就可以根据这一信息，在单元教学过程中适当的地方，加强对学生进行不定式的形成性评价。

由此可见，形成性评价和终结性评价可以融合。它们融合的关键在于以相同的课程标准和学习目标为基础（Biggs, 1998）。Brookhart（2004）指出，当形成性评价和终结性评价的各个方面（任务、评分、阐释、反馈）都严格以标准为参照时，形成性评价和终结性评价互相促进的效果才能达到最佳。如在之前我们提到的 Bennett（2011）的观点，每一种评价实际上都有两种目的：终结性目的和形成性目的，只是主次有别。即使是传统上认为与形成性评价相对的高利害测试，也可以对学习起到促进的作用，在一定程度上指导教学和学习的调整。如果考试的开发和设计以课程标准为参照的话，为考而教这种做法也有着积极的意义。实际上，我们认为形成性评价和终结性评价并不存在必然的矛盾，它们之间应该是相互支持与合作的关系。在终结性评价（高利害测试）无法规避的情况下，从某种程度上说，高质量的终结性评价是实施高质量形成性评价的基础，而课程标准则是连接二者的桥梁。

参照同样的标准意味着，测试尽量包括所有的教学和评价目标。形成性评价的优势在于其在教学过程中进行，可以包括较多的评价目标。但如果终结性评价的抽样比率太低，容易引导教师去猜测考试考什么内容，不仅阻碍形成性评价的实施，同时也会降低形成性评价在提高成绩方面的效果。就英语学科而言，测试对课程目标覆盖面的问题较容易解决，因为不同级别所要求学生实现的语言功能是相似的，只是认知上的难度逐渐增大。一个开放性的终结性评价任务，可以产出涉及语言能力各目标的相关数据。

二、教师主导的形成性评价与终结性评价的融合方法

上文已经阐明，在理论上形成性评价和终结性评价具有融合的基础。不过，理论上的可行性不等于实践上的可行性。那么如何将形成性评价和终结性评价的融合落实到实践中呢？我们认为，主要存在以下三种方式：

（一）利用形成性评价促进终结性评价的表现

课堂教学中形成性评价实践难以普及，原因之一是教师和学生对它的热情不高。如果形成性评价能提高学生在高利害测试中的成绩，那么它将对教师和学生产生极大的吸引力。

从上文的分析中我们可以确定，从理论上讲，形成性评价可以对学生在终结性评价中的表现起到促进和提升的作用。Scriven（1967）认为，形成性评价的重要功能之一在于它是一个"早期的警报系统"，所以至少应该为终结性评价提供一种预演或预示。也就是说，在 Scriven 看来，形成性评价是为终结性评价做准备的。Biggs（1998）也认为，形

成性评价如果有效实施的话，它具有提高终结性评价表现的潜质。到目前为止，已经有一些实践研究证明了形成性评价的这种作用（Andrade等，2008；Butler & Lee，2010；McDonald & Boud，2003；Meisels等，2003；Ross等，2002；Wiliam等，2004）。其中值得一提的是 Butler 和 Lee（2010）的研究，该研究针对英语作为第二语言的学习。他们通过定量分析发现自我评价对成绩提高有积极的作用，尽管效应量相对较低。Ross等（2002）指出，形成性评价对终结性评价成绩提高的作用存在学科间的差距。Meisels等（2003）认为，学生在终结性评价中表现更好，不是因为教学只集中在考试的内容上，而是因为通过运用评价中获得并与学生分享的信息，教师能更有针对性地对学生的技能和需求开展教学。

不过，Popham（2011）认为，尽管形成性评价能在很大程度上提高学生的成就，但这种成就的提升可能并不能在外部高利害测试中表现出来。造成这种状况的原因有：

- 课程标准与考试内容不一致。考试由商业公司开发，美国各州有不同的标准，很难实现统一。但这种情况在中国不存在，因为我们的课程标准是全国统一的；
- 课程标准太宽泛，测试开发者和教师有不同的解读，终结性评价和形成性评价并没有参照一致的标准；
- 常模参照，测试题需要区分度。大多数同学都做得很好的题目不可能出现在测试中；
- 测试的内容与学生的社会经济背景密切相关；
- 测试的内容多为需要死记硬背的知识。

形成性评价对外部测试成绩的提高作用取决于被测试的知识和技能类型。形成性评价在促进深度学习方面的作用更大。因此，高利害性测试要建构的考查和对高层次的认知技能的评价非常重要。

Popham（2011）还提出了教学敏感性测试和教学非敏感性测试这两种类型的测试。所谓教学敏感性是指学生在测试上的表现准确反映教学质量的程度（这里的教学指专门用于帮助学生掌握评价内容的教学）。不敏感的教学测试一般会涉及过多的评价目标，而真正的测试由于时间的限制，只能抽样一部分目标，这使得教师去猜测试会考哪一部分。教学敏感性的测试：（1）具有可控的课程目标；（2）具有明确的目标描述；（3）避免不敏感的教学题目。

综上所述，为了能使形成性评价发挥作用，促进学生在终结性评价中的表现，最有效的形成性评价与终结性评价相结合的方式是改进终结性评价，使所有评价都关注学习（Kennedy 等，2008）。虽然我们的课程标准强调终结性评价应注重考查学生综合语言运用能力，但对于综合语言运用能力的考查还没有完全落到实处，一些试题仍然在孤立地考查语言知识和语言微技能。近年来一些地区采取了一些措施，加入了能力考核内容，如开放性的问题和翻译，使得上述情况有所好转。但总的来说，我们的评价方式关注的仍然是狭隘的认知技巧，对创造性思维、批判性思维和多元智力的评价重视不足。这种状况一方面导致学生和教师用死记硬背的方式准备考试，学过的知识考过就忘，导致浅层学习；另一方面也限制了形成性评价发挥其促进终结性评价表现的作用，因为形成性评价对学生掌握高层次的认知技能和深度学习的促进作用最大（Popham，2011）。

除了要避免依赖死记硬背的题目，高利害测试还应避免与社会经济背景和天生的学习能力关联过密的试题。形成性评价关注的是学习，是学生个体的发展和进步，是一种高度语境化的评价。从评价工具的设计到反馈的方式，教师和学生都需要考虑到教学和学习发生的背景。如果终结性评价的题目只与某一种或几种社会经济背景相关的话，对于不具备相应背景的学习者来说，形成性评价对成绩的提升作用就受到了限制。

如果我们希望通过形成性评价提高学生在终结性评价中的表现，需要从两个方面入手：一是提高终结性评价的质量；二是丰富形成性评价的手段。

首先，终结性评价的内容要加大考查高层次认知技能的比重，或者要求学生自己构建项目的比重。政策制定者、研究者和实践者都十分关心教育的质量和标准。不过在不同的语境中，人们采用的方法和手段有所不同。在美国，人们在改革测试方法方面做了大量工作。新的测试形式能够且应该体现高级认知技能，为学生提供更有挑战性的和更真实的任务（Wiggins，1989）。Popham（1987）认为教育者应该认识到，教师和学生进行备考是因为测试结果的利害性。因此，我们可以开发体现重要学习目标的测试，然后设计测量主导的教学体系，以提高教育的质量。对于测试能否起到这样的作用存在很多争论。有观点认为，因为时空的限制，测试不可能覆盖所有的教育目标。因而在某种程度上鼓励教师和学生只专注部分的课程目标，这实际上降低了教育标准。当然，我们可以改进测试方法，尽可能多地覆盖教学目标，如将口语和听力纳入到考试之中。

开发高质量的、更具挑战性的评价在美国和其他国家一直是非常重要的教育改革方法（Torrance & Pryor，1995；1997）。正如 Resnick 和 Resnick（1992）所说，如果我们把辩论、讨论、作文和问题解决纳入测试系统，学生就会花时间进行这些活动。在英国，课程和评价设计人员试图在课堂教学中加入调查、问题解决、报告写作等任务，因此采用传统的纸笔测试之外更灵活的评价方式，以应对这些更具挑战性的活动。高的教育标准要求有效真实的任务，同时有效真实的任务又要求复杂的评价形式。因此，我们需要从考查记忆知识的传统的纸笔测试，转向更加开放的评价形式，如作业、项目和实践活动，以便更好地评价新的课程目标并强化对这些目标的追求（Torrance & Pryor，1998）。

终结性评价从上述方面进行改革之后，形成性评价可以更好地促进学生在终结性评价中的表现，而且也只有形成性评价才能促进学生在终结性评价中的表现。因为为考而教的死记硬背以及应试技巧，由于测试开发质量的提高，已经没有办法帮助学生提高成绩。要提高学生在终结性评价中的表现，学生和教师只能将精力放在所考查的能力的培养上。

除了改革终结性外部高利害测试，让终结性评价向着利于形成性评价的方向发展之外，还可以从形成性评价入手，丰富形成性评价的方法和手段，提升其在提高终结性评价表现方面的作用。在这方面，Carless（2007）和 Lineweaver（2011）提供了很好的成功经验。Carless（2007）提出，形成性评价为提高学生对高利害测试水平的前瞻意识提供了一个非常好的范例。这种形成性评价的目的是，通过使学生意识到考试要求的水平和自己现有水平之间的差距，为学生提供即时的反馈。为了避免沦为考试贴士之类，这种前瞻性的反馈需要学生投入到发展学习能力、掌握学习内容和自我监控表现的过程中去。Lineweaver（2011）的 FAST-R（Formative Assessment of Student Thinking in Reading）更具有启发性。许多教师认识到传统的终结性评价可以帮助他们衡量学生的阅读技能，但不能为教师提供评价学生理解、洞察学生阅读思维活动过程的方法。为了帮助教师深入了解学生的阅读思维过程，FAST-R 以 MCAS（Massachusetts Comprehensive Assessment System）考查的技能为基础，开发了一个创新性的 FAST-R "思维水平和类型"框架，如表4.3所示：

表 4.3　FAST-R "思维水平和类型" 框架

Finding Evidence（FE）	Making Inference（MI）
Readers find and use evidence when they determine the author's explicit meaning.	Readers make inferences when they determine implicit meaning that is implied but not directly stated in the text.
Type 1: ...by identifying evidence explicitly stated at one location in the text. Type 2: ...by recognizing evidence explicitly stated at multiple locations or with varied wording in the text.	Type 1: ...from particular words, phrases, or ideas in context Type 2: ...from the total text Type 3: ...by understanding the organization of information in the text. Type 4: ...and apply that implicit meaning beyond the passage context. Type 5: ...by incorporating literary knowledge.

　　与传统阅读考试中技能分析不同，FAST-R 对思维水平和类型的编码方式关注的重点是，学生为回答问题需要做什么，而不是阅读问题在问什么。这种区别虽然微小，但考查数据的方式决定了我们将看到什么样的问题，以及采取什么样的措施。例如，一些传统阅读评价可能将某些阅读理解题归为考查词汇的题目。学生在该题上的表现差，可能被理解为学生不知道要考查的词或者学生词汇量不大。但同样的问题在FAST-R 框架中，就可以被理解为 MI Type 1 型的问题：根据语境中的单词、短语等决定文本中没有直接表达的隐含含义。基于这种对于问题的理解，教师可能得出的结论是，我们需要教给学生通过分析语境、句法、词法等的策略来推断文本的隐含意义。这种思维水平和类型框架在评价和课堂教学之间搭起了一座桥梁，帮助教师实施形成性评价。教师常常使用这一框架对公开的 MCAS 的测试题和其他多项选择阅读测试题进行编码，为更为正式的评价服务。

（二）形成性地使用终结性评价信息，充分发挥终结性评价的形成性潜质

本节有两个概念，形成性终结性评价和终结性评价的形成性使用。形成性终结性评价（Formative Summative Assessment，简称为 FSA）的概念由 Wininger（2005）提出，意指在课堂上和学生一起检查考试试卷，收集关于学生理解程度的量性和质性的反馈。构成 FSA 的技巧并不独特，独特的是将这些技巧结合起来形成一种方法。仔细分析 FSA 的实践程序，我们会发现其中有非常多的形成性评价要素，如标准的分享、反馈、互动等。要判断一种实践是否具有形成性的作用，应该考查在这一评价实践的过程中，学生究竟经历了哪些学习过程，这些过程是否有利于学习。而不是看一些表面的形式，如评价什么时候发生，教师有没有给学生的行为评分（终结性评价，评分过程是学生参与评价活动之后完成的，其对学习的影响发生在学生的情感层面，如动机等）。高利害终结性评价对学习的促进体现在两个方面：一是对工具动机（或外部动机）的贡献，二是一个设计得很好的评价任务完成过程本身就是一个学习过程，或认知能力使用和发展的过程。而 FSA 的优势在于，它可以充分利用终结性评价的动机促进作用，保证学生对学习的投入，同时，通过后续的 FSA，增加终结性考试中缺乏的教师参与、学生参与、标准分享等过程，将学生的认知参与机会最大化。除了促进学生的学习之外，形成性终结性评价还有其他一些功能。首先，教师会得到反馈，了解哪些教学内容需要巩固，以及教学方法或学生学习的问题出现在哪里。其次，FSA 还提供了收集学生关于考试题目本身反馈的机会。这种反馈有利于改进测试的开发。

这种形成性地使用测试的方式虽然很有价值，但也有一些限制。首先，评价信息能在多大程度上指导教师帮助学生实现学习目标，取决于测试或实施具体任务的频率。其次，如果任务的设计参照的是较为宽泛的标准，那么任务所能提供信息的详细程度很难达到帮助具体学习所需要的诊断性的程度。虽然理论上，这种形成性地使用终结性评价的方式在外部测试中也能用，但在实践中主要还是运用在教师可以完全控制的课堂测试中。Black 等（2003）认为，在涉及外部测试时，这种方法可能从促进学习变成为考而教。另外，目前的外部测试和评价所产生的压力也与良好的形成性评价实践相抵触。不过，Carless（2011）认为，也可以形成性地使用大规模高利害的外部测试（亦称为终结性评价的形成

性使用），只是过程更复杂，对教师和学生的要求也更高。

终结性评价的形成性使用可以用于提升学生在终结性评价中的表现，在此，我们关注的是用什么方法可以将终结性评价的促学效果发挥到最大，而不仅仅限于提升学生在考试中的成绩。

Brookhart（2010）指出，之所以有观点认为终结性评价不能用于形成性目的，是因为终结性评价的结果报告方式不能为学生和教师提供详细、及时的反馈。但如果改变终结性评价的结果报告方式，终结性评价可以用于形成性目的（Bell & Cowie，2002）。另外，终结性评价中的评价任务，如果质量高，与标准一致，完全可以被教师用于形成性评价过程，定位学生的学习水平，为学生提供细致的反馈。最后，终结性评价本身还可以起到许多形成性评价任务起不到的作用，如学生更加关注和更投入评价活动等。加拿大教育部明确提出，要在课堂评价和大规模测试之间取得平衡，大规模评价的结果也要形成性地使用，以利于促进学生的学习。

1995年，SCAA/ACAC为英格兰和威尔士所有学校提供了标准示例材料。其中一份是视频材料，内容是被评为1—8级的学生视频（英语目标1/English Attainment Target 1）。关键阶段三的材料中记录了一个名为Nicole的英语非母语的小女孩参与四个听说活动的情况。看录像的教师可能会注意到，Nicole在非常认真地（有时候是悄悄地）观察同伴的面部表情，虽然同伴在进行互动时，Nicole常常站在一边，很难插话。偶尔，她的话会被更强势的同学打断。不过，当她在活动中获得发言机会的时候，她说得很轻很慢，但很自信，她的语言是结构化的，可以理解的。这些都属于Nicole的学习表现，教师可以形成性地使用。教师可以建议Nicole加强听力方面的技能、认可她在使用第二语言方面的进步、帮助她构建对她来说特别难的句子、为她提供更多在正式的报告中说话的机会（以免被更有自信的同伴打断）等等。通过这些方式，教师可以发展Nicole的听说能力，但所有这些在与视频配套的材料中都没有提及。因为该视频的目的是为了帮助教师判断学生表现达到了何种级别，评价的目的是终结性的，所以对于Nicole表现的评价严格遵守了等级描述中的标准，而Nicole的表现中具有教学意义的特殊特征都被忽略了：

Although she perhaps lacks confidence, Nicole contributes clearly and positively in discussions. She makes substantive points, gives reasons and is able to argue for her views when challenged. She is beginning to ask questions of others and take account of their views. She adjusts her speaking to more formal situations although she is not fully confident in Standard English. Overall, Nicole's performance is best described by Level 5. (SCAA/ACAC, 1995: 30)

这个例子表明，如果教师了解形成性评价和终结性评价的关系，具有形成性评价意识的话，用于终结性评价的学习证据完全可以形成性地使用。

当然，由于终结性评价自身的限制，形成性地使用终结性评价时确实存在一些问题，比如抽样的代表性、学生展示学习成果手段的局限性。但这些问题在不同的学科上表现的程度不同。就英语学科而言，评价针对的是综合语言运用能力，一个好的任务设计可以将构成这种能力的各个要素包含在内，现代技术的发展也使得学生展示语言能力的手段更加丰富，如电脑辅助的口语测试等。问题的关键在于通过精心设计的测试获得的信息并没有得到有效的利用。通常情况下，相关部门没有提供除成绩之外的更为具体的测试结果描述，一般教师由于缺乏评价与测试的素养，不能对测试结果进行科学的分析。另外，因为课程计划中测试的时间问题，许多来自测试结果的反馈不能即时提供给学生进行形成性的使用（Biggs，1998）。也就是说导致测试促学效果不佳的原因很大程度上不在于终结性评价本身的缺陷，而在于人们并未充分利用终结性评价的价值。

Marso 和 Pigge（1993）认为要使测试对学习产生影响，必须满足下列条件：

- 准确描述测试内容和任务类型；
- 测试题目与教学目标相匹配；
- 即时返回批改过的学生试卷，同时对学生的表现进行讨论；
- 从学生的表现中找出学生没有理解的概念，并采取适当的方式重新讲授。

实际上，已经有许多研究为如何形成性地使用终结性评价提供了丰富的经验。Black 等（2003）将终结性评价的形成性使用视为实施形成性评价的方法之一。具体而言，教师可以参照以下三种方式形成性地使用测试，其目的不是评价学生达到的水平，而是促进学生的理解。

第一种方式是通过检查回顾学生的作业和以往的测试题，发现学生掌握得不牢之处，帮助学生准备考试。教师列出一些考试中涉及的关键词或话题，然后，学生根据他们对所列项目的理解程度，配上相应的"X"（不理解）、"√"（理解）或"〇"（部分理解）。这么做的目的在于刺激学生对自己的学习进行反思，让学生自己判断哪些内容已经掌握，哪些内容还需要进一步努力，并在复习时把握重点。教师还可以要求学生找出试卷上不理解和部分理解的题目，借助书本或和同伴一起探索，确保能够成功回答这些问题。第二种方式是请学生自己设计考试题目和评分方案。这种策略不仅可以提高学生的表现，还可以帮助学生理解评价过程，把精力放在改进上（Foos等，1994；King，1992）。第三种方式是教师诊断性地使用测试的结果，并请学生互相批改试卷。Black等（2003）发现同伴批改试卷对学生的学习很有帮助，特别在要求首先制定批改方案时，效果更加明显。因为在要求学生开发批改方案时，学生的注意力会集中在与学习成果相关的质量标准上。在同伴批改结束后，教师可以预留一些时间讨论特别困难的问题。

为了有效地、形成性地使用终结性评价，Black等（2003）建议以下几点做法：

- 学生反思自己已经完成的工作，以确保自己能够做出复习计划；
- 鼓励学生自己设计评价问题，然后对自己的回答进行批改，以此帮助他们理解评价过程，将精力集中在如何改进学习上；
- 鼓励学生通过同伴评价和自我评价运用标准，理解如何改进自己的表现；
- 为学生提供在课堂上修改考试答案的机会。

所有这些方法要求学生理解标准、理解评价过程、反思并判断自己的学习成果质量和同伴的反思质量。除此之外还可以让学生在课堂上重答考试问题。总的来说，实践证明终结性考试应该被看成学习过程中一个积极的部分（Black等，2003）。Carter（1997）发现，通过把测试表现的责任转移给学生，学生对粗心错误的意识增强，在后续的测试中，学生粗心的错误减少。学习和期末考试的情况表明，学生对知识的记忆更加牢固，对学习和测试的态度也更加端正。也就是说，通过加入同伴评价和自我评价这样的形成性评价形式，学生的学习态度和学习成绩都得到了提升。

（三）终结性地使用形成性评价信息，将形成性评价用于高利害终结性目的

为了形成性评价的目的，教师在日常教学活动中会进行多种活动，以收集学生学习信息，如观察、提问、倾听学生讨论、批改学生作业等等。通过此方式获得大量、全面、及时、与具体语境密切相关的学生学习信息。这些信息可以帮助教师和学生决定接下来的教学和学习活动，但是，这些信息不是结论性的，而且可能还存在相互矛盾的地方。那么，具有这样特点的信息是否能用于终结性的目的呢？

有观点认为，形成性评价的信息可以用于终结性的目的。DES/WO（Department of Education and Science and the Welsh Office）（1988）认为，可通过结构化的方法将形成性评价累积起来用于终结性的目的，如将一系列分散的形成性评价的结果累加起来以构成学生成就的综合性画面（亦见 Gipps，1994）。

将形成性评价用于高利害终结性目的的尝试始于 1983 年英国的等级评价方案（Graded Assessment Schemes，GAS）。该方案的目的是在数学、英语、技艺、设计和技术五个领域中建立一个融合终结性功能和形成性功能的新的评价体系。在这个体系中，教师为形成性目的收集的日常学习信息在某个具体的时间点进行累加以用于正式认可的学生学业成就。到毕业时，兑现毕业前累积的成就，学生获得毕业证书（Black & Wiliam，2003）。

该方案（数学）始于 1983 年，终于 1995 年。在这段时间中，GAS 获得了很大的成功。在数学学科中，他们不仅清楚地指明了形成性和终结性功能如何在大规模的评价中结合，还提供了关键阶段完结评价的报告结构如何发展、支持学习进度的模型以及教师在实践中操作的想法。遗憾的是，这个计划最终于 1995 年因以下三个问题而破产：首先，1988 年，GCSE（General Certificate of Secondary Education）规定，就数学课程而言，课程结束后的书面考试成绩需占到毕业总成绩的至少 50%。其他学科在最初阶段使用更频繁的正式测试，也受到了 GCSE 规定的限制。其次，英国和威尔士 1988 年引进了所有学校必须遵守的国家课程。TGAT（National Curriculum Task Group on Assessment and Testing）（1988a，1988b）采用了 GAS 已有的与年龄无关的学业成绩级别模型，但是它规定了一个覆盖 5—16 岁年龄段学生的 10 级学业成就系统，希望普通学生每两年完成一个级别。该系统对于课堂教学来说太

过粗放，覆盖同样年龄范围的等级评价方案要求 20 个级别，这就造成了 GAS 需要针对国家课程规定的级别进行调整的问题。最后，也是最严重的问题在于，保证学校与学校之间在该方案上的可比性以及该方案与其他传统的毕业资格授予之间的可比性需要巨大的行政投入。这三个因素加在一起，使得 GAS 在 1995 年宣告破产。

这一计划的失败给我们的启示是：在制度上，它需要政策的保障，需要对教师判断的信任；在技术上，形成性评价细化的目标要求要与课程规定的目标相一致或统一，也就是说存在对课程标准细化分解以用于日常形成性评价的问题；在方法上，累加方式的科学性问题有待考证；在经济上，任何改革和创新的实施都需要考虑其成本。

GAS 的失败并没有阻止人们探索如何终结性地使用形成性信息的步伐。Harlen 和 James（1997）认为，形成性评价收集的信息可以用于终结性评价的目的，并指出在终结性地使用形成性评价收集的信息时，简单地累加形成性评价的结果不科学，教师需要对收集的信息按照终结性评价的标准进行重新阐释。这是因为评价目的不同，终结性评价和形成性评价在信息阐释方面存在大标准与细分标准、常模参照和自我参照的不同。

形成性评价和终结性评价都参照标准，形成性评价关注的是短期的未来，而终结性评价关注的是长期的未来计划。形成性评价的目的是使其获得的信息可以用于教学和学习，因此所需要的信息类型关注的是当下正在进行的学习活动。因此，形成性评价关注的是能够在具体的活动中得到发展的内容和技能。我们称这些内容和技能为"small ideas"，它们与具体的活动相连，而教师心中应该有"bigger ideas"，具有更广泛的应用，是教师希望学生达到的长远目标（Harlen & James，1997）。Harlen（2005b）认为当形成性评价的信息用于终结性的目的时，需要对所收集的信息进行重新阐释。进行形成性评价时，教师参照的标准是具体到每节课的技能或理解程度的发展性／进阶性的标准，而进行终结性评价时，所参照的标准应该是适用于所有学生的更为宽泛的标准。因此有必要根据终结性评价的标准对学生的形成性评价所收集的学习证据进行重新阐释。

对形成性评价的信息进行重新阐释的另一个原因是，形成性评价是学生个人参照，而终结性评价是常模参照。也就是说，在形成性评价中，对学生作品或进步的判断会考虑学生的努力，学生作品的特殊语境和学生在一段时间内所取得的进步。对作品的判断以及给学生的反馈不仅仅要参照相关的标准，还要参照学生的个人情况。这种自比参照的模式符合形成性评价的目的，因为如果要促进学习、鼓励学生的话，必须考虑学生的个人因素。完全严格的标准参照对于成绩不好、经常遭遇失败的学生来说将起到负面的作用。自比和标准相结合的参照模式用于针对学生个体诊断目的的形成性评价完全没有问题，但用于终结性目的则行不通，因为终结性评价还是需要对学生的表现进行区分，因此必须按照对所有学生都一样的统一标准进行参照评判。所以，当从形成性评价中获得的信息用于终结性目的时，要进行不同于形成性运用的重新阐释。

除了对所收集的信息进行重新阐释之外，终结性地使用形成性评价信息还需要考虑到成本、公平性及可靠性等问题。

形成性评价用于终结性目的的主要形式之一是校本评价。校本评价指的是教师负责对校内学生完成的评价进行评分，而且分数将用于外部终结性评价。在校本评价中，教师需要进行形成性评价和终结性评价，教师一方面为学生的正常学习提供支持，另一方面为学生的表现评分，且分数将作为高利害外部测试的一部分。这种校本评价的优势在于其频率较高，多次进行，所以评价可以覆盖较多，甚至所有的课程目标。Harlen（2007）认为教师负责终结性评价是确保所有评价都有利于学生的特别有效的方式。虽然教师负责的校本评价在一些国家得到了较好的发展，但试图将校本评价的成绩作为用于外部高利害终结性评价的一部分还是遇到了一些诸如成本、行为不当（学生寻求外部帮助）以及教师和学生承受的压力等问题。评价成本和可靠性一直是这种尝试所遇到的两大挑战。这一点在档案袋的终结性运用中体现得尤为明显。

作为一种较为典型的形成性评价工具的档案袋也被尝试用于高利害的测试之中。美国的数个州和较大的学区已经尝试将档案作为大规模问责评价系统中的一个主要构件。在运用于此类项目时，学生档案袋的判断和评分由教师进行或者由一群经过特殊训练的评分员集中在某一地点进行。这两种方式都存在弊端。评分员进行评判的经济成本太高，很少有机构能负担得起。教师进行评判则存在评判可靠性和公平性的问题。一方面，教师没有专业评分员的技能；另一方面教师可能偏爱自己的学生，给自己的学生打高分。为了解决这些问题，一些地方采取了折中的办法，由教师对档案袋进行评判，然后再随机抽取一些教师评判过的档案袋由州官员进行打分，作为对教师评分准确性的监督。由于可靠性的问题，到目前为止将档案袋用于高利害终结性评价的尝试不是十分成功。不过，Cumming 和 Maxwell（2004）的研究表明，只要提供适当的培训、积累一定的经验，再配合调试（Moderation）程序，教师有能力进行可靠的评分。为了提高教师评分的可靠性，需要为教师提供详细的、方便使用的标准，适当的培训机会。Harlen 和 James（1997）提供了三种提高教师评价信度的方法：（1）多位教师一起讨论对所收集到的学生作品的判断。学生的作品应该是档案袋形式的作品集，而不是单篇作品。（2）建立档案袋形式的范例库，作为教师判断的参照。（3）提供外部设计的经过验证可以指明成就等级的任务或测试。

Maxwell 介绍了一个较为成功的终结性地使用形成性评价的范例——昆士兰高级证书中使用的档案袋评价方法。这种方法通过学生档案袋长期收集学生的学习证据，进行进度评价。Maxwell（2004：2—3）对其描述如下：所有的进度评价必须为学生提供关于学生学习表现的反馈。反馈可以包括学生相对于学习目标的进步情况和进一步发展和提高的建议。

为了保证这种方法的效果，有必要将学习期待以学习一般维度（成功标准）的形式表达清楚。然后再讨论学生是否实现了学习期待以及需要做什么以提升学生在将来的评价中同样评价维度上的表现。

当学生建立自己学习证据的档案袋时，早期的评价会被后期进行的涉及同样学习维度的评价所代替。因为评价的目的是为了报告学生在"学习旅程"中所处的位置，而不是学生从何处开始的旅程或学生在整个旅程中的平均进度。

Maxwell 以学习的一般维度确认学习目标和评价标准对于终结性地使用形成性评价非常重要。另外，学习维度的描述要足够详细，既能提供指导，同时规定性又不能太强，否则易损害教师对课程的拥有感。当教师对学习目标和达到目标的进度有充分的理解时，评价的可依赖性将被提高。在昆士兰采用的这种方法中，一方面学校能对自己的工作计划做出决定；另一方面，教师经常参与调试的过程，这都有助于教师理解学习目标和学习进度。对教师专业化的时间予以尊重也很重要（Cumming & Maxwell，2004）。当教师评价的结果对学生具有高利害性时，这些都是非常关键的因素。但是，昆士兰评价系统最重要的特征在于，高级证书中学生评价与学校和教师问责程序相分离。

最后，语境问题也是形成性评价用于终结性评价时需要考虑的因素。Carless（2011）认为，在儒家环境中，校本评价的实施更为复杂。在中国香港的 SBA（School-based Assessment）体系中，教师进行的校内评估的成绩占 HKCEE（Hong Kong Certificate of Education Examination）或 HKDSE（Hong Kong Diploma of Secondary Education）的 15%—25%，但由于属于儒家传统的一部分，SBA 还是暴露出了一些问题，如本意用于减轻考试压力的校本评价没有起到减压的作用，学生对待它的态度依然严肃，对自己的成绩表现期待很高。教师也将其看作正式的终结性评价目的测试，因此使校本评价的形成性作用大打折扣。

形成性评价在高利害评价中的应用是一项系统工程，如何选择合适的评价者，如何确保评价的信度和效度，以及如何在制度上保证公平性并降低成本等一系列相关问题都需要系统地思考与设计。

三、学生主导的形成性评价与终结性评价的融合方法

与教师希望将终结性评价与形成性评价融合一样，学生也常常以各种显性和隐性的方式同时使用形成性评价和终结性评价的信息。Butler 和 Winnie（1995）关于反馈和自我调节的研究发现反馈是内部调节的催化剂。高效的学习者会建立一种认知机制（cognitive routine），帮助他们一边学习一边创造内部反馈。对于他们来说，尤其在学习者较为熟悉的学习领域中，不论是关于学习成果的反馈还是结果知识都足以触发学习者的认知机制。而对大多数学生来说，只有认知反馈或明确将学习者的成就和学习的各个方面联系起来的反馈才能帮助他们发展和维持这种认知机制。

到目前为止，对于学生如何处理终结性评价和形成性评价信息的研究并不多。最有影响的研究是 Brookhart（2001）以及 Tanner 和 Jones（2003）的研究。Brookhart 的实证研究发现学生对于评价信息的使用可以分为四种类型，而 Tanner 和 Jones（2003）的研究提出了学生使用终结性评价支持自己学习的三个条件。这两项研究的结果对于我们理解学生如何使用终结性评价和形成性评价信息来促进学习非常重要，下文将对他们的研究做简单的介绍。

Brookhart（2001）的研究访谈了中等规模郊区学区的 50 名学生。他们当中几乎所有人从各方面来说都是高效学习者。从对他们的访谈中发现，能够控制和观察自己学习的学生不会清楚地区分形成性评价和终

结性评价信息，且他们对评价信息的处理方式可分为四种类型：（1）为终结性评价而学的形成性成分（Formative aspects of studying for summative tests）；（2）学习迁移：带有终结性成分的形成性评价（Transfer of learning: Formative with a hint of summative）；（3）学习自我监控：带有形成性成分的终结性评价（Learning to become self-monitoring: Summative with a hint of formative）；（4）理解的终结性判断（Summative judgments of understanding）。最后一种类型的学生评论最少，10 个学生，10 个评论；而且 10 个评论中有 9 个都是在解剖学测试（一项课堂考试）后做出的。所有项目工作（英语研究论文、诗歌创作、解剖实验室实践）和解剖学测试的学生评论都反映了其他三种评价信息是使用方式中的一种。这三种评价信息的具体使用情况如下：

（一）为终结性评价而学的形成性成分

学生谈到最多的是完成评价的形成性本质，如为测试而学、阅读文献和准备论文等。他们认为参与这些过程（如做作业）是一种学习经历。实际上，理解即将进行评价的期待可以帮助学生进行自我调节。12 年级解剖课上一位女同学对骨骼实验室实践进行了如下评论：

[教师] 期望我们在课堂上要专注，期望我们独立学习。我认为进行小测验是有好处的，因为测试强迫你注意学习细节。他还期待我们到实验室接触骨头，为我们提供课堂时间，因为你不能通过一张图就可以学习 3D 骨头……

我认为获得一次那种掌握了某种东西的感觉真的很重要。就学习技巧而言，这对进入大学学习也是很好的准备，因为大学里会有重要的期中和期末考试（Brookhart，2001：162）。

从学生的评论中我们可以看出，高效学习者不会把终结性评价看成是消极的或是与形成性评价对立的。相反，他们认为，终结性评价可以触发形成性的学习行为——研究和学习。如果是这样的话，应该帮助和鼓励所有学习者看到并理解终结性评价和形成性评价的这种联系。实际上，终结性评价和形成性评价之间这种方式的融合与很多传统的教与学的原理不谋而合。

（二）学习迁移：带有终结性成分的形成性评价

英语和解剖课堂上的许多学生都表示，完成作业的技能可以迁移到将来的学习、工作或生活中。在 Brookhart 的研究中，一位同学表示这种技能很重要，因为它会一直延续到大学。这种形成性使用的指向是学生将来的学习，而不是通常的形成性评价定义中所指的下一步的学习。另一位同学在被问到为什么做好骨骼实验室实践很重要的时候答道：因为想成为一名医生。这两位学生的评论说明了学生将评价期待和评价结果作为自我调节学习的一部分，其目的是为了帮助将来的学习。这种将评价的终结性目的和形成性目的融合起来的思考方式也许是成功学习的一部分。

（三）学习自我监控：带有形成性成分的终结性评价

当学生思考"你认为你做得如何？"这样的问题时，学生做的是终结性判断。但学生对这个问题的回答常常表现出学生同时也在学习进行自我监控。例如，一个学生这样评论自己的诗歌作业：我认为我做得很好。就像我说的，我已经学会自如地表达自己，我认为在练习的过程中，自我表达变得越来越容易（Brookhart，2001：156）。也有其他同学做了类似的评论。从这些评论中，我们可以看出，学生对自己的表现进行终结性判断的同时，会补充某种形成性的功能，因为它帮助他们进行了自我监控和自我调节。所以，这也是一种终结性评价和形成性评价相互融合的例子。

需要强调的是，Brookhart 的研究对象是高效的学习者。她的研究表明，在实践中学生能够融合形成性和终结性评价，而且这种融合会产生很好的效果。我们可以得到的启示是，如果想要提高学习的效果和效率，学习成绩一般的学生应该学习如何将形成性评价和终结性评价融合起来，支持自己的学习。正如教师应该通过各种渠道获得学生的学习信息一样，学生应该充分、有效地利用所有可以获得的信息推进自己的学习，而不是机械地根据教师评价的目的将信息进行分类。

除了 Brookhart 的实证研究以外，Tanner 和 Jones（2003）的研究也很重要，因为这个研究发现了学生自发地使用终结性评价信息支持自己学习需要的三个条件：（1）学生的自我效能必须高；（2）学生必须具有某学科的元认知知识；（3）学生必须意识到并倾向于使用有效的策略检查、改进他们的工作，并对成功和失败进行分析。

虽然这三个条件是以数学课程为基础提出的，但其中蕴含的学习原理应该也适用于其他学科，是学生学习其他课程、使用任何评价信息（不论其意图是形成性的还是终结性的）支持自己学习必须满足的条件。

这些条件的作用在于，不仅指出了除背景和教育之外高效学习者之所以高效的原因，还为我们提供了如何帮助非高效学习者成为高效学习者的有效策略。不过，实施这些策略的要求很高。教师必须进行区别化的教学，满足学生真实的和感受到的需求，以增强学生的自我效能感。教师还必须帮助学生提高准确判断自我的能力，为学生提供改进的策略等。

以上的研究表明，虽然困难重重，但学生主导的终结性评价与形成性评价的融合是可以做到的（Andrade 等，2008）。

小 结
（Chapter Summary）

综上所述，终结性评价和形成性评价的关系十分复杂。它们并不是简单地实现不同功能的两个独立的体系、处于相互对立的位置，而是你中有我、我中有你，在评价各个要素的微妙互动中相互影响，以支持教育体系的正常运作。

在理论上，我们认为形成性评价和终结性评价属于包孕的关系。从目的和功能的角度看，同样的评价信息既可以用于终结性目的，也可以用于形成性目的。只是这种目的存在主次之分，有的评价以形成性评价目的为主，终结性评价为辅，另一些评价则相反。与 Wiliam 和 Black不同——他们认为所有评价都具有终结性功能，但只有少数评价具有形成性的功能（1996），我们认为所有的评价都具有促进学习的潜力，但并不是所有的形成性评价都可以用于终结性的目的，特别是高利害的终结性评价。换言之，就评价形式而言，形成性评价比终结性评价更加丰富，形成性评价和终结性评价是相互包孕的关系。终结性评价的评价对象通常为学生的学习产品，而形成性评价的评价对象不仅包括学生的学习产品，还包括教学和学习的过程（Bennett,2011）。就评价的主体来说，形成性评价的主体为教师、学生甚至家长等，而终结性评价，特别是高利害的终结性评价，在中小学阶段，由教育主管部门实施。从评价的任务来看，形成性评价因为不受时空限制，选择的范围远远大于终结性评价。

从评价过程的角度看，形成性评价和终结性评价也呈现出包孕的关系。虽然形成性评价和终结性评价的过程在宏观上都可以被描述成判断加判断结果的使用过程，但因为所要实现的功能不同，形成性评价的判断过程远比终结性评价的判断过程复杂得多，涉及更多的子过程。终结性评价和形成性评价都需要对学生的当前水平和理想水平之间的差距做出判断，但终结性评价的判断止于此，而形成性评价则需要进一步对差距产生的原因以及弥合差距的方法进行判断。从判断的过程来看，形成性评价和终结性评价同样体现出一种包孕的关系。

在实践上，形成性评价和终结性评价可以相互融合、互相借力，终结性评价可以用于形成性目的，形成性评价也可以用于终结性目的。形成性评价和终结性评价可以融合的基础在于，它们都以同样的能力标准为参照。终结性评价用于形成性目的的关键在于，终结性评价本身的质量和评价者对终结性评价所提供的数据做进一步的处理和挖掘，探索其促进学习的一面，而形成性评价用于终结性目的则需要多关注采用什么样的方式可以确保评价的信度、效度和评价的公平性。

第五章 形成性评价案例
(Cases of Formative Assessment)

前几章我们主要从理论的角度探讨了形成性评价的意义和实践方式，但是在实际二语课堂教学中如何实施呢？参与形成性评价的学生、教师和家长会有什么感受和反馈？在实施形成性评价的过程中，教师会遇到什么困难和问题？该如何解决呢？这些都是教师非常关心的实际问题。本章我们结合临海、深圳和北京等地中小学和大学的形成性评价实施案例，回答教师所关心的上述问题。

第一节 临海
(The Case of Linhai)

浙江省临海市一所中学[②]的高中教师进行了为期两年的评估改革实验——尝试用形成性评价指导学生学习英语。

一、实验准备

该校高一年级的 5 个班共 275 人参与了形成性评价的实验。他们一半以上来自农村，毕业于乡镇初级中学。实验之初，为了摸清学生原有的英语基础，了解学生的情感态度、学习策略、学习需求，课题组给高一年级的 600 多名学生进行了笔试（包括听力）和口试，发放了关于学习策略运用的调查问卷，并对部分学生进行了访谈。这使教师获得了宝贵的第一手资料，在很短的时间里初步掌握了学生群体的基本特点，发

---

② 详细实验情况见任美琴《中学英语有效教学的一种实践模型》（2012）。

现了一些个性突出的学生，初步勾勒出学生原有的认知结构和学习路径。从而使教师能够依据学生群体的不同特点，运用最近发展区域理论（ZPD，the zone of proximal development），确定教学目标，制订教学计划，为课题组制订切实可行的实验方案提供了有力的数据支持。

二、形成性评价体系的构建

通过两年的实验，课题组加深了对形成性评价的认识，积累了很多宝贵的经验。最为难得的是，他们基于形成性评价的基本理念，构建了一个形成性评价体系。

这些基本理念包括：

- 构建"以学生为本"的教育评价理念，致力于学生的长远发展；
- 评价应以具体的目标为导向，要起到推动教学过程优化的作用，以使教学效果更好地向目标趋近；
- 以学生的成长与发展为基本目的，促进评价与教学的协调统一；
- 对学生的评价要重激励、重发展、重能力；
- 采用丰富多样的评价手段和形式，如形成性评价和终结性评价、测试性评价和非测试性评价、课堂教学评价和大规模客观性评价等。

基于以上形成性评价的理念，课题组构建了以下形成性评价体系：

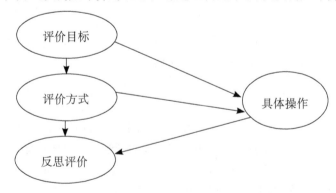

图 5.1　形成性评价体系

首先，课题组制订高中三年的总目标，高中一年的阶段目标和各单元目标。单元目标是在教学中根据教学内容和学生的学习情况逐步制订的，在达标过程中发现没达成目标的，则需要纳入下一阶段目标。如下图所示：

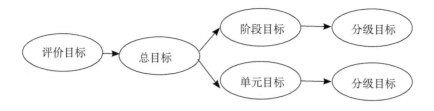

图 5.2　目标流程图

　　有了明确具体的目标，师生在课内外就有了明确的教和学的方向。其次，采用多元的评价方式。在形成性评价的实验过程中，课题组把学生的自我评价、学生间的互评、师生间的互评、教师的自我评价有机地结合起来，运用口头评价、书面评价、量表评价等多种评价手段，建立多元评价体系。（见下图）

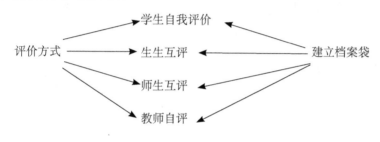

图 5.3　形成性评价手段

　　在口头评价方面，教师充分利用课堂、早读、晚读等观察学生的活动（如高声朗读、背诵、课堂发言质量和次数、小组讨论的主动性和互动性），用专门的日常口语成绩表进行情况记录；同时，了解学生的问题和困难，给予学生及时、必要的指导，协助其解决问题和困难。此外，组织学生成立口语小组，平时的课文背诵、课堂讨论、课后的合作任务都在小组内完成。同学之间互相检查、评价。小组活动通过互问、互学、互教、互查，培养学生的合作精神，便于学生之间进行互评，同时也锻炼了部分学牛（如组长）的组织协调能力。在书面评价方面，教师通过给学生布置日记、周记、课文改写等写作任务，在写作实践中培养学生的书面表达能力。同时，通过上述评价手段，及时地反映出学生的知识掌握程度、智力发展程度和运用知识的能力水平。

　　此外，教师还设置了各种各样的评价量表。在口语、阅读、写作、听力等方面，都有学生自我评价表、相互评价表，教师对学生课堂活动参与情况的评价表、课堂教学评价表等一系列的评价表格。教师还针对高一、高二的口语测试设置了评价标准。

学习档案是形成性评估的一个主要手段。学生是建立学习档案的主要参与者。在教师的指导下，学生在建立学习档案的过程中对自己的学习情况及努力方向（形成性目标）有了比较明确的认识，因而能够逐步自觉把握学习进程，体验点滴成功，掌握反思技能及决策技能。学习档案的主要内容包括：书面作业评价（抄写、造句、仿写、作文等），作品，反思日记，量表（课堂学习行为、参与度）等。下图展示了学习档案建立过程。

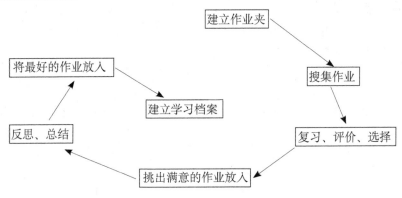

图5.4 学习档案建立过程

再次，适时进行评价反思。评价反思包括学生反思和教师反思。反思是一个提高学习自律性的有力工具。课题组教师看到了学生在学习过程中、自己在授课过程中所经历的可喜变化，从而体会到：反思活动应该成为日常学习和评价的一部分。因此，在日常学习和评价活动中开始注重为学生和自己提供反思的机会。学生反思通常通过日记和周记来表达，而教师的反思则通过问卷和访谈来实现。如下图所示：

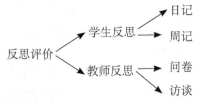

图5.5 评价反思方式

学习日记能够及时地反映出学生在教学过程中的知识掌握程度、智力发展程度和运用知识的能力水平。它是提高学生笔头能力的一种有效方法。同时，写学习日记又是一种快捷的信息反馈渠道。日记可以天天记、隔天记，甚至是每周记。无论采用哪种形式，课题组都要求学生每周必须对所学功课作一描述，且描述时尽量运用近阶段所学的词汇、句型和语法，来表达自己的真实想法或观点，评价自己学习过程中的得失，对下一阶段的学习做出初步计划，并及时反馈教师在教学中的成功和失败之处。总之，通过写日记，学生能把信息及时反馈给教师，有利于增进教师对学生的了解，并促使教师反思和调整自己的教学行为。

通过问卷，教师能了解当前的教学状况，体验成功，明确教学的缺漏之处，反思并调整教学策略及内容。通过师生间的访谈，教师可以收集有关学生个人成就和学习需求等方面的信息。通过与个别学生的交流，教师还可以发现学生对自身学习状况（如进步、困难）的看法。因此，课题组专门设计师生访谈内容，教师每周抽出一定的时间，有选择地找部分学生交流教与学的情况，对学生的学习档案进行面对面的评价，并指导、鼓励学生持续发展。

与此同时，为了帮助学生在课外养成良好的学习习惯，课题组还设计了"学习联系单"和"作业联系单"，及时与家长取得联系，与学生本人沟通，引导他们对自己的学习行为、学习过程、学习方法进行反思评价，扬长补短，及时发现并解决问题，从而取得理想的学习效果。

这个评价体系具有很强的可操作性，对于想要尝试运用形成性评价的教师有重要的借鉴意义和参考价值。

三、形成性评价实验的效果及反思

令课题组欣喜的是，形成性评价实验的效果在一年后已初步显现。首先，学生的英语成绩得到了提高，在市级高一学生期末测试中参与形成性评价实验的学生取得了较好的成绩。同时，在学校举行的口语测验中，参与实验的班级也取得了更好的成绩。

其次，学生的英语运用能力得到较大的提高。在市教委教研室举办的"中小学英语节目汇演"中，两位学生主持人以得体大方的举止、流利地道的口语赢得了在场观众的由衷赞叹和阵阵掌声。在英语奥林匹克竞赛中，实验班学生首次为学校夺得多项大奖：全国一等奖一名、二等奖一名、三等奖二名。创办了由课题组教师指导、学生编写的英语杂志《阳光》（*Sunshine*），该杂志是全省第一份由学生自己撰稿、编辑、排版的外语杂志，获得省教研部门和各级专家的好评。在"Spring Melody（春之韵）"社区汇报演出中，学生的精彩表演得到了广大市民的好评，三个节目还被选送到省里参加双语短剧比赛，其中一个节目获得二等奖。

再次，教师素质得到显著提高。形成性评价实验的推进，给教师带来了不小的挑战。在迎接挑战、战胜挑战的过程中，教师的教学和评价理念得到了更新，科研能力得到了提高。在市级高中英语优质课竞赛和教学技能大赛中，第一名均为形成性评价课题组成员。实验的两年间，课题组教师完成大量科研论文，其中获市级以上奖项的有10余篇，在省级以上刊物发表的论文近10篇。由课题组成员主编或参与编写的三本教学用书由省级以上出版社出版发行。

基于此，形成性评价的实验促使课题组成员迅速地成长起来，并带动了整个英语组教学和科研水平的提高，为学校赢得了很多荣誉和发展机会。该校英语组被评为市级先进教研组；该校以外语和体育为特色学科，被省教委批准为"省二级重点中学"。市教研室也经常将英语教研会、新英语教师培训、学生英语竞赛等活动委托该校承办，使教师获得了更多的学习机会，开阔了他们的教学和科研视野。此外，近几年省中小学教师培训中心在组织省级英语骨干教师培训时，多次邀请该校教师进行经验介绍、评课或示范课展示，教师的出色表现受到了与会教师的好评。

四、教师和学生的感受与反馈

形成性评价的效果如何，最有发言权的应该是参与实验的教师和学生。尽管形成性评价的开展需要教师和学生投入大量的时间和精力，但是参与评价实验的教师反馈，学生在形成性评价活动中表现出的热情，远远高于测试性评价。而教师也认为，大量的时间投入是值得的，因为形成性评价能够把教与学统一起来，它有利于保持学生的学习兴趣，可以帮助教师及时调整教学，使学生达到最佳的学习效果，并最终促进学校教育内容与形式的改善。以下是部分实验教师及学生对形成性评价的认识与反馈：

教师1：我觉得我们进行这个评价收获最大的就是学生，他们各方面能力发展特别快。首先，他们上台演讲的能力表现得很出色，上课发言也好，各方面能力都不错。而且他们写的能力表现得也很好。因为他们的互相评价对他们帮助很大。比如说能在我们英语杂志上发表文章和在"英语周"活动中演出节目的，都是我们英语评价做得比较好的班级的学生。

教师2：我主要参加了写作评价。以前是在课堂上给学生一个题目，给一些要求，让学生写完了交上来，由我来修改，指出语法上和句法上的不足，或者是给一个A、B、C等级，学生觉得这样的评价只是停留在对语言准确性的评价上，而怎样去把文章写得更精彩，与现实生活联系起来，学生心中没有这种概念。怎样把对学生的评价用一个量表设计出来，是很重要的。有了那个量表，学生才有一个方向，通过这个量表，学生可以清楚地看到自己在语言准确性、谋篇、表达自己真实思想方面的优势和不足。以前老师只是给学生评一个A级、B级或C级。但学生不知道从哪个方面来改进自己的文章。有了这个量表以后，学生可以自己评价，也可以小组评价，这种评价使学生有了学习的热情。还有一个很重要的方面就是教他们做人，学生学会信任别人和公平对待别人，通过这种方式，学生学会了团队协作精神，这种精神在今后他们的人生道路上是很有用的。这是我对这个评价的体会。

教师3：我觉得这种方式在课堂上操作起来很好，使学生有了一个努力的方向。学生在乎老师对他们的评价，但是最在乎的是同学对他们的评价。

教师4：我们学校大概已经用了两年的形成性评价，我们课题组相同的感受就是这种评价跟以前的单元评价不一样。形成性评价是对学生全方位的评价。进我们学校的高一学生，80%来自农村，但我们要求一开始就要用英语进行交流，他们都非常害羞，不敢说。做interview的时候，往往老师问三句话，学生还答不上一句。我们通过形成性评价，一开始就给学生一个目标。比如说当学生上台演讲的时候，对他的体态、姿势、语音、音量都做一个评价，这样下一次当他再上来演讲的时候，在不足的方面就会改进。通过这样一个阶段的评价，学生不但在语言方面进步了，而且在其他各方面都有进步。在做的过程中体会到各种各样的好处，也碰到了各种各样的困难，比如说怎样设置目标很难。但总体上觉得这种评价很好，感觉有奔头。

通过访谈，可以看出教师对于评价改革表现出了积极肯定的态度，也对形成性评价在激发学生学习热情、促进学生语言能力和学习能力提高，以及培养学生公平意识和协作精神等方面起到的积极作用表示认可。

以下是部分学生对形成性评价的认识与反馈：

学生 1：这个 assessment 可以看出自己这堂课学到了多少，还欠缺什么，做一个比较，对英语学习很有帮助。

学生 2：我们学习英语是为了运用英语，我们用这样一个测试来评价自己在这堂课所学的英语知识，对于运用英语是很有帮助的。

学生 3：是一个自我评价，同学之间互相帮助，对当堂所学的东西进行落实。

学生 4：这种同学之间的互相评价，改变了以前单一的师生之间的交流，使我们亲眼目睹有些同学真正的水平，改变了以前单是老师说某位同学好与不好的状况。

学生 5：以前我们总是机械地接受老师的评价，而现在可以直接地知道自己有哪方面的缺点，直接改正。

学生 6：通过这种评价方式，我们可以借鉴别的同学的优点，指出他们的缺点，能学到更多的东西；而且如果自己的好文章得到同学的赞扬或是收到同学提出的意见，也可以鼓励自己更加上进或是改正自己的缺点。

学生 7：现在就有一种自己接受它的感觉，是自己操作的感觉。不像以前老师跟我们说哪道题错了就改哪道题，而现在可以直接知道自己有哪方面的弱点，更好地改正。

学生 8：这种评价不仅仅是评价你的知识的掌握程度，而且是一种内在的评价；不仅仅评价你对语法、单词的掌握程度，还对你的口语的流利程度、说话时的表情、姿势等有一个量化的考查。这种全面的考查，能让我们清晰地看到自己的优点与不足。

学生9：现在都在提素质教育，我想这种评价方式应该是一种很好的体现。不像以前，学生只有在考卷上才能发挥他的水平，平时体现不出来。甚至一个考100分的学生，让他上讲台去讲几句话时，却什么都说不出来。

学生10：这种评价让我形成了一种意识。我觉得学习是要有方向的，如果一个人不知道自己学习的目的，那么学习是没用的。这种评价让我有了一个方向。

学生是评价的主体，也是形成性评价的直接参与者和受益者。通过参与实验，他们认识到了形成性评价是更为全面、直接的评价。它超越了教师评价的单一模式，把自我评价和同伴互评融合进来，使自己更清晰地认识到学习中的优势与不足，从而明确自己的努力方向。可以看出，形成性评价的实施有助于增强学生的自主学习意识和能力，使他们成为自己学习活动的主人。

第二节　深圳
（The Case of Shenzhen）

广东省深圳市的一所小学和一所中学也积极开展了评价改革实验。这里介绍该实验的两个特点，形成性评价中学生家长的参与和英语学习网络评价。

一、形成性评价中学生家长的参与

在进行形成性评价的过程中，实验班的教师定期与学生家长联系、沟通并分享学生的学习档案和成就，让家长参与评价。

通过与家长分享孩子的学习经历，评价改革引起了家长的共鸣，得到了家长的支持与肯定。以下是我们与实验班的部分家长座谈的节选，主要了解他们对学习档案等形成性评价方式的想法与反馈。

提问：我们看到孩子的学习方式和老师的评价方式改变了，你们感觉有什么好处和需要改进的地方？

家长1：感觉到很吃惊。我也学了十几年英语，能阅读，但却张不开嘴说英语。我家孩子小学一年级的时候，我记得有一次他的作业是拿几张画回来，根据那张画说英语。虽然语法有错误，但是至少他能说。到了三年级的时候就能写一些小文章了。到了初一就开始写小论文了，第一篇的题目是"Population"。当时我都有些担心，但最后真的写出来了，还很不错。他们做的一些作品都贴在教室里，我们看了都很吃惊。第二点是孩子学习英语很有兴趣，经常学着学着还很激动。比如说他们老师经常带他们开 party，开完以后自己写篇作文。有一次开 party 以后，因为带的菜没有得到表扬，孩子情绪很低落。那次布置的作文题目是"My feeling"，孩子写得很真实，很好。

家长2：首先通过这个教学方法，我感觉现在孩子的口语表达能力很强，不同于别的学校不使用这种教学方法的学生，和以前的教学方法不一样，不是单纯地背单词、做题目。

其次，感觉通过这种教学方法，孩子的理解能力和自主思维能力提高了，从他们自己创作的一些作品中就能体现出来。还有，比如他们上一些国外网站的时候，能很轻松地找到自己需要的信息。这种英语教学方法确实对他们帮助很大。

另外，通过运用这种方法学习英语，孩子的自信心提高了。我听过一次他们的课，发现他们都能积极主动地发言、表演一些小节目。

感觉老师的任务很重，为准备一堂课，老师得花很多时间，准备很多东西。

我想这种学习方式为孩子将来的学习打了一个很好的基础。

家长3：通过几次家长会，我看到孩子们的作品都展示在教室中，能看到比我们孩子更好的，也看到了孩子的优点。老师布置的作业让孩子感兴趣，比如让他们收集资料等，确实能使孩子增长很多知识。还有让他们写论文什么的，刚开始都感觉有点不能相信，但后来看到他们写得真不错。每天老师还让孩子们把当天所学的东西记在一个小红本上，回到家后说给家长听，然后让家长给一个评价。我们觉得孩子每天都在进步，确实挺好的。孩子在做作业的时候也不觉得是负担，挺感兴趣的。

提问：一般孩子不愿意让家长看自己的作业或进行评价，是这样的吗？

家长4：不，他很愿意让我看他的作业，愿意得到表扬，他会感到更有动力。老师有时候开一些英文party，让孩子自己做点东西带去，在party上说英语，很锻炼孩子的口语。

家长5：现在学校的教法和孩子的学习方法跟以前很不一样。我上学的时候，都是灌输式的，老师提的问题都是close question；而现在都是open question，让学生自由发挥想象，很能激发孩子的积极性。这种方法很注重口语的教学，而不是一个劲儿地讲语法。孩子很有兴趣说英语，经常在家中唱英文歌，背诵英语小短文，对他的口语很有帮助。我在这个年龄的时候没有他那个水平。确实，不同的教学方法导致了不同的水平。

提问：现在改变了以前那种只是老师给学生作评价的方法，变成了学生自我评价、同学间互相评价、老师评价和家长评价，您觉得这种方法怎么样？

家长6：我觉得很好。因为过去光是老师给评价、打分，其实也只是看到了学生的一方面，而通过现在这种评价方式，可以从各方面来评价学生，不光是学习上的，应该说这种评价更全面。

提问：这种评价方法对改进学生的学习方式有作用吗？

家长7：我觉得是有的，因为孩子各方面的优缺点同学之间都能看到，根据同学间的评价，孩子能看到自己的优缺点。

家长8：我觉得现在已经形成这样一个大环境，大家都在这么做，所以相对来说同学间的评价还是挺公正的。因为长时间处在这样一个环境里，孩子们表现得都很自然，所以我觉得无论是给自己的评价还是给同学的评价都是出自内心的，而不是虚伪的。

家长分享档案的成果是学生学习评估档案的一个重要组成部分。家长在学校看到了孩子们的作品展示，在家里配合教师完成了家长评价，参与到了形成性评价的过程中。这些使他们对形成性评价有了直接的感受和比较全面的认识。例如，家长看到孩子的学习兴趣很浓，能够用英语表达自己的真实感受；与形成性评价相适应的教学方法、教学活动以及课后作业，都促使学生运用语言完成任务、表达自己的真情实感；特别是通过参与到形成性评价过程中来，家长感悟到了形成性评价的真谛是"孩子每天都在进步"；家长还看到了形成性评价能够全面评价学生的多方面表现，并认可同伴互评的公平性，认识到互评可以给学生提供机会向其他同学学习，反思自己的不足，明确努力的方向。可以看出，这些家长对形成性评价很感兴趣，并且发自内心地支持和赞同。

二、英语学习网络评价

英语学习网络评价是根据一定的教育价值观，运用网络技术手段，对学生课堂英语学习过程和课外英语学习情况进行价值判断，从而为教师提供关于学生英语学习较为全面的即时信息，在多层次评价目标中提高学生英语学习质量。教师在对学生进行形成性评价的过程中，充分开发和运用现有的网络技术，建立英语学习网络评价系统，目的是发挥教学评价的导向、反馈和监控等功能，提高小学生英语学习的兴趣和学习过程的质量，并进一步促进及改善英语教学效果。这种评价方式适合高年级学生。网上评价的特点是信息反馈迅速、操作简单、易于保存，便于及时调整、控制并改进学生英语学习。网上评价的形式有：学生自评、小组互评、家长评价和教师评价。学生每周进行一次自我评价，所需时间大约5分钟。网上评价的内容包括：

- 情感（兴趣、态度、习惯）；
- 语用（听力、口语、朗读、写作、阶段测评）；
- 合作（小组活动、英语角、兴趣活动）；
- 课外活动（课前预习、课外阅读、家庭作业）。

网上评价的策略是关注评价过程、重视主体评价、注重评价效益。网络评价的具体操作在学校网站上通过"学生英语综合素质测评表"反映出来。学生每周登录一次网站填写测评表，完成后所填的信息被自动保存在指定的位置，评价教师可以随时打开文件对汇集的评价结果进行分析并据此改进教学。

第三节　北京
(The Case of Beijing)

一、北京 A

北京远郊区县五所学校的初高中班级，曾尝试进行评价改革实验。在时间紧、负担重、学生语言水平参差不齐的情况下，教师努力将形成性评价和终结性评价有机地结合起来。他们看到了形成性评价对激发学生学习热情、提高学生的语言运用能力，以及发掘学生多元智能等方面所起到的积极作用。而这些正可以弥补频繁的终结性评价的不足及其带来的一些负面影响。下面是教师在评价改革实验中的一些具体做法，以及他们参与评价改革的一些经验和体会。

提问：您在日常教学中使用过哪些方法评价学生的英语学习？哪种方法应用最广泛、操作性最强？哪种方法最能有效评价学生的学习效果？

教师 1：新课程实施以来，我们更清楚地认识到了现有评价机制的一些局限，虽然以前也觉得有问题，但是总是不太肯定。看到新的课程标准之后，我们就有信心了，区里和学校的领导也鼓励我们按照课标理念做一些尝试。我们根据各自的情况想出了一些具体的做法。我在班级里建立了"奖学金"制度。自己制作了奖状和纸币，对积极完成学习任务的同学进行奖励。把课前预习、课上回答问题和完成任务、课后完成作业及项目等都列入考评项目，有具体的量化标准，给每个学生评分，也组织学生进行自我评价和小组评价。每个月汇总一次评价结果，取前几名，发放奖状，集满一定数量的奖状后就可以换取纸币，集满一定数量的纸币就可以换取奖品。虽然都是一些小奖品，例如笔记本、乒乓球等，而且花费也基本上从班费里支出，但是奖品虽小却代表了一种荣誉，得到奖品的学生都非常开心。

但是，相对于这种形成性评价来说，月考和期中考试的压力更大。等学生到了高二，还会有周考。虽然我们觉得这么频繁的考试跟《课标》理念是有冲突的，但也都无能为力。

我们觉得由教师自己想出来的形成性评价方法更好，对学生各个方面的培养都很有效，也能有效地调动学生的积极性。通过这个方法，后进生的进步尤其明显。

教师2：只看重月考、期中和期末考试成绩，的确不全面。所以，我们就开始认真记录学生的平时成绩，把它算作期中或模块考试的一部分。我把平时的学习任务进行细化，比如朗读课文、背诵课文、单词记忆等。学完每个单元，我都对学生进行检测。有时候自己检查，有时候让课代表检查。新课标对学生有明确的课外阅读要求，这个也在平时落实。我让学生准备阅读本，让他们每读一篇文章，就写两三句话介绍中心思想、摘抄好句子或记下学到的词汇。根据学生的水平和精力，要求他们每周读一篇或两篇。如果有学生做得不好，我就会找他谈话，让同桌或课代表帮助他。由于学校干预，平时成绩不能超过50%，我们设定了平时成绩占40%，模块考试占60%。但平时积累对最终掌握效果有重要意义。在学Poems单元的时候，我让学生学写五行诗，做成海报。学生写得不错，用词也很好。我认为如果老师和学生有精力，这种方式对学生有促进作用。高一或高二的学生时间还比较多一些，到了高三肯定就没有时间了。我对终结性评价也抓得很紧，除了年级和学校的测试，我还进行单词听写、百词测验，单元检测题有时用现成的成套试卷，有时会和几个老师一起出题。

相对来说，我使用检测和测验比较多，但也在努力坚持平时的形成性评价。我觉得形成性评价与测试要结合起来。我认为形成性评价注意过程，有积极作用，但要看教师精力是否允许，可能主要用于高一、高二，而且老师要辛苦一些。

教师3：最终分数来自考试和平时成绩。平时成绩包括读单词、背课文、课外阅读（保证一定的量）、课后作业和设计海报，各项占一定的分数。本想考试占用的时间再少些，但学校没有通过。每个模块围绕交朋友、加拿大、运动会和节日等话题，让学生制作一到两次海报。文章学生自己写，图片也要自己找。海报做好后，学生还要在全班同学面前讲解，由同学和老师打分，最后在班里展出。参与这个活动时，学生的积极性很高，也很珍惜自己的成果。有些学生的出色创意也让我意想不到。制作"节日"话题的海报时，有个男生将海报做成两扇门，两边是对联，春节的介绍在门里，很新颖。有的老师说学生没时间做这些，但我觉得这对学生来说并不是负担，而是展示的机会，是他们自己愿意做的事情。到诗歌那个单元的时候，我就让学生写诗。到戏剧单元的时候，我会让学生表演短剧。针对高一的学生，我还尝试过让他们学每个单元后 Reading for fun 的小诗，然后自己翻译。学生翻译得很好，而且还用不同颜色的笔来写，家长也普遍反映学生的积极性高。但这些评价方式在高三就得全部停下来，因为考试太多了，例如月考、期中、期末考试和随堂考试，每单元一次。

测试用得更多。但其他方式其实也不太占课堂时间，可能计算分数会花些时间。高三时间紧张，估计就用不上形成性评价了。

我觉得把形成性评价和终结性评价结合起来更好。

教师4：我补充一下，就是我经常让学生写诗，开始的时候学生都不相信自己能写英文诗。但是坚持一段时间后，有些学生能写得很好。

教师5：我发现学生有竞争意识，就让学生分成小组，并在小组之间展开写作竞赛。通过学生互评和教师评价来确定成绩，用2到5颗星来表示不同的成绩。学生的积极性很高。这个是平时成绩中重要的一项。不仅对提高学生写作能力有好处，还能激发学习主动性，培养团队合作与竞争意识。

教师6：我们把终结性评价和过程性评价结合起来。学校对阶段性检测和课前小测抓得很紧。我们关注平时成绩和多元的评价方式。例如，我尝试把小组作为一个整体进行评价，用优良中差几个等级记录成绩。平时成绩中有一项是阅读过关，小组之间要进行评比。如果哪个同学老是读不好，组长和其他同学就着急了，因为他们害怕影响小组成绩，然后就会在课下帮助他。这样一来，我们既提高了学生的团队意识，又培养了他们的互助精神。我想过用档案袋，但听说老师投入较多，而且我们太忙了，也不知道具体该怎么做。

各种测验还是占用了很多时间，好处是便于发现问题。单一的评价方式不能全面反映一个学生的学能。我还是希望最好把两者结合在一起。

教师7：我尝试了让学生做"小老师"，这种方式可以对学生进行比较全面的评价。比如上一节课讲了一项新的语法知识，下节课复习的时候我就会请一个程度好的学生讲解3~5分钟。开始的时候效果不太理想，原因是我随机请学生讲，事前没有让学生做准备，所以有的学生觉得很突然，耽误了一些时间。后来，我会提前通知学生，让他/她做些准备，我在课前检查一下准备情况，课上效果就好多了。学生说这个活动很锻炼人。我也认为，学生讲解时用的语言很生动，有的孩子很会打比方。下面的学生听得很认真，我也从他们身上学到很多东西。

教师8：我组织学生开展词汇竞赛，以小组为单位，每个单元一次，用小组互评的方式计分，计入平时成绩。同学们很有兴趣、效果很好。其他方法用得比较少，因为时间太紧张。

教师9：我使用课堂观察的方式，记录学生的表现，比如学生回答问题、完成小组活动时的表现，每周我会重点观察某个区域的学生，基本上一个学期下来，全班同学都会有两次课堂表现成绩。小组活动或任务完成后，学生经常会到讲台上进行口头汇报或展示。这时我会要求其他小组进行评分，把所有的小组评分记录下来，取平均分，就是这个小组的一次平时成绩。我还定期让学生对自己在小组里的表现进行自评，再把他们的自评收集起来。虽然工作量比较大，但我还是坚持下来了，而且我觉得形成性评价要长期坚持才能有效果。

我并不觉得测试不好，终结性评价也是不可少的。我们要注意将它跟形成性评价结合起来。既要注重结果，也得注重过程。我觉得没有任何一种方法可以单独非常有效地评价学习效果。

教师10：我坚持把终结性评价和形成性评价都做好。有人认为，形成性评价好，终结性评价不好。我不同意这种说法。现实就摆在眼前，学生的考试成绩必须得抓，不然就是对他们不负责。所以，我会堂堂测验，内容有时是听写单词和短语，有时是默写句子和小段落，而且我全都采取闭卷形式，也坚持全批全改。在写作作业的评价方面，我会让学生进行互评、互改，这样可以减轻老师的负担，但更重要的是让他们相互学习、督促。我发现学生很重视同学对自己的评价，有时候我甚至觉得重视程度超越了老师的评价。我的课代表比较多，每个小组长都是副课代表，他们负责检查本组同学的课文背诵。小组长的背诵由总课代表检查，总课代表的背诵由我来检查。但我有时候也不定期地抽查小组长和其他学生。其实，养成习惯之后，你会发现学生都比较认真、公正。在这个过程中，教师的监督落实也很重要。如果发现评分不公平，我会采取措施。此外，我还非常重视考查学生的学习态度，有人认为这个没有用，但我不这么看。例如，有的同学背诵背得不流利，但是他很主动，到时间了就去找组长背，不拖拉。只要是这样的，我就跟组长说，满分 5 分，你要先给 1 分态度分。那些不积极的，就没有这 1 分。这样坚持下来，背课文的积极性和秩序就能一直保持得很好。所有的这些评价都要落实到平时成绩里，我们要让学生知道付出了就有回报，坚持努力了就会见成效。

目前，终结性评价还占绝对优势，因为考试成绩要计入毕业成绩，其他的评价方式都只是计入学期或学年成绩。学生的最终评价中没有对其他评价方式的要求和体现。

但我会坚持使用一些形成性评价，因为两者的作用不一样。终结性评价就像是目标，而形成性评价好像是为达到目标而努力的过程，二者都重要。

形成性评价和终结性评价的作用和功能不同，需要把两者有效地结合起来才能建立更完备的评价体系。通过评价改革实验，教师认识到了形成性评价和终结性评价的互补作用，通过一系列方式把二者有机地结合起来，并运用学生自评、互评和教师评价等多元化的评价方式，探索有效的评价机制。在时间紧、负担重的情况下，这些教师能够坚持使用一些形成性评价，非常难能可贵。

二、北京 B

北京市一所中学的高中教师，曾进行了为期一年的形成性评价改革实验。实验从高一年级的一个班级开始试点，逐步推广到整个年级。通过开展形成性评价，学生的英语学习热情被激发出来，学习观念和学习方式得到了很大转变，综合语言运用能力得到了提高，多元智能也得到了较好的开发和展示，学生最终具备了较强的自主学习意识和能力。

从发现问题到提出假设，再通过研究尝试解决问题，最后进行理性反思。教师用合作教学和行动研究的模式，推进评价改革实验，取得了较好的效果。下面就介绍一下这项实验的计划、实施和反思情况。

（一）实验计划

高一教学刚刚起步的时候，教师发觉：学生只关心考试考什么，他们对老师非常依赖，习惯于等着老师告诉他们怎样学习才能获得高分。而正常的教学和学习过程，总是受到周考、月考等终结性评价的强烈干扰。在这样的考试机制之下，考试考什么，教师就教什么、学生就学什么。学生在学习时非常被动，只等着老师告诉他们应该记住些什么。在这种情况下，学生不需要反思、不需要独立思考就可以获得高分。

这种来自传统终结性评价的巨大压力，成为阻碍学生转变为自主学习者的拦路虎。于是，教师开始尝试将形成性评价系统地植入日常教学中。他们制订了详细的形成性评价实施计划，旨在激发学生的内在学习动机，并最终使学生转变成为自主学习者。以下是教师制订的第二学期形成性评价活动计划表。

表 5.1　形成性评价活动计划表

项目 ＼ 时间（周）	1	2	3	4	5	6	7	8	9	10
"民意调查"	✓									
制作学习档案	✓	✓	✓	✓	✓	✓	✓	✓		✓
英文电影	✓	✓	✓			✓				
班级小说		✓	✓			✓				✓
口语比赛										
英文短剧					✓					
制作试卷							✓	✓		
小助教								✓	✓	✓
"记者招待会"									✓	

（二）实验实施过程

下面讲述一下这个计划的执行和实施情况。

1. "民意调查"（"Opinion Poll"）

第一学期结束的时候，学生取得了很大进步，对自己的英语学习能力信心十足。教师看到学生的进步感到非常高兴，但同时他们知道，学生仍然有很大的发展潜力，而作为老师，他们仍然有很多需要改进和提高的地方。于是，在第二学期初，他们首先开展了"民意调查"活动，听取学生对上个学期教学情况的意见。在这个过程中，学生会主动反思自身学习过程，而这对于培养学生的自主学习能力至关重要。

教师首先跟学生沟通了对上学期教学情况的反思：他们在教学中有哪些优势和不足，准备在这学期如何改进。然后请学生给他们提出建议和想法。教师把学生分成四人小组，请他们在组内讨论并写出建议和期望。但他们发现，学生似乎不愿意在班上讨论此事。可能是他们不习惯指出老师的错误和弱点，或者说其他老师很少询问他们的意见和想法，所以他们不知道该怎么做。

在这种情况下，最初收集上来的建议基本上是"你们太棒了""没有什么需要改进的地方"。教师经过讨论分析，认为学生可能没有感觉到跟老师是平等关系，所以不能自由发表自己的意见，这使得他们无法主动参与到反思的过程中来。于是，老师又换了一种方式。他们给学生布置了一项写作任务：写一封建议信。让老师们欣喜的是，第二周他们收集到了很多宝贵的建议。比如：有的同学提出来"课上的效率应该提高"，有的希望教师把课后练习的答案提供给他们自行核对等等。很多学生也对教师的教学给予肯定和赞扬。教师阅读这些建议信时，非常感动，他们感到这样的沟通是真诚的、心与心的交流。学生需要真诚的鼓励、极大的耐心和系统有效的帮助，才能成为具有批判思维的自主学习者。

读完学生的建议信后，老师立即向学生表达了真诚的感谢。课上，老师们朗读了几封建议信，并告诉学生已经根据他们的建议调整了本学期的教学计划。教师感到，学生在为自己感到骄傲，因为他们观察到，当学生发现自己的意见被采纳时，眼中闪烁出自信和喜悦的光芒。那一刻，老师明白了，其实学生非常渴望得到尊重和鼓励。

2. 制作学习档案（Creating Portfolios）

消除正规考试和被动学习不良影响的主要办法之一，是引入另一种评价方式：行为表现评价。从第一周开始，教师请学生把每周的写作作业收集起来，制作学生写作档案。通过积极参与档案袋的制作，学生可以确立自己的学习目标，监控自己的学习进展，进行自我评价。此外，教师、家长和学校管理者，可以对每个学习者在某个时期的成长有一个更深入的了解，包括学生的能力发展、知识掌握和态度变化等。以下是教师记录学习档案的具体实施过程：

（1）实施规划

在实施学生写作档案的方案时，首先和学生共同讨论，明确它的目的、意义和步骤，充分听取学生的想法和意见，了解他们的兴趣点以及学习中的困难，以便在设计写作题目时更有针对性和时效性。其次，给学生展示一些高年级学生的学习档案样例，使他们更直接地了解自己需要做什么。

（2）作业原则

布置学生档案的原则是，没有固定唯一答案，充分考虑学生的兴趣和程度，写作题材多变，内容配合课程。每周的写作题目都要有多种选择，留有余地，鼓励学生根据自己的特点和喜好自由发挥。

（3）课堂配合

英语课上，要充分运用创造性思维的策略，激发学生创作的内在动力和渴望。为学生创设民主和谐的氛围，提供与每个单元主题有关的难度适中的课外读物，启发学生多角度思考问题，鼓励质疑权威并参与讨论，让学生从错误中学习，从失败中获得经验。力争使学生成为真正的课堂主体，在探讨与交流中，迸发思想的火花，启迪创作的灵感。

（4）主题选材

教学模式是以多元智能发展为主体的，所以写作选题也应该以开放式、发现式以及多样化的方式进行。其中相当一部分选题是学生在学习活动中自我选定或设计的。教师以每个单元的话题为主线，依据学生自身的兴趣爱好，并结合他们的实际生活，设计出富有想象力的、具有创造性的写作作业。

（5）档案评估

使用学生档案的基本理念是，重视教学的过程，强调知识的探索历程远远重于获取的结果，发展学生的自主意识和自我潜能。评估过程应该是系统化的，又是个人化的，是通过教师评语、学生自评和相互评估，使学生更加明确学习方向，获取学习经验，从而在进取中获得极大的满足感和成就感，这就是档案评估的真正目的所在。

• 教师评语（Teachers' comments）

每周的学生写作作业教师都要全部批改，修改重点语法错误，及时反馈自己的看法。评语主要以平等的方式和朋友的口吻给出，侧重探讨学生文章立意的新颖程度、思想的深度、结构的清晰度和表达方式是否独特。评语不受分数的局限，凡有特色的文章或精彩的段落，便可以展览、讨论和宣读等方式与全班同学一起分享。

- 学生自评（Self-assessment）

自我评估培养学生为自己的学习负责的能力，鼓励学生学会自己思考，看到自己取得的进步及需要改进的地方。教师通过调查问卷、访谈、座谈、建立专用联络邮箱等方式，和学生共同讨论他们对自己学习成果的态度，对学习过程的反思，并帮助学生确立超越自我的新的学习目标。

- 同伴评价（Peer assessment）

在互评的过程中，鼓励学生坦诚地交换意见，但对事不对人，学会在友好的气氛中讨论、交流与合作。每隔一个月左右，学生可以挑选出自己最满意的文章，与同桌或同组的同学交换作品，并互写评语。

以下是教师总结的制作写作档案的具体步骤：

- 给学生提供几本高年级学生学习档案袋的优秀范例，请学生思考自己的学习档案袋会是什么样的；
- 依据课本上的单元话题，每周给学生布置一项写作任务；
- 要求学生完成写作的第一稿和第二稿，然后将满意的作品放入档案袋；
- 要求学生随时收集教师评语、同伴评语和自我反思，在临近期末时，将这些资料放入档案袋；
- 鼓励学生为自己的档案袋设计个性化的封面、目录、反思页、附录等；
- 请家长定期翻阅孩子的档案袋；
- 在学校布置展板，展出学生的档案袋作品。

（6）教师反思

实验证明，学生写作档案在英语教学中的运用取得了积极明显的成效，主要表现在以下三个方面：

- 学生对英语学习的积极性显著提高，特别是讨论与写作有关的单元主题时，思维特别活跃；
- 英语写作水平明显改观，语言表达更加地道，内容独到，联想丰富，富有创造性；
- 档案袋为学生展示潜力、创造力和责任心，提供了一个很好的平台。

在英语写作档案的运用中，教师深刻体会到了中国学生所具有的潜能。他们并不缺少创造性，而是缺乏展示才能的舞台及尊重个性的具体指导。英语写作档案的制作，并非哗众取宠、华而不实，而是充满挑战性、多样性和新奇性的，是学生所喜爱的个性体验，为他们展示才华和提高写作能力创造了条件和空间。

3. 英文电影（English Movies）

观看英文电影可以帮助学习者提高听力技能并加深对西方文化的理解。从第一周开始，教师会每周精选一部语言相对较简单的经典英文影片，例如《狮子王》《罗马假日》《花木兰》等，利用午休时间，给学生播放半个小时。虽然他们每天的课程安排非常紧张，但是仍然有一半学生对这些影片非常着迷。在学期快结束的时候，学生开始阅读简单的影评，并自愿撰写自己的电影报告，很多学生写出了非常好的影评。随后，学生自己走上舞台，开始表演英文短剧，而之前看过的那些电影和撰写的影评给他们带来了不少启发与帮助。

4. 班级小说（Class Novel）

在教学过程中，老师观察到学生有各种各样的才能，但是他们缺乏开发与展示才能的机会。于是，从第二周开始，教师请学生轮流为一本"班级小说"编写一个自然段，这样不仅可以开发他们文学方面的才能，还能激发他们的写作热情、培养他们的组织才能和合作精神。但是，对学生来说撰写一部英文班级小说是个不小的挑战。很可惜，最终班级小说没有能够很好地坚持下来。

最初，情况进展比较顺利。当教师请学生为班级小说写个开头时，每个人都跃跃欲试，表现出极大的热情，以至于在随后的课堂上，教师用了整整一周的时间才读完所有的开头，并请学生投票选出最佳开头。接下来的两周，班级小说也在学生中间有序地传递着，每个学生都在规定的时间——三天内——完成了自己的一个自然段。老师每天课上都用五分钟来大声朗读他们的文段。但是，随着期中考试的临近，沉重的作业负担和巨大的考试压力，使他们不得不停止了小说写作。对于这次失败，老师进行了及时的反思：他们意识到在制订任何计划时，首先要考虑学生的时间安排和可承受能力，而不能仅仅从教师的角度去考虑问题。

5. 口语比赛 （Oral Competition）

教师对口语比赛的筹备始于第二学期初，主要是想帮助学生改进他们的语音语调。由于口语比赛后来扩展到整个高一年级，每个班级只能选出五名选手参赛，很多学生都认为自己被选中参赛的几率很小。于是，他们不再努力准备。这不是老师所期望的，因为老师希望所有的学生、尤其是那些语音语调还不太令人满意的学生，能够在准备参赛的过程中得到一定程度的提高。

于是，教师要求每个学生录制一段五分钟的语段，并在课上播放每个人的录音。学生有三周的时间去准备、练习和提高自己的口语水平；三周后，每个人将提交五分钟的录音文件。全班同学都作为评委，用老师设计的口语比赛评分表给每段录音打分。最终，学生将自己选出选手代表班级参赛，每个人都有参赛和提高口语能力的平等权利。

三周以后，35 位学生上交了录音文件，教师在课上组织了班级选拔。经过全班学生的评分，五位选手脱颖而出，其中有两名男生、三名女生。比赛结果令人欣慰，两位学生获得一等奖、两位学生获得二等奖、一位学生获得三等奖。更令人高兴的是，通过参与这项活动，很多学生努力提高自己的口语水平，在语音语调方面取得了很大进步。有些学生的参赛文段是自己写的，写出了自己在生活中的真情实感，有助于学生之间、师生之间增进交流与了解。

6. 英文短剧 （English Skits）

第五周学戏剧单元，所以教师结合单元话题培养学生对戏剧的赏析能力、激发他们的表演潜力，为他们创设运用听说读写技能进行英文戏剧表演的机会。教师请学生自愿结成戏剧小组，给学生推荐语言比较简单的英文短剧，由学生根据自己的兴趣选定剧目。学生在筹备戏剧表演时，表现出极大的热情，他们利用课间和课后的时间进行准备，改编剧本、背诵台词、准备道具和布景、排练。最后的表演非常成功，每个小组上台表演的时候，台下的观众都热烈鼓掌。老师在观看学生表演时感触很深，他们觉得学生的潜力太大了，每个学生都有自己独特的个性和才能，而老师一定要多为学生创造各种各样的机会，去展示他们的才能。老师感觉到，英文短剧表演之后的日子里，学生在课上更喜欢表达，对英语口语的训练也更加重视，在课下更喜欢读英文小说和短文。

英文短剧表演带给学生的是全方位的提升与改变。

7. 制作试卷（Making Exams）

学生都不喜欢考试，因为高中阶段的考试非常频繁，而且考试内容时常比较枯燥、过时，考试形式也不太吸引人。因此，在距离期中考试还有三周的时候，教师请学生自行结成2—4人小组，制作考试试卷。教师鼓励学生回想或者记录自己身边的事情，使用所学的语言知识或语法规则编写试题。

并非所有的试题都尽如人意。有三分之一的试题完全参照传统试卷的模式，基本上是从教辅书上摘录的语法练习题。但是，有些学生成功编写了包含西方文化知识的阅读语篇。共有八份试卷在内容和形式上都非常有创意。教师把这些试卷汇编在一起，统一印制给学生，进行了一次考试。这是期中考试前的一次重要复习活动。当学生做着他们自己设计的试卷时，教室里不时传出阵阵笑声，有些学生从头笑到尾。当时一点都没有常规考试的紧张氛围。这次活动说明，考试也可以充满乐趣。

8. 小助教（Teaching Assistant）

学生常说："我们不喜欢'填鸭式'的教学。"所以，教师就想，我们是否在帮助学生提高自主学习能力，他们离成为独立学习者还有多远。于是，教师决定开展"小助教"活动，旨在为学生提供更多主动学习的机会。其实，每个小助教给老师提供的帮助可能都不一样。有的学生可能会主动协助教师讲解一篇课文，有的愿意协助老师讲解一个语法项目，有的想与大家分享记忆单词的方法。同时，教师会对小助教备课时及在课堂上表现出的学习态度、知识掌握程度和学习进步情况，进行实时记录并给出一个相应的分数。

下面是老师给出的一个"小助教"实例。有一个叫埃米莉（Emily）的女孩是第七周的小助教，她负责讲解一个关于"纸的制作过程"的语篇。提前三天的时候，老师请埃米莉到办公室讨论备课教案。埃米莉的想法让老师大吃一惊：她想假扮成一张"纸"，然后在全班同学面前演示纸的制作过程，以直观生动的方式让同学们更好地理解课文。在老师的帮助下，埃米莉改编了课文，进行了一次活泼生动的演示。在学生的协助下，教师感到自己的角色正在随着学生的进步而不断调整，学生的自主学习能力逐渐增强。

9. "记者招待会"（News Conference）

"记者招待会"本来安排在第九周，但为了和单元话题更加贴近，被推迟了四周，主题是"如何更有效地学习英语"。教师提前联系了几位英语专业的大学生，负责回答小记者们的问题；并把学生分成四人小组，每个小组是一个记者小组，通知他们提前准备好3—5个与主题相关的问题。在准备的过程中，学生对这项活动表现出了极大的热情。但是，到了举行"记者招待会"的当天，面对"大学生代表团"，他们却表现得不那么积极了。他们都非常害羞，有些在后排的男同学还不时地小声讨论。教师意识到学生没有进行充分的准备，而且对这项活动没有表现出应有的认真态度。直到最后，才有几个学生问出了几个非常宽泛的问题，如"请问我们如何做才能学好英语""应该如何背单词"等。"大学生代表团"的客人们非常耐心地解答了小记者们提出的问题，教师也协助解答了其中的一些问题。但是，教师对学生在这项活动中的表现非常失望，并在课下积极反思出现这种情况的原因。

几天以后，高三年级的一个班也举行了类似的活动。他们的老师邀请的是清华大学的几位学生，选择的是一个学生很感兴趣的主题：面对高考和大学生活，你准备好了吗。据说活动非常成功，所有的学生都积极地参与了提问与讨论。此时，教师意识到，"记者招待会"活动的失败，其中的责任不光在学生。如何选择一个学生感兴趣的话题也是非常关键。教师应该在选择话题时充分征求学生的意见，选定一个贴近学生生活、能满足学生的好奇心与求知欲的主题，这样学生才能被吸引，并愿意投入时间准备问题。同时，教师还应该事先了解学生的问题准备情况，在必要时帮助学生准备一些具体的、与主题相关的问题。

（三）实验反思

在一年的实验过程中，教师观察到学生在逐步地向着自主学习者迈进。从确立学习目标、确定学习内容，到反思学习过程、选择学习策略，他们逐步学会了为自己的学习负责。教师感受到：自主学习是一种能够为自己做决定的能力，而学习者应该有权利选择自己需要的东西。自主学习者需要在关注自身发展过程的同时，确立长远目标，这样才能把自己当前和将来的学习生活系统地安排好。自主学习者应该能够驾驭自己的生活，把学习作为生活的一部分，并总能从生活中寻求更多的意义和快乐。

通过一年的研究与教学，老师意识到学生的自主学习能力和教师发展密切相关。与学生共同承担责任，不仅有利于学生的成长，也能减轻教师的负担。教师将有更多的时间来完善自己、发展自己，这使教师获得了一种职业成就感。老师意识到，语言教师不仅仅应是语言知识的传授者，更应是学生成长过程中的支持者和协助者。"教"是为了"不教"，即要教会学生如何学习，使他们逐步成长为独立的学习者。

在教师设计的九类形成性评价活动中，有些活动最终没有取得令人满意的效果，原因之一就是频繁的考试和紧张的时间表给学生造成了巨大的压力。仅仅靠考试这种方式对学生进行评价，无法给学生的学习带来积极的反馈。而其实这种积极的反馈是学习过程中非常宝贵的一部分，否则学生很可能因为挫败感和缺乏自信而放弃努力。

教师还意识到，形成性评价和终结性评价其实不是分离和对立的，而应该是相辅相成的互补关系。形成性评价的有效实施，可以在一定程度上确保终结性评价获得较好的结果。而合理的终结性评价结果，应该按照一定比例体现出学生在各个阶段的表现。终结性评价的结果，可以作为改进教学策略、调整教学进度或改善学习环境的依据；而形成性评价可以协助教师进行终结性的评分与判断，并帮助教师判断哪些学生在哪些方面需要改进。

（四）教学启示

尽管形成性评价有其先进性，但在实施过程中仍有一些问题需要关注。首先，开展形成性评价需要耗费大量的时间，尤其是针对学生个人的评分，需要对学生的行为表现进行持续细致的记录。其次，当教师在班级（尤其是大型班级）开展独立学习活动时，应考虑是否能够按时完成教学计划。根据教学计划和课程要求，参照学生的可承受能力，制订切实可行的计划。再次，也是最为关键的问题，是大量考试及与之相关的奖惩机制，使得教师和学生承受了巨大的压力。教师一个阶段的物质和精神奖励，往往与学生的分数挂钩，这种做法使得教师的主要职责变成给学生提高分数，使教师的角色局限于知道答案和讲解答案，而不是学生学习活动的指导者、协作者和帮助者。而学生则在大考小考一律按照分数进行排名的压力之下，想尽办法获得高分。面对这种压力，提高能力远不如突击几套模拟题更为便捷有效。

因此，要有效推进形成性评价活动，首先必须要转变学生的学习观念和对评价的认识。否则，学生不会积极参与教师设计的任何与能力有关、但不能迅速提高分数的活动。转变学生的学习观念，就要首先了解学生现有的学习观念。这项工作，要在高一年级开学的第一周来完成，可以通过调查问卷、课下了解情况等方式进行。抓住症结，对症下药，给学生展示成功学习者的正确理念和学习方法，使他们认识到，提高语言运用能力和提高考试成绩不矛盾。能考高分的学习者语言能力不一定强，但是语言能力强的学习者加上适当的应试技巧，就一定能够获得好的成绩。其次，要让学生理解，一两次考试往往不能客观反映出学习者的真实水平，或者至少无法全面地反映出一个学习者的努力程度和进步幅度。了解一个人在群体中所处的位置很重要，但更重要的是要看一个人在一定时期内与自己相比是否取得了进步。再次，要给学生进行高中英语学习策略和方法上的指导，"授之以鱼，不如授之以渔"。在开始正常的英语教学之前，要与学生沟通高中学习的阶段性特点，向学生演示应如何选择适合自己的学习策略与方法。可以收集一些成功学习者的案例，在课上直观生动地给学生集中展示，尽量避免枯燥抽象的讲解。第四，要利用各种机会转变家长的教育观念和对英语学习的认识。教师可以通过定期请家长阅读学生学习档案、班级小说，邀请家长到班里参观学生的作品展览、到班里听课等方式，加强与家长的沟通与合作，并请家长真正参与到形成性评价工作中来。家长一旦认同了教师的教学理念，就会给予孩子各方面的理解与支持，为孩子创设更加健康积极的英语学习环境，促进学生和谐发展。最后，要与周围的同事和学校行政部门进行积极的沟通，赢得他们的理解与支持，为自己创设一个和谐的工作氛围。形成性评价的有效实施需要教师投入大量的时间和精力，如果得不到学校有关部门和周围同事的理解与支持，就有可能陷入势单力薄的境地。

总之，形成性评价的有效实施，离不开教师、学生、家长、学校等各方的共同努力。在进行形成性评价的规划与实施过程中，教师一定要注意与以上各方加强沟通与联络，争取各方的理解与支持，这样可以避免陷入困境，或更容易解决所遇到的问题。

第四节 写作档案袋
（**Writing Portfolios**）

我们在第二章介绍了形成性评价工具之一的学习档案袋，在此，我们以某大学英语专业一年级学生的写作课档案袋的建立为例，说明档案袋建立的步骤和内容。

为了提高学生的英语写作水平，尤其是刚入学的新生对于英语写作课的兴趣，承担写作课的教师将写作档案袋作为课程成绩评定的一部分，并且占到最终成绩的 60%。作为课程的一部分，写作档案袋计划包括综合档案袋和故事档案袋，学生任选其一。

一、教师向学生介绍两种写作档案袋，说明写作档案袋的目的、内容和具体要求。

Composition (I) Portfolio Assignment

Grading: Your portfolio will count as 60% of your overall grade. It is a cumulative grade, which means that it is intended to reflect your progress as a writer over the whole term.

Portfolio: Your first task is to decide which kind of portfolio you wish to complete.

Content: You may choose either of the following two options to prepare your writing portfolio.

Option A: Comprehensive Portfolio

- All final drafts of compositions completed for this course. Note: you may revise any of them again before including them in your portfolio, but this is not a requirement. Typed final drafts would be nice, but this is not required. Compositions should be presented in chronological order.

- Select two compositions for which you can provide at least one draft other than the final draft (preferably two other drafts) to show your writing development.

- Include an unfinished composition, or one which you submitted for a grade but wished you could have had more time to revise again.

- Provide a one paragraph commentary for every composition in your portfolio. For your two selected compositions, provide an additional paragraph of commentary for each draft. For your unfinished composition, explain in two paragraphs why you wish to further revise it at some point in the future.
- Provide a table of contents for all work included in the portfolio; no page numbers are necessary, however.

Option B: Story Portfolio

- Select one composition for which you received good peer editing. Explain why you found the peer editing helpful for revision. Suggest things the peer editor could have also pointed out for you.
- Select one composition that you consider formal writing and one that you consider informal writing. Explain in one paragraph for each why you have identified or categorized them as such.
- Select only those compositions you like best or in which you can notice writing progress (but at least three altogether). Highlight, or point out passages (phrases, sentences, paragraphs) that clearly demonstrate your writing progress and connect them in a single narrative description. Also, identify themes, ideas, questions, or concerns that you have about your writing progress in these compositions and discuss them briefly. You must have at least one passage from each selected composition.

All portfolios should include

1. An example of Chinglish from:
   a. one of your own compositions
   b. one of your classmates' compositions
   Be sure to briefly explain what you were trying to say.
2. An example of what you consider "perfect English" from:
   a. one of your own compositions
   b. one of your classmates' compositions

c. a literary work or an article

3. Include at least one illustration which you feel either best represents your writing beliefs or interests. This visual image can be in the form of photos, Internet graphics, calligraphy, painting, sketching, magazine photos, etc.

4. A recollection of a writing assignment done in middle school or, if you never had one, thoughts about a writing assignment that you wished you had done. Two paragraphs are sufficient here.

5. Optional: for students completing a comprehensive portfolio, you may wish to include a one-page "Portfolio Analysis"; for students completing a story portfolio, you may wish to include a "Who I am as a Writer Profile".

SPECIAL NOTE: During the exam period, please bring a book or article to read through to find an example of "perfect English" which you will record and write about.

教师可向学生提供写作档案袋的范例，并和学生在课堂上进行讨论，以确保学生明确具体的操作要求。

以下是 Fulwiler 的写作档案指南，与上文介绍的档案袋准备方式思路相似，内容略有不同，可供教师参考。

Guidelines for Writing Portfolios

"In simplest terms, a writing portfolio is a folder containing a collection of your writing. A *comprehensive portfolio* prepared for a writing class usually presents a cumulative record of all of your work over a semester and is commonly used to assign a grade. An alternative form of class portfolio is the *story portfolio*, which presents selections from your semester's papers described and discussed in narrative form."

COMPREHENSIVE PORTFOLIO
1. Make your portfolio speak for you.

An unique, colourful, creative, imaginative portfolio presents you favourably.

2. Include exactly what is asked for.

Samples of writing are determined by your instructor.

3. Add supplemental material judiciously.

Includes journal entries, letters, sketches, diagrams if your teacher requires them. Explain why each artifact is included.

4. Include careful final drafts.

Revisions of all compositions are mandatory.

5. Demonstrate evolution and growth.

The writing process is revealed; rough and second drafts should be included.

6. Demonstrate work in progress.

Include unfinished compositions, i.e. ones which may need revision; describe plans for revision.

7. Attach a table of contents.

A table of contents can be included in a cover letter if there are only a few compositions, or attached separately if there are more compositions.

8. Attend to the mechanics of the portfolio.

This includes organizational and presentational concerns.

9. Include a cover letter.

Serves as your most recent, or final, assessment of your writing progress in the course.

STORY PORTFOLIO

1. Assemble all of your collected writing.

Arrange all writing, formal and informal, in chronological order.

2. Reread all your *formal* work.

Discuss instructor or peer editing of major compositions. Highlight brief passages that illustrate your development as a writer.

3. Reread all your *informal* work.

Do the same with minor compositions or self-directed writing samples.

4. Arrange highlighted passages in a sensible order.

Write down your observations from the highlighted passages. Show how one composition connects to another in expanding your writing repertoire.

5. Identify common themes, ideas, and questions.

Expand your observation into a coherent story. You may include an introduction of your class and a section of reflections.

6. Append all drafts in chronological order.

Teacher's comments may serve as the appendix to your story portfolio.

NOTE: A story portfolio is a shorter but more carefully edited and crafted summary of your work. It:

Serve as a narrative describing your writing development in both deed and thought;

Includes excerpts from compositions to provide examples for your narrative;

Includes excerpts from drafts, a journal or diary, class notes, in-class writing exercises;

Includes comments of instructors or peers about your writing or the writing process in general;

Explains, expands on what was already said, and interprets (especially motivation for saying it);

Reveals a theme, or motif, or set of issues in your writing or the instructor's lessons;

Employs either an informal or formal voice—as in a personal letter or report respectively.

(Adapted from Fulwiler, 1997)

教师可根据具体学情，设计不同的档案袋要求，或与学生共同商讨档案袋的具体内容。

二、档案袋收集、分析和评分后，教师可发给学生档案袋自评问题：

Portfolio Self-assessment

1. Examine your portfolio again. If you were asked to create the portfolio now, what would you do differently? In other words, what would you improve or add? Please explain in detail and give specific reasons.

2. If you were asked to create the portfolio now, what would you keep from the portfolio you gave me in July? Please explain in detail and give specific reasons.

3. Did you do any writing in English this summer? If so, describe what you wrote and explain why you wrote it. If not, what kind of writing do you wish you had done (e.g. descriptive, narrative) and why?

4. Did you read any books or articles in English this summer? If so, describe what you read (i.e. how would you describe the writing) and why? If not, what kind of reading do you wish you had done and why?

5. What are your goals for improving your writing skills in this course? How do you hope to meet the goals you have set for yourself?

通过建立写作档案袋，学生不仅提高了英文写作水平，还提高了英文写作兴趣。

小　结
(Chapter Summary)

以上是浙江临海、广东深圳、北京城区和郊区中小学，以及某大学英语专业写作档案袋五个形成性评价实验案例。这些案例涉及经济发达地区和欠发达地区，涉及重点学校和一般学校（包括农村和乡镇学校），涉及中小学和大学，具有一定的覆盖面和代表性。五个案例分别侧重形成性评价体系的构建，教师、学生和家长对形成性评价的认识和反馈，将形成性评价和终结性评价结合起来的具体做法，形成性评价实验的计划、实施和反思过程等。有宏观层面的实验构想和计划，也有微观层面的具体实施方案和各类评价活动，还有参与实验的教师、学生、家长对形成性评价实验真实具体的反馈。这些案例能够为教师和研究者计划实施形成性评价实验提供系统详细的可借鉴资料。不过，需要指出的是，这些案例并不是形成性评价的完美范例，还有一些值得提高和改进之处。

首先，这些形成性评价案例的类型比较单一，并没有涵盖形成性评价的各种类型和策略。在本书的第一章中，我们向读者呈现了形成性评价的不同类型（按计划程度、时间维度、形成性程度和评价信息的来源分）和策略。就形成性评价类型而言，案例中的形成性评价大体可以归为计划性形成性评价，如学生的档案袋评价、作业的评价等。教师对于评价目的、评价方法和评价时间都在事前进行了安排。对于另一种语言课堂非常重要的形成性评价形式——课堂互动性形成性评价，上述案例鲜有涉及。在形成性评价的策略中，学生自评和教师互评的内容较为丰富，但对于终结性评价的形成性运用和课堂提问这两大形成性评价策略，案例中也没有论述。最为严重的问题是，对于形成性评价的核心内容——反馈，案例中的论述非常有限，涉及反馈的内容亦很少；提到反馈的地方也多指形成性评价为教师提供了关于教学方式和教学方法的反馈，而没有研究教师应该如何给学生提供反馈。

其次，上述形成性评价案例反映出教师对形成性评价的理解并不充分，甚至存在一定程度的误解。案例中体现出的误解主要有两种类型。一是将形成性评价与终结性评价混淆，将"形成性评价"中的表现评分计入期末总分，把形成性评价变成终结性评价。北京 A 案例中的形成性评价就涉及了评分，被列入了考评项目。二是将形成性评价等同于具体的评价形式，认为非测试型的评价就是形成性评价。案例中提供了形式多样、不同于测试的评价任务。这些评价任务从本质上说属于收集学生学习信息的工具，它们本身并不能构成形成性评价。一个评价是否属于形成性评价主要的判断标准是有没有为学生和教师提供高质量的反馈，以便教师调整教学、学生调整学习。案例中的形成性评价主要描述了项目所开发和使用的评价任务，也就是收集信息的方法，很少讨论教师如何处理所收集的信息。如何帮助教师分析、阐释所收集的数据是形成性评价的重点内容，遗憾的是，上述案例中并没有这方面内容的详细论述。

附录^③
（Appendix）

附录1 口头演示 / 汇报评价表（Oral Presentation Checklist）

Name _____ **Date** _____

> **I. Physical Expression**
>
> ☐ Stands straight and faces audience
> ☐ Changes facial expression in accordance with the presentation
> ☐ Keeps eye contact with the audience
>
> **II. Vocal Expression**
>
> ☐ Speaks in a steady and clear voice and varies tone to emphasize key points
> ☐ Speaks loudly enough to be heard by the audience and full of emotion
> ☐ Paces words in an even flow and pronounces each word clearly
>
> **III. Verbal Expression**
>
> ☐ Chooses precise words that convey meanings
> ☐ Avoids unnecessary repetition
> ☐ States sentences with complete thoughts or ideas and organizes information logically
> ☐ Summarizes main points at conclusion
>
> Total: _____
>
> Note: There are 10 statements above. You should give marks for each and then add them up to a total number. (100 for full marks and 10 for each statement: Excellent 9—10; Satisfactory 7—8; Needs improvement ≤ 6)

---

③ 附录1—8各项评价表格选自浙江临海的实验学校；附录9—10选自深圳南山区实验学校形成性评价材料。

附录 2　Senior English（Oral）高中英语（口语）

Report of Achievement 成绩报告单

Student Name 学生姓名	Year 年	Term 学期

For the teacher 以下由教师填写

Grade 分数	General Statement of Achievement 总的评语	
Pronunciation and Intonation 语音和语调		Problems 存在的问题
Fluency 流利度		
Content and Structure 内容和结构		

For the student 以下由学生填写

I am good at	
I find difficulty in	
I like	
I don't like	

Signature by the teacher　　　　Signature by the student
　　教师签名　　　　　　　　　　　　学生签名

附录 3　Senior English（Written）高中英语（笔试）

Report of Achievement 成绩报告单

Student Name 学生姓名	Year 年	Term 学期

For the teacher 以下由教师填写		
Grade 分数	General Statement of Achievement 总的评语	
Accuracy 用词准确		Problems 存在的问题
Fluency 流利度		
Content and Structure 内容和结构		
For the student 以下由学生填写		
I am good at		
I find difficulty in		
I like		
I don't like		

Signature by the teacher
教师签名 _____

Signature by the student
学生签名 _____

附录 4 高一学生英语口试评价表

No. _____   Name _____

Tests		Who	Description
No.	Score		
		学生自评	
		学生互评	
		教师评述	
		家长意见	

口试	档次	分数
语音面貌 （15分）	一档 12—15 分	
	二档 9—12 分	
	三档 6—9 分	
	四档 3—6 分	
	五档 1—3 分	
理解能力 （15分）	一档 12—15 分	
	二档 9—12 分	
	三档 6—9 分	
	四档 3—6 分	
	五档 1—3 分	
表达能力 （15分）	一档 12—15 分	
	二档 9—12 分	
	三档 6—9 分	
	四档 3—6 分	
	五档 1—3 分	

口试	档次	分数
反应能力 （15分）	一档 12—15 分	
	二档 9—12 分	
	三档 6—9 分	
	四档 3—6 分	
	五档 1—3 分	
体态 （10分）	一档 10 分	
	二档 8—9 分	
	三档 6—8 分	
	四档 4—6 分	
	五档 4 分以下	
平时成绩	满分 30 分	
总分		

附录 5 听说评价表（Listening & Speaking Assessment）

Name _____

Evaluation	Excellent	Satisfactory	Needs Improvement
Listening A. The student listens for information: • Important ideas. • Facts and details.	☐	☐	☐
B. The student evaluates the speaker's presentation: • Identifies the speaker's main topic and purpose. • Suggests improvements.	☐	☐	☐
Speaking A. The student presents information effectively: • Prepares in advance. • Tells ideas in logical order. • Keeps to the topic.	☐	☐	☐
B. The student exhibits good speaking behaviours. • Speaks clearly. • Stands straight without fidgeting.	☐	☐	☐

附录 6　互相评价（Peer-assessment on Group Work）

Listening	seldom	sometimes	often	always
He/She listens to their partners carefully.				
He/She understands their partners well.				
He/She understands the reporters well.				
He/She follows the teacher's instructions.				
Speaking	**seldom**	**sometimes**	**often**	**always**
He/She pronounces words correctly.				
He/She speaks clearly and fluently.				
He/She uses body language properly while speaking.				
He/She uses linking words while speaking.				
He/She states the topic/their opinions briefly, clearly and completely.				
He/She involves himself in group work willingly.				
He/She works with their partners happily.				
He/She makes good preparations for group work in advance.				
He/She gives their partners suggestions.				
He/She follows their reasonable suggestions.				
Comments and suggestions for improvement				

附录7 英语课堂活动自我评价表

班级 _____ 姓名 _____ 得分 _____

	评价项目	总是	基本是	有时	很少
课堂常规	站姿与坐姿端正				
	发言声音响亮				
	注意力集中				
	积极参与课堂活动				
	讲话时与听者有目光交流				
说	乐于用英语表达				
	在不知道如何正确表达时积极想办法解决（如：用肢体语言、查字典、咨询别人）				
	愿意尽力表达自己的真实想法				
	注意语音语调				
	注意语言的流畅性				
	有表情和感情				
写	以教师的指导建议为参考				
	先有清晰的思路再动笔				
	注意大小写				
	注意单词拼写				
	尽量使用课文中出现的表达法				
	注意词汇与句型的选择				
	乐于尝试新的表达方法				
	喜欢表达自己独特的见解				
	写完后注意检查（如：语法、拼写、大小写）				
	经常与同学进行互改				

注：每个选项得分值分别为 4、3、2、1，总分为 84 分

附录 8 英语自学能力自我评价表（查找信息）

班级 _____ 姓名 _____ 得分 _____

评价项目	3（分）	2（分）	1（分）	其他
你经常搜集与课文有关的资料吗?				
你觉得搜集资料对英语学习的作用如何?				
你喜欢搜集哪些与本册教材相关的资料?				
你搜集到哪些有关 Bill Gates 的信息?				
你觉得这次任务完成得如何?				
你觉得在本次活动中收获如何?				

附录 9　学生学习档案范例
General Criteria (Book Odyssey)

Advice　You are a member of the Odyssey team. Write a diary for each day of the Odyssey Week. You must include some personal thoughts or feelings in the diary.

Content　A journal and a poster, or a story map and performances, along with an oral presentation.

Structure　Diary: date, month, year, the weather, the first person, or maps.
Introduction about the writer: a brief career description.

Language　Apply English language and use description or other writing skills.

Skills and strategies　Exploring, collecting, analyzing and organizing activities; taking notes; reading for main ideas; rewriting or summarizing in your own words; working with other members in the team; listening quietly; encouraging and helping teammates.

Design　A cover page, a back page, a passport, a photo, author, illustrator, drawer, painter, designer may work together, or use any other things which you think can make your work look better.

Evaluation　Parents, teachers, classmates, administrators, experts, community representatives, classmates, experts might be invited to assess both your written and oral work.

Assessment　Written work 40%, oral presentation 30%, group work 10%, shared reading 10% and research work 10%.

Be creative and critical

1. What would you like to suggest to the editor?
2. Does what you have read have any impact on the society?

Please contact: _____(Teacher's name)
Telephone number: _____

Plan

For "Book Odyssey"

It's the first day of "Book Odyssey" today. Miss Lee gave us a "mini lesson" concerning to it. She also showed clearly about the missions that we are going to do:

1. We are going to do a lot of reading this week.
2. We are going to write diaries according to the books we read.
3. We have to draw a story map according to the books we read.
4. We have to do an oral presentation to our classmates about the stories we read.

Samuel

Task 1: The plan of six days in the future

Day one: Read a novel.

Write the communication book (the novel's main content, your feelings).

Write the diary about the novel.

Day two: Read the novel.

Write the communication book.

Write the diary about the novel.

Day three: Read the novel.

Write the communication book.

Write the diary about the novel.

Day four: Read the novel.

Write the communication book.

Write the diary about the novel.

Day five: Do the story map. (You had already shared your work in the school with your partners. You may draw some pictures, but the main part is the sentences. Write a lot!)

And design a performance.

Day six: Get on the Internet and collect the information about the author of your novel. Write a passage about the author.

Jane

女儿的作业

看着装帧整齐的、厚厚的英语作业集，女儿的聪颖令我惊奇，透过一篇篇佳作，我看到一个积极、自信，一天天成长、成熟的女儿，内心欣喜无比。这真是我那"自负"的女儿的作品吗？

说实在的，我忙得几乎不看，也看不懂女儿的作业。

这样的作业几乎天天都做，并没有引起我的注意。只以为那是女儿找机会上网的理由。女儿每次都入神地忙碌着，不时地粘贴、拼凑一些花里胡哨的图片和短语……眼前的一切，展示着女儿的语言与创作天赋，蕴含着老师的辛勤、智慧与创新。

一篇篇精美的佳作透出女儿的灵气与魅力。她愉快地表达自己的灵感，尽情地挥洒青春的创意。为把作业做得尽可能完美，她在网上细心搜集与课堂相关的内容、图片，精心组织、编排、套色、打印。她几乎每天都忙过 10 点半才休息，为此还挨了妈妈不少骂。

这种独特、创新的学习、作业方式，在一定的深度、广度上拓宽、丰富了孩子的知识面，激发、调动了孩子的学习兴趣和求知欲望，培养、锻炼了孩子独立动脑、动手的能力，极大地发掘了孩子的潜能和创造力，在创作中不知不觉地熟悉了电脑操作技巧。透过字里行间，我仿佛听到女儿那柔美的语调、好听的发音，充满朝气和时代的气息……

第六章 国内二语课堂形成性评价的现状与未来 (The Current Situation and the Future of Formative Assessment in L2 Classrooms in China)

前几章介绍和讨论了形成性评价的定义、特点、类型及一些实践案例，本章我们从政策、研究和实施层面综合回顾并讨论国内二语课堂形成性评价研究与实践现状、形成性评价研究与实践中的主要问题及形成性评价未来的发展方向。

第一节 国内二语课堂形成性评价研究与实践现状 (The Current Situation and Practice of Formative Assessment in L2 Classrooms in China)

作为一门年轻的学科，教育评价自诞生之日起就受到了教育工作者的高度重视。20 世纪 30 年代，美国学者泰勒领导的关于课程与教育评价的八年研究中证明，如果把培养高级智慧技能作为教育目标的话，那么，就必须对这些技能加以测量。在此基础上，泰勒提出了以教育目标为核心的教育评价理论，即教育评价的泰勒理论。教育评价学就是在泰勒理论的基础上诞生与发展起来的。实践证明，科学的评价活动是教育活动科学化的需要。正确地运用教育评价这一工具对教育实际工作有很大帮助。教育评价根据评价在教学过程中的不同作用和功能可分为终结性评价和形成性评价。终结性评价，也就是我们通常所说的传统评价方式，是指在某项活动告一段落时，以预先设定的目标为基准，对评价对象所取得的最终结果做出价值判断（Mctighe & Ferrara，1994）。终结性评价简便易行，较为客观，然而它具有事后检验的性质，对评价对象学

239

习过程中的自我提高和完善显得力不从心。与之并行的是关注学习过程的形成性评价。形成性评价指利用评价获取的信息来调节教学活动，保证教学目标得以实现而进行的评价。其核心在于它的促学功能而非选拔甄别功能。

我国目前二语教学中的评价方式还是过多倚重于终结性评价。无论是学生、家长还是教师都更多地以学生的学习成绩评判学生的好坏，只重结果，不看过程。这种单一的评价方式所带来的弊端显而易见，不仅使很多学生失去学习二语的自信心和积极性，还在很大程度上降低了二语学习效率，课堂教学几乎完全围绕考试内容来进行，语法教学、题海战术依然不同程度地充斥着二语教学课堂。

鉴于终结性评价的内在缺陷和形成性评价与教育本质（促进人的发展）的契合，世界范围内的教育评价正在从对学习的评价（assessment of learning）转向为学习的评价／学习性评价（assessment for and as learning），从测试文化转向评价文化。评价的促学作用越来越受到重视，形成性评价又具有巨大的促学潜力，所以亦被称为学习性评价（Berry，2008；Berry & Adamson，2011；Broadfoot & Black，2004；Stiggins，2002，2005）或促学评价（Huhta，2008）。Scriven 早在 1967 年就明确提出评价具有形成性的功能，但直到 Black 和 William（1998a）关于形成性评价的综述发表，形成性评价实践才在全世界的教育评价中迅速普及开来。根据《教育周刊》的报告，形成性评价市场是测试出版领域发展最快的业务之一（Olson，2005）。

一、政策层面

实际上，自 Scriven（1967）首次提出形成性评价的概念以来，形成性评价的理论和实践探索已经走过了近五十个年头。在过去四十多年的时间中，形成性评价以评促学的价值已经得到了学者和教育实践者的充分认同。许多国家的实践检验表明，形成性评价可以在很大程度上提高学生的学习效率与成绩。我国英语教育工作者在意识到终结性评价方式的理论缺陷和实践弊端的同时，还认识到了形成性评价的价值，并将形成性评价引入到我国二语教育评价体系之中。目前形成性评价已经被正式写入《义务教育 英语课程标准（2011 年版）》《普通高中英语课程标准（实验）》（2003）和《大学英语课程教学要求》（2007）。

随着形成性评价概念在政府各种文件中的出现，形成性评价已经受到各级教育行政部门的高度重视。各级教育管理机构为形成性评价的研究和推广给予了一定的资助和扶持。国家基础教育课程改革"促进教师发展与学生成长的评价研究"项目组主持的"新课程与教育评价改革译丛"（2003—2005）引介了一系列教育评价的力作。我们通过调查发现，2001—2013年不少二语课堂形成性评价的研究得到了各类基金的支持。其中专门支持形成性评价研究的项目有国家社科基金项目（青年项目）"新型语言教育评价与发展研究"（项目编号：07CYY010）；全国教育科学规划教育部重点课题"基于现代信息技术的形成性评价工具的应用研究"（项目编号：GFA097005）；中国外语教育基金项目"理工科大学生英语口语形成性评价的研究"（项目编号：3908305006）；湖南省教育厅课题《形成性评价理念下的大学英语阅读教学研究》（项目编号：湘教通 [2009]321 号）；安徽省教育厅高等学校青年教师科研资助计划项目"基于网络平台的英语课程形成性评价实证研究"（项目编号：2008jqw116）；北京市教委项目"网络环境下大学英语形成性评价与自主学习能力培养模式研究"（项目编号：SM201110028013）阶段性成果。此外，还有十项国家社科基金项目、一项全国教育科学规划教育部重点课题、22 个省市级的资助项目中包含了形成性评价的研究内容，如2009 年国家社科基金青年项目"基于语料库的理工科大学生英语口语教学与评价一体化研究"（项目编号：X09CYY017）；国家社科基金项目"体验式外语教学理论与实践"（项目编号：06BYY022）；国家社科基金项目"中国大学生英语自主学习能力发展规律及影响因素研究"（项目编号：08BYY02）；国家社科基金项目"本科翻译专业的测试研究"（项目编号：09CYY005）；国家社科基金项目"网络环境下大学英语自主学习有效干预模式的研究"（项目编号：09BYY028）；全国教育科学"十一五规划"2010 年度教育部重点课题：二语习得理论视域下"艺体生"大学英语教学模式和教学策略研究（课题批准号：GPA105007）；安徽省教育厅重点研究课题项目"英语专业创新人才质与量发展性评价实践研究"（项目编号：2008JYXM086）；湖南省教育厅科研课题"体验式英语教学设计研究"（项目编号：11C1168）；河南省软科学计划项目"社会经济发展与大学英语教育模式的探讨研究"（项目编号：0613031800）；海南省高等学校科学研究项目"大学生英语写作自主评价与实践"（项目编号：hjsk2009-117）等。

二、研究层面

从研究层面看，在政策导向的影响下，近年来形成性评价相关的论文大量涌现，并呈逐年上升趋势（曹荣平，2012；尹东华，2012；吴秀兰；2008）。2013年1月1日我们通过关键词"形成性评估"搜索近些年（2001年1月至2012年12月）发表的文章，发现512条结果，其中414条属于外国语言文学范畴；用关键词"形成性评价"搜索，共搜索到3919条结果，其中1675条属于外国语言文学范畴。虽然研究论文在数量上并不少，且外语类的形成性评价研究的比例很高，但通过关键词"形成性评估"和"形成性评价"对国内11种外语类核心期刊、1个语言测试专业期刊、2个较为重要的外语类期刊进行搜索发现，相关文章总共只有36篇，具体如下表所示：

表 6.1　近年外语类主要期刊形成性评价论文数量[④]

（2001 年 1 月—2012 年 12 月）

期刊编号	期刊名称	期刊级别	论文数量
1	中国外语	核心	3
2	中国翻译	核心	0
3	现代外语	核心	0
4	外语与外语教学	核心	5
5	外语学刊	核心	2
6	外语界	核心	0
7	外语教学与研究	核心	8
8	外语教学理论与实践	核心	2
9	外语教学	核心	4
10	外语电化教学	核心	3
11	解放军外国语学院学报	核心	4
12	外语测试与教学	非核心	3
13	当代外语研究	非核心	1
14	外语研究	非核心	1
合计			36

④　2012-2013 CSSCI来源期刊（外语类核心期刊11种）

由此可见，虽然研究的数量较大，但研究的整体水平不够高，被重要期刊收录的文章很少。对这 36 篇文章进一步分析后发现，从内容上看，大概可以分为五类：1）泛泛提及；2）形成性评价手段的特点、运用及存在的问题；3）形成性评价体系的构建；4）形成性评价的信度和效度；5）形成性评价与教师发展。这种分类法有重叠的部分，如体系构建中必然会涉及理论的阐述和讨论，但区分的目的仅是便于读者获得比较清晰的概貌。

1. 泛泛提及

在这 36 篇期刊文章中，有不少只是泛泛地提到形成性评价的重要性或指出形成性评价应作为某种教学体系或教学方法的一部分，没有对形成性评价本身展开论述。薛荣的《当代语言测试：理论发展与未来趋势》(2008) 指出，现在语言测试的发展趋势之一是从单一的终结性评价到形成性与终结性评价的结合；徐昉《英语写作教学法的多视角理论回顾与思考》(2011) 建议将形成性评价理念与写作教学步骤的组织相结合；刘爱军的《大学英语实验教学体系的构建与实施》(2012) 提到，应将形成性评价作为实验教学体系的一部分；刘红、高志英《大学英语教师自主教学体系的建构与实践》(2006) 提到将形成性评价作为教学体系的一部分；吴一安《走出英语教学的误区》(2002) 提及应在英语教学中使用形成性评价；陈静《大学英语 3A 教学模式探索》(2006) 认为，3A 教学模式本身有助于建立一套能培养学生自主学习能力的形成性评价体系；王宪桂《教学设计中的信息反馈评价》(1995) 中提及了形成性评价；中野照海的《视听媒体开发的理论》(1989) 是外语核心期刊中第一次出现形成性评价这一术语，但文章本身也只是泛泛提到媒体开发理论中应考虑形成性评价。从严格意义上说，这些文章不能称为形成性评价的研究文章，因为它们的重点不在形成性评价，没有提供对形成性评价本身的探讨或有价值的信息。但这些文章从另一个角度表明，形成性评价已是二语教学研究中不可或缺的部分，任何关于教学法的讨论都与形成性评价紧密相关。

2. 形成性评价手段的特点、运用及实施中遇到的问题

表 6.1 中的 36 篇文章中，讨论形成评价方法的概念特点、运用方

法及实施问题的文章比例最高。王红艳、解芳的《新〈课程要求〉与形成性评估手段的应用》（2004）介绍了形成性评价的特点及具体实施方法。曹荣平等的《形成性评估在中国大学非英语专业英语写作教学中的运用》（2004）从人文和社会建构思想的理论角度，通过定性和定量的方法研究了形成性评价的运用对中国大学生英语自主写作能力的影响。研究结果表明，形成性评价不仅培养了学习者的自主写作能力，而且也使学生在传统评价意义上的写作能力在短期内得到了提高。杨文滢等的《从试点到深化——大学英语改革进程中的问题与对策》（2006）指出形成性评价在反思和干预教学过程中的作用尚未得到有效发挥，以及将来需要研究的问题。萧好章和王莉梅在基于一项中英联合项目发表的《大学英语教学模式改革初探》（2007）一文中指出，形成性评价需按计划、要求逐步落实执行，英方英语教学改革成功的原因之一就是贯彻形成性评价的各个计划和安排，并确保教师课后评价的报酬。陈旭红的《形成性评估应用于大学英语课程口语测试的实证研究》（2009）将形成性评价的课程口语测试成绩和终结性评价结果进行了对比分析，并使用调查问卷检验形成性评价应用于课程口语测试对教和学的促进作用；何晓嘉的《致用与致知的结合——关于在大学英语教学中融合文学内容的探讨》（2011）介绍了在其进行的课程改革中采用的两种形式的形成性评价：通过阅读档案评价学生的阅读进程，促进学生自评互评以及观察和记录学生的课堂演讲和小组讨论。

在这一类研究中，有相当一部分是网络或多媒体背景下的形成性评价研究。李川的《大学英语网络教学评估模式实验研究》（2005）指出网络环境下形成性评价的重要性，形成性评价成绩占其所在学院学生学业成绩的60%，形成性评价的内容包括网上讨论的参与程度、作业提交情况、网上阶段性测试、成绩、学习过程记录、学生自我评价、学生间互评等，同时也包括与教师的交流，如面授时的提问及课上反应与参与度、口试记录、小组合作学习记录、学习项目参与及完成品质记录等。周娉娣、秦秀白的《形成性评估在大学英语网络教学中的应用》（2005）试图在网络教学中引入形成性评价体系，在两个教学班级（78人）进行了为期两年的定性和定量研究，结果表明：该评价体系激发了学生的语言学习动机和学习兴趣，使对学生学习过程的全面、自主性监控成为可能，同时培养了学习者的自主学习和合作学习能力及交际能力。王燕萍的《多媒体网络环境下大学英语教学的评价体系研究》(2006) 提出在新的教学模式下，建议采用以形成性评价为主的多维评价体系，在日常教学中注重通过教师观察和日常记录、项目演示、问卷／访谈、自我／相互评价表、学生学习档案、网络教学评价系统等形成性评价手段对学生的学习过程、认知能力、学习策略、兴趣、需求、态度、情感和发展潜力等诸多因素进行全方位的评价，以激发学生在英语学习中的主体性、能动性和创造性，进而促进大学英语在教学内客和方法上的改革。王正、孙东云的《网络翻译自主学习中的在线评价研究》(2009) 探讨了如何通过网络促进翻译教学中的形成性评价。唐锦兰、吴一安的《在线英语写作自动评价系统应用研究述评》(2011) 回顾和分析了迄今为止国内外对英语写作自动评价系统的相关应用研究成果，发现教育技术的引进不仅是技术层面的问题，它还意味着一场涉及使用者理念、认识、方法和行为等方面的系统变革。

这些研究文章中呈现了许多可以直接运用在课堂中的形成性评价的方法和工具，并通过实证研究肯定了它们在学生的动机、兴趣、自主性和语言能力提高方面的积极作用。但大部分评价方法和工具都在经典的形成性评价研究文献中已经提及，其价值已经在许多语境中得到了验证，而结合本地语境的创新性评价工具的开发、运用以及效果的研究还相当匮乏。

3. 形成性评价体系的构建

除了形成性评价的方法之外，还有一部分研究试图从更为宏观的角度审视形成性评价，致力于构建具体项目、课程的形成性评价体系。王华、甄凤超《基于语言教学项目的形成性评估流程效果研究和再完善》(2008) 尝试构建较为系统的形成性评估流程，并将其应用于某高校英语专业本科教学项目，全面系统地调查分析了形成性评估流程对此教学项目及该校英语专业教和学的影响。黄华的《立体教学模式中的大学英语形成性评估问题研究》(2010) 提出了以认知和社会情境学习理论为教学基础，以任务型语言教学和语言学习认知法为教学指导的大学英语形成性评价理论，并在此理论框架下建立与大学英语教学改革相适应的形成性评价体系。王华《外语教学中形成性评估体系的建立》(2010) 在前人研究的基础上，运用元模型构建方法，分析、综合了各种评价模式的特点和优劣势，构建了一个系统的形成性评价流程。李莉文《英语专业写作评测模式设计：以批判性思维能力培养为导向》（2011）提出了通过文件夹、同伴评价和自评相结合的写作形成性评价体系考查和培养学生的批判性思维能力。刘芹等的《理工科大学生英语口语形成性评估体系构建与验证》（2011）在综合分析已有研究成果，结合教师和学生问卷调查结果的基础上，设计了适用于我国理工科大学生英语口语教学的形成性评价体系。文秋芳《〈文献阅读与评价〉课程的形成性评估：理论与实践》（2011）对《应用语言学文献阅读与评价》课程的形成性评价进行了探索，构建了以科学、合理、可行的目标，系统的学习证据和多元的评价主体为特征的课程形成性评价理论框架。

系统（体系）泛指由一群有关联的个体组成，根据预先编排好的规则工作，能完成个别元件不能单独完成的工作的群体。由此可见，系统不是单个部件的叠加。只有把系统看成是一个有机体，把其中各个部件的联系看成是系统各要素间的互动，我们才能开始理解系统。但考察以上研究中提出的评价性系统时我们发现，有些只是几种评价手段的机械组合，并没有论及这些不同组成部分之间的内在关系及工作机制，如文件夹、同伴评价和自评相结合的写作形成性评价体系等。另外，对系统的性质以及与其他系统间关系的论述也十分鲜见。最后，考虑到这些体系针对的都是二语学习，这些体系对于学习理论、二语教学理论与评论理论间联系的论述过于简单，读者看不到评价体系背后的理论机制究竟是什么。

4. 形成性评价信度和效度的探讨

任何关于评价测试的研究都有信度和效度的问题。对标准化测试的信度和效度的研究已经相当深入，但对新兴的形成性评价效度的研究还处于初级阶段，国内在这方面的高质量研究更是凤毛麟角。林敦来的《实践语言测试评介》（2012）一文中提及了形成性评价及课堂评价的可靠性。李清华、曾用强的《外语形成性评估的效度理论》（2008）研究比较了 Brookhart 的"课堂计量学理论"、Linn 等的"行为评价效度理论"、Lynch 和 Shaw 的"非传统评价效度理论框架"以及 Bachman 的"基于论证的效度验证框架"，指出 Bachman 的框架具有扎实的理论基础和较强的操作性，可用于形成性评价的效度研究。

5. 形成性评价与教师发展

关于形成性评价与教师发展方面的研究有两篇。许悦婷、刘永灿的《大学英语教师形成性评估知识的叙事探究》（2008）采用叙事探究的方法，从教师发展的视角来研究大学英语教师的形成性评价知识。研究发现，教师的个人实践知识是在教师的个人成长及学习经历、教师所处的社会关系以及工作和生活场所三者共同作用下产生和发展的，提出必须重视教师个体经验对教师知识的建构作用，同时应为教师提供宽松的工作环境等。许悦婷《大学英语教师在评估改革中身份转变的叙事探究》（2011）采用叙事探究方法研究了大学英语教师在评价改革中的身份转变及其影响因素。研究发现，教师身份是在社会和历史两大维度的交互影响下，在专业自我和个人自我两大力量的冲突、协商与调和中构建和发展起来的。

从以上对研究内容的简单介绍可以看出，如果按照课型重新分类，大部分研究所针对的对象都是综合性的大学英语课程、写作课程以及口语课程；对听力课程、阅读课程、翻译课程的形成性评价研究非常少，分别只有一篇文章谈到了形成性评价在翻译课程和阅读课程中的应用，且其中的阅读课程非一般性阅读，而是英语专业硕士层次的《应用语言学文献阅读与评价》这种专业性阅读。按研究层次分类，36 篇文章中没有一篇是关于中小学阶段的形成性评价研究，所有外语类核心期刊上发表的文章全部是大学阶段的研究，其中又以大学英语为主。造成这种现象的原因可能在于具有研究能力的研究者大都就职于高等院校，以自己熟识的环境为研究对象更为便利。这点与国外的形成性评价研究恰恰相反。国内外不少学者不仅对形成性评价的必要性及其对教学的作用进行了大量的探讨与研究，而且探讨的大都是中小学课堂，尤其是中小学数学与科学课堂中进行的形成性评价；而对形成性评价在大学教学中，尤其是大学英语教学中的研究则比较少见。

按研究方法分类，所有这些研究可以分为：实证性研究和非材料性研究。实证性研究以系统的、有计划的材料采集和分析为特点，属于产生假设、操纵实验组和控制组的处理、利用推断性统计方法对实验数据进行全面的统计分析、对假设进行检验的实验性研究。实证性研究方法又可以分为定性研究、定量研究和混合型研究。与实证性研究相对，非材料性研究指不以系统收集的材料为基础的研究，包括对个人经验的总结和对大纲、教学方法、测试方法或教材等具体环节的操作性描述评价以及用思辨的方法对理论问题及其对教学的指导意义的讨论。

非实证研究中，信息量较大的是对以往研究的阶段性总结，如吴秀兰的《形成性评价在国内高校外语教学中的应用研究综述》（2008），王华、富长洪《形成性评估在外语教学中的应用研究综述》（2006），金艳《体验式大学英语教学的多元评价》（2010），李清华《形成性评估的现状与未来》（2012）和尹东华的《21世纪以来我国英语形成性评估研究回顾与展望》（2012）。这些综述性研究基本以学术期刊上发表的文章为数据来源，总结了某阶段的研究存在的问题，并预测了将来的发展方向。基本结论为研究深度不够、实证研究太少等。此外，非实证的研究文章中很大一部分只是泛泛地提到了形成性评价的作用或强调形成性评价在某个具体课程、评价体系中的应用，对于怎样应用并没有提出创新的建议。最后，这些综述的数据来源往往仅局限于期刊论文，对博士论文和专著的分析很少。

　　仅期刊文献并不能代表国内研究的全貌，博士论文也可以从另一个侧面反应出研究的现状，是研究现状的另一个重要指标。我们以形成性评估和形成性评价为关键词进行搜索，分别发现博士论文5篇和7篇，其中与英语相关、涉及形成性评价内容的2篇，它们分别是廖春红的《内容依托教学模式中学科知识习得研究：一项基于法律英语课程的案例研究》（2011）和朱晓申的《大学英语成功学习者综合培养路向研究：理论与实践》（2011）。这两项研究的结果都肯定了形成性评价的作用。廖春红还将与依托式语言教学相适应的任务型课内外活动（包括写作任务和口头报告）和独具特色的期末考试作为形成性评价方法进行了研究。与二语相关且以形成性评价为研究主题和重点的只有2篇，分别为唐雄英的《中国大学英语教育中的一项促学形成性评价研究》（2006）和王华的《外语教学课程的形成性评估：系统化评估流程的建立和有效性探索》（2007）。唐雄英（2006）使用定量和定性相结合的办法研究了两个问题：（1）促学形成性评价会给学习成就，如英语水平、学习自主性和自我效能感等带来什么影响？（2）形成性评价的参与者，即教师和学生，如何看待促学形成性评价的效果和问题。研究结果表明，促学形成性评价能很好地促进学习自主性及学习自我效能感的提高。但短时间内，促学形成性评价的初步实践在提高英语水平上没有体现出明显的优势。研究还显示，学生喜爱促学形成性评价的一些新型手段，他们认为这些评价手段为自己提供了一个整理学习的机会，并能敦促他们设定学习目标，了解自己的不足和优势，评价活动中的交流也为他们增加了更多学习的机会。教师也认同这种评价的好处，他们大多表示会在将来的教学中继续使用这种评价，他们认为这种评价的功能在于它能为教学提供广泛信息，提高学生的学习自主性和学习动机，且评价自身也能作为学习手段等。基于研究中对促学形成性评价的理解，作者为在一般英语教学情境中实施促学形成性评价建构了一个工作模型。在这一模型中，促学形成性评价的过程被当作为学生的学和教师的教搭架子的过程，评价促使他们成为更有效率的学习者和外语教育从业者。这一模型说明了促学形成性评价所须经过的几个阶段，体现了教学和评价相融合的特点。王华（2007）的研究重点在于建立和完善一套适合外语教学课程形成性评价的系统化流程，并探索形成性评价能否、如何促进被评价的外语教学课程的发展，期望为形成性评价研究的理论发展及其在中国外语教学中的实践应用提供借鉴。在实证研究的基础上，研究者对初步建立的形成性评价流程做了进一步调整，主要包括，强调语言课程评价背景的分析，具体细化评价的步骤，详细描述每个评价步骤的参与者和工具等等。完善后的评价流程具有综合性、系统性和可应用性三大特征。除这几篇博士论文之外，还有杨华的《中国高校外语教师课堂即时形成性评估研究》（2012）。该研究构建了以相倚性为核心的课堂即时形成性评估理论模型，描述并解释了教师目标和学生表现间的动态交互关系，挖掘了即时形成性评估深层的"形成性"意义。其实践价值在于从我国高校教师已经无意识实践了的课堂即时形成性评估出发，将其概念化、外显化，以服务更多的二语教师。

　　除期刊和博士论文之外，还有一些关于形成性评价的专著，它们也可以在一定程度上反映形成性评价的研究现状。罗少茜的《英语课堂教学形成性评价研究》（2003）是国内第一部关于形成性评价的专著，以中小学英语教学为背景介绍了形成性评价的概念、目的、特征、分类、工具等。禹明的《非测试型：英语教学形成性评价》（2004）介绍了形成性评价的原则、体系、功能、信息收集和处理方法。李清华的《外语写作形成性评估的后效研究》（2008）从策略、过程、结果的角度探讨了档案袋这种常用的形成性评价方法的效度问题。效度问题源于终结性评价，后来被引入形成性评价的研究之中。但形成性评价这种课堂评价形式的效度与终结性评价的效度不同。作者采用了先进的课堂评价效度框架，采用实证方法，验证了二语写作的形成性评价效度。曹荣平的《形成性评估的概念重构》（2012）从控制论的角度对形成性评价的概念进行了新的诠释。形成性评价与终结性评价构成教学评价的两大方式，但它们之间的关系究竟是对立还是互补，学界的争议很大。曹荣平的概念重构提出了一切评价皆为形成性评价的观点，为理解形成性评价和终结性评价的关系提供了新的视角，也为后续的研究提供了理论基础。

三、实施层面

从对期刊论文、博士论文和专著的分析可见，形成性评价的研究在国内越来越受到重视，研究数量有很大提高，研究质量也有一定程度的提升。与之相比，形成性评价在课堂实践中的运用则相对滞后。从实践层面看，虽然学者和政策制定者都充分认识到了形成性评价的作用，研究的数量和质量都有一定程度的提高，但在实践中形成性评价的运用并不理想。到目前为止，已有多位学者对形成性评价在国内的实践现状进行了调查。Cheng（2011）对51位中学教师（48.9%初中教师和29.4%高中教师，有些问卷中教师的身份信息缺失）的评价实践状况进行了调查。金艳（2010）进行了大学英语教师问卷调查，以了解大学英语课程采用的教学和评价模式及教师对教学和评价模式的看法。共发出问卷100份，回收有效问卷45份。参加调查的45名教师来自16个省市的25所高校。这些学校分布于东北和华北地区四省一市、华东和华中地区五省、西北和西南地区四省一市以及华南地区一省；高校以非211院校为主（22所）；类型包括综合类7所、理工类9所、文科类9所。黄华（2010）对大学英语形成性评价现状进行了调查。调查的学校有全国大学英语精品课程示范学校、精品课程申报学校以及实地调查的学校。这些学校具有一定的代表性，应该能够说明形成性评价在大学英语教学中的一些问题。秦静（2012）对大学英语口语教学形成性评价现状进行了调查。参加本项调查的为江苏科技大学非英语专业一年级（2010级）学生，共180人，所有调查对象均为大学英语教改班的学生，其学习基础较好，且口语课占其英语总课时数的三分之一。综合这些调查结果，我们得出以下五点结论：

1. 评价目的

就评价目的而言，大多数教师认为评价的目的是形成性的。关于评价目的，Cheng（2011）的调查结果显示，教师是出于不同的目的而进行评价的，比例最高的有：为了获取学生进步的信息（100%）、为学生提供反馈（100%）和诊断教学（93.9%）。比例较低的有：通过评价正式记录学生的发展过程（65.9%）、出于教学目的将学生分组（76.1%）以及为中央管理层提供信息（77.1%）。金艳（2010）的调查显示，教师认为评价的目的是检查学习效果（91.1%）、改进教学（77.8%）、改进学习（57.8%）、检查学习态度（44.4%）。由此可见，不论是大学教师还是中学教师，其平时运用评价的主要目的都是形成性的而非终结性的。

2. 评价方式

就评价方式而言，虽然大部分教师认为评价目的应该是形成性的，但大多数中学教师使用的评价方法还是终结性的标准化测试中常用的评价手段。Cheng（2011）的调查显示，在阅读、写作、口语这三个分项技能中，教师使用最多的评价工具分别为：阅读中的判断正误（100%）、多项选择（87.5%）、配对（87.5%）、完成句子（87.5%）、口头访谈/提问（87.5%）；写作中的撰写句子或段落（75%）以及短文写作（62.5%）；口语中的口头访谈/对话（75%）、朗诵（60%）、口头演示（60%）。多数教师选择的这些评价工具大部分都是中国教育环境下大规模测试中使用的评价工具。不过令人欣喜的是，一些教师也开始使用形成性评价工具，尽管只有很少一部分教师（37.5%）在自己的课堂评价实践中使用典型的形成性评价工具，如学生日志和档案袋。金艳（2010）的评价方法调查显示，教师采用的形成性评价方法有：课堂观察（91.1%）、学校考试（86.7%）、师生座谈（64.4%）、个别访谈（62.2%）、国家考试（57.8%）、问卷调查（44.4%）、项目演示（24.4%）、学习档案（17.8%）、学生日记/周记（15.6%）、网上测试（15.6%）等。黄华（2010）的研究显示：在其调查的学校中，100%的学校使用书面作业和课堂表现、50%的学校使用网络自主学习、5%的学校实行学生自评和互评、40%的学校使用单元测验、25%的学校使用期中考试作为形成性评价的方式。秦静（2012）的调查结果显示，学生在口语课堂中接触的形成性评价方式主要是情景对话和固定分组讨论，分别占94%和92%；学唱英文歌曲占74%，演讲占65%，英文游戏占57%，猜谜占37%，辩论占33%。除上述7种形成性评价方式外，其他口语形成性评价方式并不普遍，特别是自我评价和与英语为母语的人交流这两种评价方式都无人涉及。

综合以上数据，形成性评价方式主要存在两个问题。首先是对形成性评价方式的理解问题。上文中被教师冠以形成性评价之名的评价方式并不是严格意义上的形成性评价，如复述、英文游戏、学校考试、国家考试等等。形成性评价的核心在于信息的收集、反馈并以此为基础的教学和学习的调整。我们看不到在多样化的教学活动中教师收集了哪些信息，以及怎样使用这些信息促进了学生的发展。可能在许多老师看来，只要不是大规模考试，其他课堂活动都可以看作是形成性评价。当然有观点认为所有的评价活动都有形成性评价的潜质（曹荣平，2012），但只有用于收集信息并据此调整了教学和学习的活动才能称为形成性评价。由此可见，虽然形成性评价的理念及其意义已经为越来越多的教师所认识，但其在实际教学过程中的运用还很随意和单一，甚至存在使用不当的问题。有些教师不了解形成性评价与终结性评价的本质区别，将平时成绩的记录等同于形成性评价，或者虽在尝试某种形成性评价方法，但采用的目的偏重于对学生的甄别而非激励，操作的终端多止于回收反馈信息，较少进一步落实到对具体教学环节的调整和学习行为的指导上。其次，为形成性目的采用的评价工具的形式不够多样化，改革创新的力度有待加强。在二语教学形成性评价方面，Weir 和 Roberts 1994 年出版的 *Evaluation in ELT* 一书列举了 13 种形成性评价方法，包括观察、日记、问卷、访谈、文献和资料分析、自我评价等。Richards 2001 年出版的 *Curriculum Development in Language Teaching* 独辟一章讲解了类似的 12 种评价方法。Klenowski 和 Askew（2006）、Genesee 和 Upshur（2001）提出了课堂观察、档案、评讲会议、日记、问卷和访谈等非考试性的评价形式。这些评价方法并没有全部出现在教师使用的形成性评价方式中，更没有发现教师使用依据当地语境开发出的新型评价方式的情况。教学活动本身是一个复杂的过程，加之当下的教学活动更加多样，层次更加丰富，作为回应，形成性评价的形式也必须调整以适应目前教学活动的复杂性、多样性和丰富性。因此，学校、教师和学生可以根据具体情况设计更多有助于改进教学活动的评价形式，以避免评价形式单一对学习所带来的消极影响。

3. 评价主体

关于评价主体，形成性评价模式与个性化、协作化学习理念还有差距，其参与者主要还是教师。根据金艳（2010）的调查，被调查人选择教师作为评价主体的占88.9%、选择教学负责人的占84.4%、选择学生的占77.8%、选择教学主管部门的占57.8%。在黄华（2010）的调查中，大多数学校所实行的形成性评价还是以教师为评价主体，如书面作业和课堂表现。所调查的20所学校中，只有一所学校将学生自我评价和同学互评计入课程总评成绩。建构主义学习理论认为，知识和技能的获得不仅需要传授，更需要学习者自己积极思考和练习，从而将接受的知识和技能转化为自己的能力。学生作为学习主体应该积极参与形成性评价，形成性评价的设计应该能够使学生积极参与学习活动、明确学习目标，从而在自我评价和同学互评的过程中提高自主学习能力。

4. 学校对形成性评价的重视程度

根据金艳（2010）的问卷调查[⑤]，关于形成性评价的重要性，教师认为它在教学中不可或缺（4.16），在网络教学中特别重要（4.12），与终结性考试同等重要（4.05），甚至比考试更加重要（3.60）；教师一致认为形成性评价有助于学生提高学习积极性（4.42）、改进学习方法和策略（4.37），能帮助教师全面评价学生（4.35）、改进教学（4.35）。尽管如此，在黄华（2010）调查的学校中，将形成性评价占大学英语课程学期总评成绩比例设定为50%和40%的学校都举行期中考试和单元测验，期中考试占课程总评价成绩的比例为20%至25%，单元测验的比例占10%至15%。而作为最能够产生师生信息沟通的形成性评价形式，作业和课堂表现这两项平均只占10%。作为大学英语教学改革重点之一的形成性评价形式，网络自主学习评价平均占10%。虽然形成性评价的价值得到了教师的认可，但其占学生总成绩的比例并不高。

5. 教师的形成性评价知识和能力

在Cheng（2011）的研究中，超过1/3（34.35%）的教师没有学过评价或参加过评价工作坊；16.7%的教师完成过评价课程；26.5%的修习过包括评价内容的课程；20.6%的完成过评价工作坊的学习。金艳（2010）的调查发现教师基本了解形成性评价的作用（3.43）、概念（3.36）和方法（3.33）。这说明，中学老师和大学老师对形成性评价的

---

⑤ 金艳（2010）的问卷调查采用李克特五分量表，1表示完全不同意，5表示完全同意。本段括号内数字为均值。

知识储备都不够充分，中学老师对它的认识更为贫乏。为了解教师在口语形成性评价过程中所扮演的角色，秦静（2012）设计了 6 个问题，均采用单项选择题形式，提供了从肯定到否定的 A、B、C、D 四个选项：

(1) 老师在评价中准备充分吗？

(2) 老师选择的评价方式是否有趣？

(3) 老师在评价中营造的课堂气氛是否热烈？

(4) 老师在评价中给你们提示、鼓励吗？

(5) 老师在评价中能将学生姓名与面孔对号入座吗？

(6) 老师在评价后给予你们即时反馈吗？

调查结果显示，对上述 6 个问题的回答除了第一题以外，选择 C 项的比例最高，尤其是第五题，学生选择 C 项和 D 项的比例之和高达 78%。由此可见，虽然教师在主观上可能对口语课堂教学做了较充分的准备，但在实际操作中，在学生看来，教师在形成性评价中所扮演的角色仍不尽如人意，当然这只是针对一门课程和一个学校的调查得出的结论。

为了更清楚地了解一线教师对形成性评价的认识，笔者于 2013 年 8 月对 98 名中学一线教师进行了一次形成性评价认识和实践的调查⑥。从教师给出的对形成性评价的定义和范例描述中，我们发现教师对形成性评价的认识呈现出如下六个方面的特征：

第一，评价者。大多数教师认为形成性评价的评价者为教师，有不少教师明确指出，形成性评价是"教师在教学过程中为了使自己的教学不断得到提升，为改变教学而进行的系统性评价"。只有个别教师提到了学生，认为形成性评价也包括由学生进行的生生评价。在大多数教师看来，在形成性评价过程中，学生仅仅是被评价的对象，学生的作用是为教师提供关于其教学的信息，以便教师改进教学。换言之，教师并没有意识到，教师在形成性评价中的作用不仅是收集信息改进教学，还要指导学生自己进行形成性评价，使学生成为善于进行自我调节的学习者。

第二，评价内容。从教师对形成性评价的定义和举例中可以发现，

---

⑥ 该调查名为：中国中学ESL课堂教师形成性评价的认知与实践。

就评价对象而言，教师的认识呈现出以下特征：（1）教师认为形成性评价的内容要比终结性评价的内容更为丰富、细致。终结性评价针对的是学生的学习，形成性评价则不仅针对学习表现，而且还对学习策略、学习态度、道德、出勤等进行评价。（2）部分教师认为形成性评价是对教师教学的评价，而非对学生学习的评价。（3）教师的形成性评价针对较小的学习目标：如分阶段、分层次、学生完成具体任务的每一个步骤的评价。

第三，评价时间。关于评价时间，教师一致认为形成性评价发生在教学过程之中，但对进行形成性评价的频率的认识并不一致。关于评价时间，教师使用频率最高的词为：阶段性。大多数教师认为形成性评价是某一个阶段结束后进行的评价。还有一些教师明确提到了单元结束之后进行评价、每周进行评价和月考。教师没有提到"minute by minute""day by day"等表示即时评价的词语，不过有部分教师提到了对学生在课堂活动中的表现、反应进行评价。这从某种意义上可以理解为课堂互动形成性评价。总的来说，教师倾向于将评价时间设定为形成性评价的一个区别性特征。

第四，形成性反馈。在98位教师给出的关于形成性评价定义和范例的描述中，只有27位教师提到了"反馈"这一形成性评价的关键词。进一步考察这些论述发现，大多数教师所说的反馈是指从对学生的评价中获取信息，改进自己的教学，而非根据收集到的学生信息向学生提供反馈。只有5位教师明确提到了将反馈提供给学生。只有1位教师提到了学生自己为自己提供反馈："学生根据自己的习作进行反馈，可使用量规形式。"在所有涉及反馈的论述中，没有提到反馈的时间、详细程度等使形成性评价区别于终结性评价的反馈特征。

第五，评价形式。关于评价形式，或者更加准确地说，关于信息收集工具，教师提到最多的是档案袋，其次是作业和学生的课堂表现（或完成各种任务的表现）。还有一部分教师运用测试收集学生信息，包括小测、月考、期中考试和期末考试成绩的分析等。这说明，教师在实践中并没有将终结性评价和形成性评价分开。有一位教师还提到了单元教学后的评价表。需要指出的是，教师并没有明确地将上述信息收集工具认定为信息收集的工具，而是当作实施形成性评价本身。这说明教师对形成性评价的理解还不充分。正如我们之前提到的，档案袋本身并不构成形成性评价，通过档案袋收集信息，提供反馈才构成形成性评价。

第六，终结性评价和形成性评价的关系。所有的教师都认为形成性评价和终结性评价之间存在联系，它们是相互融合、互相促进的。这种联系和融合主要体现在两方面：（1）形成性评价会促进终结性评价的表现。这种观点的基础是：形成性评价发生在过程之中，过程完善了，结果不会差。（2）形成性评价累计成终结性评价，可以终结性地使用。表达这种观点的教师最多，且论述明确，如："形成性评价一步步地构成最终性评价。""形成性评价是阶段性的评价，终结性评价是最终的评价，所以终结性评价可以综合考虑形成性评价的某些依据。"有个别教师还指出，形成性评价用于终结性评价有利于提高终结性评价的科学性，如"有了多个形成性评价，终结性评价才更科学。"

从上述教师对形成性评价的论述中，我们发现教师对形成性评价有一定程度的了解，或更准确地说是碎片式的了解。他们知道一个或两个形成性评价的特征，但对于形成性评价的本质和完整的内容并没有深刻的认识。主流的形成性评价定义中的关键词：连续性反馈，证据，基于证据的调整，信息的收集、分析、阐释等，很少在教师的论述中提到。

第二节　形成性评价研究与实践中的主要问题
(Major Issues in Formative Assessment Research and Practice)

如上文所述，形成性评价在我国已经获得了一定程度的发展，但存在的问题也十分明显，特别是与西方发达国家的研究与实践状况相比，在政策、研究和实践方面都还有很大的进步空间。

一、政策层面

CERI (Centre for Educational Research and Innovation) (2005) 认为可以对实践者和教育官员进行研究素养培训并建立最佳实践数据库及中心，以记录和传播研究结果，还可投资支持进一步研究。以上方式能加强研究、实践和行政之间的联系。结合新课标和中国的教育环境，为进一步推进评价改革，政策层面还有以下几个问题亟待解决。

1. 形成性评价推广支持力度不够

从政策制定者的角度来说，虽然形成性评价的重要性已经写入了国家级教育文件，如课程标准、大学英语课程要求等，但落到实处的支持并不多。从政策支持的层面来说，获得政府资助的研究项目和培训项目数量稀少。自 2001 年到目前为止获得国家和省市级资金支持的项目总共才有五项，而且所有这些资助针对的都是研究性的项目，对具体实施层面的支持几乎没有。

反观西方教育评价较为发达的国家，20 世纪 80 年代起大量专家参与形成性评价的研究与实践，政府也高度重视，大力资助研究项目。在英国，伦敦国王学院的形成性评价项目掀起了以评促学（assessment for learning）的热潮。在项目研究成果的影响下，评价与测试任务小组（Task Group on Assessment and Testing，TGAT）在制订建议的过程中采用了形成性评价的思想。Black 等著名评价专家组成的评价改革小组（Assessment Reform Group，ARG）开展了卓有成效的形成性评价研究和推广工作。在 2005—2006 年，英格兰 75% 的中学参加了政府资助的形成性评价。在美国，形成性评价也获得深入研究和发展。2007 年，美国教育界在形成性评价方面的投入为 5 亿美元。在联邦和州政府财政拨款的资助下，美国几乎所有的州都在不同程度上将形成性评价应用于教学中，美国州立学校主管官员委员会（Council of Chief State School Officers, CCSSO）开展了"课堂评价与学习者标准跨州合作"项目（State Collaborative on Assessment and Student Standards，SCASS）。从 2006 年起该委员会开始把重点转移到形成性评价上，启动了两个重要的形成性评价项目："综合评价系统中的形成性评价"和"学习者与教师的形成性评价"。前者的成立旨在处理各州或地区将形成性评价融入标准化综合评价体系时遇到的问题（CCSSO，2008a）；后者的启动是因为近年来美国的教育工作者对形成性评价的浓厚兴趣。越来越多的教育工作者认为形成性评价不仅可以改进学生的学习，还可以提高学生在重要成就考试中的成绩（CCSSO，2008b）。夏威夷、北卡罗来纳、密歇根、肯塔基等十八个州参与了 2007—2008 年度的大规模形成性评价联合项目。CTB/McGraw-Hill 在 21 世纪初为小学和初中学生研制的基于课程标准的形成性评价网络工具"Yearly Progress Pro"，在六七年中推广到了 25 个州。ETS 从 2002 年开始在全球招聘优秀形成性评价专家，研究运用于基础教育阶段的形成性评价项目，已经开发了包括 10000 多个基于标准的数学和语言艺术问题的形成性评价题库，帮助教师设计班级考试和测验以跟踪学生全年的表现，并在必要时改进教学。葡萄牙政府于1992年立法规定在小学、中学和大学中都把形成性评价作为教学必不可少的一部分，要求学生进行自我评价，让学生参与评价过程，详细了解评价标准。从上世纪90年代起，加拿大开展了省级规模的评价，形成性评价成为评价改革的重要内容（Friesen，2009）。

除了缺乏实际支持之外，在我国形成性评价的缺失还有一个很重要的原因，即课堂形成性评价与大规模全国性或地方性终结性评价之间的张力。学校通常通过高风险的终结性评价对学生的成就负责，这使得课堂教学以考试准备为中心。当然这种张力在几乎所有国家都存在，只是在儒家文化影响较大、考试文化根深蒂固的亚洲国家，特别是中国，更为突出。在中国的语境中，从政策的角度来说，中考/高考几乎仍是决定学生升学的唯一因素。虽然各级课程标准呼吁形成性评价，但形成性评价在决定学生未来的决策中并没有扮演重要角色，这导致了学生和教师在实施多样化评价方式时动力不足，教与学仍然以中考/高考为指挥棒。针对这种情况，各国主要采取了两种措施：一是取消或限制外部终结性测试，二是将形成性评价用于高利害目的。英国威尔士地区从2007年起取消了11到14岁学生的标准化测试（Leung & Lewkowicz，2006）。芬兰政府通过立法规定，对学生学习的评价只能使用教师设计的测试，不允许使用外部的标准化测试，评价要做到既评价学生的学业，又为学生提供学习机会。对学生的成绩评定只能提供描述性的反馈，不允许评等级。加拿大教育部明确提出，要在课堂评价和大规模测试之间取得平衡，大规模评价的结果也要形成性地使用，以便促进学生的学习。英国1987年计划引入义务教育国家课程的同时，明确规定全国性的评价将结合教师判断和外部测试，英国评价与教学课程任务小组得出结论：形成性评价可以用于终结性评价目的。在美国，高中生在申请大学时除了要提供自己的SAT或ACT标准化考试成绩之外，还要提供高中三年平时学习成绩单、入学申请、推荐信、备选材料等多种资料，招生人员在浏览这些申请材料的基础上给出评价，作为录取的参考依据。不过，形成性评价在高利害评价中的应用是一项系统工程，如何选择合适的评价者、确保评价的信度和效度，以及如何在制度上根除舞弊和腐败等一系列有关问题都需要系统地思考与设计。

2. 缺乏系统连续的形成性评价培训

教师培训和职业发展是提高教学质量、促进教育改革的关键策略。形成性评价要求教师对学生的行为和表现根据标准的描述做出主观的判断。判断的效度，一方面取决于标准的明晰程度，另一方面则取决于教师的评价素养。因此，致力于提高教师评价素养的培训十分重要。教师评价素养培训可以通过两种方式展开：职前培训和在职培训。我国在这两个方面都有提升的空间。

职前培训方面，我国缺乏统一的职前培训课程标准。各类师范院校和一些综合院校等大都参与中小学英语教师的培养，但其课程设置却没有统一要求（龚亚夫，2011）。就评价素养而言，并不是所有院校都开设评价测试课程。开设评价课程的学校部分将其定位为选修课程。对开设课程的教师和修读课程的学生进行访谈后发现，教师评价素养、评价课程和教材的质量与基础教育课程改革对知识、能力和素质的要求尚有一定差距，学生对课程的兴趣并不高，课程效果差强人意。

在职进修方面，进修和继续教育课程缺乏系统性。虽然国家近几年投入大量专款用于教师培训，但由于缺乏统一的培训课程和考核标准，其效果并不理想（龚亚夫，2011）。就评价培训而言，系统性的缺乏更为严重。截至目前，我国还没有政策主导的常规性评价工作坊，教师通常只能通过不定期的讲座、参与研究项目、自修等方式获得评价知识，而能通过这些渠道获得知识的教师数量十分有限。总的来说，就评价培训而言，我国还没有形成一套有效的、制度化的、覆盖面广的培训体系。

反观一些发达国家，他们对评价的重视已经转化为相当成熟的评价培训措施。芬兰的教育评价改革取得了较大的成功，原因之一是政府为教师提供了充足的培训机会，而且教师也愿意接受终身教育（Berry，2011）。美国在这方面最为先进，1992 年在俄勒冈州波特兰成立了专门的评价培训学院（Assessment Training Institute）。该学院旨在让教育者在课堂中研制开发和使用高质量的评价，将标准转换成课堂学习目标，将评价融入教学以使学习效果最大化，高效报告学生成就，通过让学生在评价过程中承担责任来激发学生的兴趣。该学院提供的培训工具包括书籍、DVD、程序包、工作坊。新西兰教育部 1998 年专门推出了以评促学教师职业发展项目以支持满足教育部优先目标的新课程项目，鼓励教师审视目前的评价实践，将新研发的国家评价工具以形成性的方式融入教学实践。澳大利亚的昆士兰为教师提供了关于评价的多种在职工作坊和职业发展机会。在高中阶段，职业发展工作坊帮助教师实施其所教科目的评价工作。教师的评价实践受到了实力雄厚的职业发展网络和学科职业发展组织的支持。

3. 缺乏对教师创新评价的鼓励

新的评价体系应以科学研究为基础，在科研创新的支持下不断完善。不过，创新不仅仅限于以创新为工作的研究者，来自教育一线教师的创新也很重要，特别是与教学密切相关的评价方式方面的创新，因为在教学目标确定之后，重要的是关注应该采用什么方式来评价这些目标是否已经实现（龚亚夫，2002）。虽然课程标准有专门章节给出了不同级别的评价方法与案例，但这些远远不能满足丰富的评价内容，如语言技能、语言知识、情感态度、学习策略和文化意识及复杂的评价环境的要求。课程标准中要求的评价方式的合理性和多样性需要基于当地实践和教师创新的支持。不过，因为担心创新失败带来的后果，如外部测试成绩差、家长不满等，许多教师对于开发、实施新的评价方式常常持谨慎保守的态度。这种学生成绩在提高之前会有下降趋势的"实施陷阱"（Fullan，2001）带来的压力不仅体现在教师层面，而且也体现在学校层面。柯森（2004）的调查发现接受调查的学校统考前后对新课程实验的态度和投入存在巨大反差。统考前该校采用的是多元化评价方法，考试评价开始重视学生是否具有主动性、积极性，重视学生交流能力、自主解决问题能力及创新能力，并采用了学生评价和教师评价相结合的方法。但统考中该校成绩排名下降，优秀生人数减少30%。于是，统考后，该校对外坚称继续参与课程改革，但内部又重新启动和采用了一系列应对统考的评价方法。

针对这一情况，教育管理部门应该给予学校和教师以支持，积极鼓励学校和教师在注意有效性证据的情况下冒险，尝试新手段、新方法，并对可能出现的"实施陷阱"持一定程度的宽容态度。在政策层面，教育部门应加大力度鼓励创新者的制度建设，给予课堂形成性评价和标准化测验同样的重视，在学校政策和评价资源分配方面保证其质量。但是，事实上大多数教育政策制定者并不了解这一原则（Stiggins，2001b）。如果国家和地方政策不重视形成性评价，只提升外部评价的地位，将其作为一个竞争性教育市场的重要成分，可能会非常有害。政府应重新认识到，改善和提升学生学业成就的主要阵地是课堂，因此，提升课堂变革的质量并提供支持应被赋予最大的优先权（Black & Wiliam，1998a）。各级教育行政部门，尤其是地方教育部门，应加大对课堂形成性评价的投入，使形成性评价得到与外部评价同等的待遇。具体做法有二：一方面，在政策上要为形成性评价的实践提供保护性支持，明确形成性评价独特的地位和价值，并为改善课堂评价实践提供必需的经费保障；另一方面，加强对课堂评价转向研究的资助，鼓励与引导当地高等院校、科研院所等各种专业学术机构关注、研究形成性评价，发展形成性评价的知识与技术。

二、研究层面

虽然我国的形成性评价研究取得了一定的进步，但与国际上的研究相比还存在着一定的差距，许多学者对此都有所阐述（如王华、富长洪，2006；吴秀兰，2008；李清华，2012；尹东华，2012）。结合研究的发现和形成性评价的最新发展，我们认为目前国内的二语课堂形成性评价研究存在以下五点不足：

1. 研究的广度和深度不够

国内外语类核心期刊上发表的研究成果大部分关注的是形成性评价的评价方式、特点、运用以及某一课程评价体系的建立，对于评价效果的研究集中在技术、策略层面，对于动机层面或其他语言学习层面的研究相对较少。现有的研究多属于介绍性质，基于本地教育文化、经验，结合教育、教学理论得出新知的研究凤毛麟角。重复研究现象比较严重。在吴秀兰（2008）分析的 79 篇文章中，泛泛讨论形成性评价的概念、特点及其应用于英语教学的必要性、指导原则、实施方法的文章几乎占到 80%。形成性评价的一些关键问题没有受到重视，关于如何把形成性评价和终结性评价结合起来形成一个多元互补的评价体系，以促进二语教学质量的提高和学生学习能力的发展，以及如何利用形成性评价促进学习者自主学习，提升学习者的学习态度、兴趣、动机、策略以及合作意识等方面的研究很少。与之相比，国外的形成性评价研究较为全面，从不同的视角对形成性评价展开了研究，如管理者视角、教师发展视角、学习者视角以及课堂互动视角（杨华，2012）。

2. 缺乏理论探索方面的创新

形成性评价研究的发展，从最初与终结性评价相对应的课程评价和学习评价，到现在作为教学的一个方面（Black & Wiliam，2009），横跨了评测领域和教学领域。具体到二语教育领域，形成性评价还涉及与语言学、应用语言学、二语习得理论相结合的问题。总的来说，二语教育领域的形成性评价研究在形成性评价概念本身、与经典测量理论的结合、与二语学习相关理论结合等三方面的理论探索还有待深入。

虽然形成性评价的促学效果已得到肯定，但对于什么是形成性评价，人们的看法还不统一（Shepard，2005；Davison & Leung，2009；Black & Wiliam，1998a；Taras，2005；Brookhart，2001）。一些学者认为，形成性评价是具有诊断功能的测量工具（Pearson，2005），可以开发出题库，如 ETS 开发的 Formative Assessment Item Bank。如果把形成性评价看作一种测量工具，那么很难把同伴评价、自我评价、档案袋评价等典型的形成性评价方法与纸笔测试为主要形式的终结性评价区分开来。另外有许多人认为，形成性评价不是一种特定的评价工具或程序，而是一个以促进学生的学习为目的的评价过程（Black & Wiliam，1998a；McManus，2008；Popham，2008；Shepard，2008；Wiliam & Thompson，2008）。但是，终结性评价，包括大规模、高风险、标准化测试和低风险的前测都可以在一定程度上促进学习。除这两种观点之外，还有学者提出了形成性应用这一个概念（如 Andrade，2010：344），指出形成性评价不是评价过程，也不是评价工具，而是对评价结果的形成性应用，对评价数据的使用。曹荣平（2012）甚至提出所有评价都是形成性评价的观点。

我们认为形成性评价应是一种指导评价的思想或原则。如果把促进学生学习作为形成性评价核心特征的话，那么形成性评价不应该被看成是一种与终结性评价相对的概念，虽然形成性评价最初是在与终结性评价相对的语境下提出的。原因很简单，终结性评价也有其促学的功能，只是效果和程度与其他类型的评估存在不同。从时间和活动的角度来看，我们有前测、后测和中间的学习过程。前测帮助我们确定学生学习的起点，以便我们设计教学，然后在中间的学习过程中连续地对学生进行评价以调整教学，最终产生较好的后测效果，这个后测的结果同时开始作为新一轮教学的起点。因此，评价贯穿教学始终或者说教学是由评价来驱动的。所有这些活动都有促学效果。Ainsworth 和 Viegut（2006）提出了 common formative assessment 这一概念，将教学开始前的前测看作形成性评价。因此，更合理的方式是将形成性评价看成是一种思想或原则，即所有的评价都具有形成性的特质，只是形成的功能、方式、对象有所不同。从这个角度看，评价成为一个连续体，这个连续体上的每一点都具有形成的功能，慢慢发展、逐渐累积，达到最后掌握（mastery）的状态。教师需要做的事情就是学会如何从所有这些评价活动中分析出关于学生学习状况的信息，改进教学、促进学习。教师的能力体现在如何开发出有效的评价活动、设计有效的学习任务、准确获取促进学习所需要的学习信息，并在教学上做相应的调整。

与标准化测试一样，形成性评价也是推断的过程。我们只能根据观察到的学生表现，推断学生的学习情况。这种推断具有不确定性，可能存在偏差。如果没有理论支撑的、可操作的程序来保证形成性评价结果（数据）的准确性，那么，形成性评价的价值就无法实现（Andrade，2010）。因此，测量学的基本原则适用于形成性评价。但是，形成性评价的测量理论问题至今还没有解决。如果形成性评价需要自己的测量理论，那么，它与终结性评价的测量理论有何区别？形成性评价的测量理论需要哪些维度？Bennett（2011）认为，形成性评价的质量需要两方面的证据：效度论证（validity argumentation），证明基于评价结果所做推断的质量；效应论证（efficacy argumentation），证明评价对学习和教学的影响。Kane（2006）则主张效度论证包括效应论证。还有学者认为形成性评价效度的核心问题是后果（consequence），即评价究竟在多大程度上促进了学生的学习。这些问题都值得我们探讨。

二语教育领域的形成性评价不同于其他教育评价的特点在于，学生的二语能力是评价的对象。因此，二语形成性评价的理论应以语言学理论、二语习得的理论为基础。遗憾的是，相关的研究并不多。总之，目前评价研究存在的缺陷之一在于没有把二语习得、学习理论和教学理论与评价紧密结合起来，没有系统的基于标准（如课程标准）的形成性评价研究。

3. 实证研究匮乏
国内形成性评价研究大多是对理论或具体操作步骤的介绍，在此基础上进行的实证研究并不多见。首先，虽然形成性评价的促学效果已经得到了国际上许多综述研究和实证研究的认可，但到目前为止，还没有在中国教育语境中进行关于二语课堂形成性评价促学效果的实证研究。我们可以推断形成性评价是具有促学效果的，但我们不知道究竟在多大程度上可以促进学生的学习表现；其次，关于评价工具的实证研究几乎没有。Brown 和 Abeywickrama（2004）指出，我们需要开发更真实的、具有内在激励作用的评价手段，这些评价手段应适合其所在的教学环境，并为学生提供建设性的反馈意见。纵观目前的实证研究，大多数是关于现有评价手段的运用的，如文件夹等等。结合语境的新评价手段开发和效果验证的研究几乎没有。在这方面香港大学 Carless（2011）的研究为我们提供了有益的借鉴。在 *From Testing to Productive Student Learning: Implementing Formative Assessment in Confucian-heritage Settings* 一书中，他将当地的语境、考试文化融入到形成性评价工具的研发之中，开发出了 Student Test Preparation 这一形成性评价工具并对其效果进行了实证验证。最后，国内目前没有针对教师和学生形成性评价知识、技能、实践的实证研究。我们知道教师的评价素养有待提高，但我们不知道教师的形成性评价知识究竟处于何种水平，因此也就无法采取相应的措施来普及并推广形成性评价。

4. 研究方法不佳

为数不多的实证研究也因实验设计、研究方法等方面的缺陷难以在权威期刊上发表。虽然现有的研究中，质、量、混合性方法皆有，且以质性研究为主，但从现有的研究来看，深度的、长期的案例研究很少，多数研究采用的只是访谈、问卷调查的方式，研究时间基本为一学期左右。这种方式无法获得对一个问题的深入理解，无法监控学生在形成性评价影响下学习成就的长期发展过程。除此之外，关于研究的效度，只有少部分研究做了三方验证。这种研究方法上的缺陷也是虽然研究的数量较多，但高质量的、能被核心期刊采纳的文章并不多的原因之一。

5. 研究对象不均衡

李清华（2012）发现，在过去几年中，国内学者对非英语专业大学英语教学和小学中的形成性评价研究较多，而对英语专业及其他层次教学中的形成性评价研究较少。从我们统计的 36 篇期刊论文来看，几乎所有的研究都在大学或以上层次，其中非英语专业大学英语课程的形成性评价研究占绝大多数。高质量的中小学阶段形成性评价的研究几乎没有。在我国，中学阶段是终结性评价问题最为严重的教育阶段，小学英语教育按规定已经不允许使用高风险、大规模终结性测试，因此这一阶段的形成性评价研究有着广阔的空间。

三、实施层面

具体到二语教学评价，我们应持有更开阔的评价视野，根据二语教学的特点和作用，将教学和评价有机地结合起来。但在二语课堂中实施形成性评价并非易事，存在着下列亟待解决的问题。

首先，对形成性评价本质的误解使得形成性评价不可能被广泛运用。对于形成性评价的肤浅理解将误导试图开展形成性评价实践的教师（Black，2007）。如教师可能提问开放性的问题，然后纠正学生的答案，而不是以学生的答案为基础调整他们教学，或者教师可能要求学生对自己的作品进行自我评价，但没有使用这些信息作为形成性的反馈。在二语教学领域，教师对形成性评价理解的偏差主要表现在两个方面：(1) 将形成性评价理解为过程评价；(2) 将形成性评价简单理解为非测试的其他评价。将形成性评价理解为过程评价包括将出勤率计入平时成绩、进行小测验等。出勤率不涉及形成性评价的核心特征和教学调整。小测验，从广义上来说可以是形成性的，但很多教师只是给小测验评分并记录，最后计入总评成绩，而没有对测验的结果进行分析、判断学生存在的问题，并以此更改教学安排。将形成性评价理解成非测试评价也存在同样问题。学对话、做游戏、表演都可以成为有效的评价形式，具有形成性评价的潜质，但它能不能成为形成性评价要看教师是否从这些活动中获取到了关于学生学习情况的信息并加以利用。很多教师认为，只要不是纸笔考试，采取其他评价形式就是在进行形成性评价。这种认识导致形成性评价的作用难以发挥。此外，实施形成性评价对二语教师来说，可以借鉴的已有经验不多。Hodgen 和 Marshall（2005）认为形成性评价的实践在一定程度上依赖于探索不同学科之间形成性评价的差别。目前大多数成功的形成性评价经验都来自一语的语言和科学学科。这些学科在性质上与二语课堂有很大差异，完全照搬其他学科成功的经验是不可行的，如何将其他学科的经验移植到二语课堂是二语教学面临的一大挑战。

其次，教师实施形成性评价的动力不足。繁重的工作负担是教师，特别是中小学教师，实施形成性评价的一大障碍。成功地实施形成性评价的关键在于开发高质量的评价活动、将形成性评价有目的地融入课堂活动之中，不断地利用形成性评价的结果帮助学生和教师确定学习目标并决定接下来的教学步骤。所有这些都需要投入大量的时间进行活动设计和执行。考虑到教师的工作时间，坚持实施形成性评价的一大问题在于如何重新分配用于支持教学计划、新的教学实践和个性化教学的时间。鉴于现行教育体制的组织结构和时间限制，重新规划教学时间和日常工作的分配可能是实施有效形成性评价最大的问题。除时间问题之外，形成性评价还可能需要其他方面的资源投入，根据活动不同，实施形成性评价可能需要额外的设备、空间和材料。因此，在课堂上实行形成性评价的最大问题在于所需要的资源投入和时间投入。我国教育资源匮乏和分布不均，教师实行形成性评价的一大挑战可能在于寻找性价比较高的评价方式。最后，教师所做的形成性评价在一考定终身的文化中利害程度较低，而且由于终结性评价本身的质量不高，致力于促进深度学习的形成性评价在促进学生终结性评价表现方面的效果可能并不理想，所以教师可能并不愿意投入时间和精力进行形成性评价。

最后，作为一种创新实践，实行行成性评价需要改变人们固有的评价思维方式，这比较困难。Black 等（2003）曾举过一个例子。他让 10 年级的学生检查他们在一次测试中所犯的错误，要求同学互相帮助以便充分理解试卷的要求。但这种做法并不成功。在课堂上，教师听到学生好几次抱怨为什么老师不直接告诉他们错误的原因所在。笔者在教授写作课程的时候也有同样的经验。对于学生自评、同学互评等评价活动，学生的反应并不积极。很多学生更愿意相信教师而非同伴的判断，在草草完成同学互评后，请教师再对自己写的文章进行评价，并要求教师在课上多讲一些，学生自己完成的活动少安排一些。这说明，形成性评价要实施，不仅需要教师认识到它的价值，也需要教师让学生意识到它的价值。作为一种舶来品，形成性评价在考试文化根深蒂固的中国要为人接受，所遇到的困难可能会更大。教师可能需要应对传统的评价方式和教学方式与形成性评价的冲突和矛盾。一位在北京一所大学教一年级写作的教师，在教授学生基本写作知识和技巧的同时，采用了创造性写作（Creative Writing）的教学模式，即在基础英语写作过程中对学生进行创造性思维的培训，目的是提高学生写作兴趣，进行创造性思维训练，鼓励他们积极主动地去观察生活、描述生活、表达思想、发挥想象力。但是第一二次总有三四个学生不交作业。这位教师觉得他们没有正确的学习态度，并为此感到恼火和沮丧。在学生小组讨论他们的作文稿时，教师参与了一个小组的学生讨论，了解到他们从小学到中学都是被动地跟着课本、老师走，一旦给了他们自由空间去想象、创造，他们就不知所措，不知从何下手，反而觉得没有东西可写。教师感到非常震惊，在与同事的讨论中，逐步认识到学生表现出的这种不适应不仅受国情和教育体制的影响，还受其个人心理因素和社会家庭环境的制约。这种不适应说明，在很大程度上，我们的学生已经习惯于被教、被灌输，严重缺乏学习中的主动性和自主性。这又构成了形成性评价实施的另一障碍，因为形成性评价的重要特征之一在于要求学生积极参与到学习和评价的过程之中，一方面配合教师进行各种非测试型的评价活动，另一方面积极地进行同伴评价和自我评价。对于教师和学生来说，形成性评价不仅仅是技术层面的创新，还要求教师和学生改变传统的角色及在实践中的关系。教师不仅仅是知识的传授者，学生也不仅仅是知识的接收者，教师应该努力创造一种有利于形成性评价的课堂评价文化和氛围。

第三节　形成性评价未来的发展方向
（Future Directions of Formative Assessment）

评价是一个复杂的问题，涉及政治、经济、技术、研究等多个方面，需要一个系统化的构建。关于形成性评价的研究在国内取得了一定的进展，但也暴露出了许多问题。结合国际国内的经验，我们认为要促进形成性评价更健康的发展，未来应该在政策、研究和实施三个层面加大投入。

一、政策层面
形成性评价与终结性评价相结合才能最大程度地提高学习效果。但终结性评价在中国一直处于主导地位。要平衡这种张力，必须建立一个全国性的系统，在这个系统中，教师的判断受到信任，教师获得培训和开展项目的支持，教师评价在评价体系中占有一席之地。Stanley 等（2009）详细地描述了许多国家在这一体系构建方面的经验。政策制定者需要支持开发高质量的、可持续性的形成性评价职业发展项目，合理分配资源，保证教师足够多的、集中的时间，并支持在职业学习团体中构建形成性评价知识。首先，应该明确关于形成性评价的相关概念，澄清错误理解。其次，应该确认现有的形成性评价策略、工具和 / 或支持方法，建立"最佳实践库"（best-practice databases），将研究结果编目进行普及，并投资开展进一步的研究，提供高质量的课堂形成性评价的范例。最后，形成性评价的发展不是偶然的、随意的。因为形成性评价教师发展的指导原则是互动性的，根植于学校之中的，各级管理部门，特别是学校层面，应该为教师的形成性评价职业发展提供资源支持，帮助建立合作发展的模式，实施各种支持教师发展的机制和方法（Carless，2011）。在这方面，Bailey 和 Heritage（2008）介绍了学校管理者 Silva 女士提出的以下实践检验的措施和方法：

1. 参加教师职业发展项目

教师职业发展目标是构建教师的专业技能，让教师互为学习发展的资源。不是每个人都可以在所有方面都成为专家，学校也不可能有足够资源支持每个人都成为全才。Silva 女士的做法是与教师讨论他们的兴趣、学校的需要以及可以获得的资源，决定谁是参加某些方面职业发展项目的最佳人选。有些教师参加的职业发展项目在暑假进行，有些贯穿整个学年。但所有这些项目的共同点在于，它们都不是一次性的，而是要持续一段时间。在参加职业发展项目之后，学校建立体制，确保从项目中学到的知识和技能得到运用和分享。

2. 学生放假日

为帮助教师发展新的学科知识，Silva 女士建立了通过学生放假日为教师提供知识分享的制度。比如暑假开学前，在暑假参加职业发展项目的教师要就自己所学的内容做报告，并集体讨论所学的内容如何增加了自己的知识以及因为所学到的新知识他们在实践层面将作出怎样的改变。这样的活动每个季度有两次，职业发展项目的参与者要做报告并主持会议，会议中教师互相分享他们在课堂中实施的实践策略，然后再讨论其成功和困惑之处。

3. 学习进度计划会

除了"学生放假日"之外，Silva女士还建立了一个使教师在整个学年中都可以集合、共同发展专业知识的机制。学校实施了一套储存时间的系统。在这个系统中，周一、周三和周五为长学日，而星期二和星期四为短学日，以释放出一些时间方便教师在下午开会学习。会议学习期间，教师专注于形成性评价的各个方面，特别是学习进度的评估。为了保证教学的连贯性和连续性，必须建立清晰的学习进度表。但学习进度并不是一成不变的。教师应该根据自己的经验经常重新评估和调整之前的学习进度，以保证学习进度能真实地反映学习发展的轨迹，支持教学和评价工作的展开。

4. 职业图书馆

为促进教师职业发展，Silva女士和教师还建立了职业发展图书馆。图书馆包括教学的实践类书籍及杂志以及学术研究文章。他们通常会选择职业发展项目推荐的书目以及与他们希望加强的技能相关的书籍。Silva女士还会从图书馆中选择一些关于学习的研究论文与大家一起讨论。这些研究扩展了教师对于学习、课程、教学和评价的理解。在阅读和讨论相关研究之后，教师会问自己这样的问题：我们学到了哪些我们之前不知道的东西？我们怎样将这些知识概念应用到课堂实践中？

5. 辅导机制

合作的文化对于教师的职业发展十分重要。在合作性文化中，教师会感觉更舒服，能从容地表达自己知识方面的不足并寻求同事的帮助。教师同事和校长可以用辅导的形式为教师提供帮助。有经验的教师与没有经验的教师组成小组，一起制订教学计划；教师之间进行同行听课，相互提出建设性的反馈；校长经常观摩课堂，并提供帮助教师职业发展的支持性反馈。这些有效的实践形式在许多学校中都是以自发或非系统的方式展开的，我们建议政策制定者采取措施，建立鼓励合作文化发展的机制，整合现有的资源，为教师的职业发展服务。

二、研究层面

具体到形成性评价研究层面，我们需要关注研究目标、形成性评价的作用、群体差异、形成性评价与终结性评价的结合、评价体系及过程等方面。

1. 形成性评价目标具体化

各级二语课程标准都提出了以综合语言运用能力为目标的教学模式，一般由语言技能、语言知识、情感态度、学习策略和文化意识等构成。这些成分为二语评价的设计和使用提供了关键的支持。但关于综合语言运用能力的行为目标，各级课标中的描述都不够明确。这种情况部分是由课程标准本身的定位所决定的，课程标准本质上是原则性和纲领性的文件，需要具备一定程度的灵活性和开放性。针对课程标准中目标描述问题，教师需要提高标准的解读和具体化能力，能够将课程标准中的目标分解成具体的每一堂课的教学目标。考虑到我国外语教师（特别是中小学教育中的外语教师）的水平有限，完全依赖教师本身的评价素养的提高以解决目标描述不明确的问题并不现实。更为可行的做法是双管齐下，在提高教师评价素养的同时，研究人员应尽力使目标描述更为系统化和具体化。

2. 区别不同评价方法的形成性作用

根据我们对形成性评价的理解，形成性评价不再被视为一种评价工具，而被视为一种评价的原则或思想，即所有评价活动都具有形成性的功能。换言之，所有的评价工具都可以成为形成性的评价工具，只是每个工具所使用的语境和形成性作用的大小有所不同。因此，在何种情况下使用何种评价工具能达到最大的促学效果成为研究者和实践者要回答的最关键的问题之一。回答这个问题，需要对各种评价方法进行进一步的理论和实践探索，通过实证研究，确定其形成性价值。理想的状态是开发出一个评价工具表，明确各种评价工具的形成性价值以及建议的使用环境，供实践者选择使用。另外，本着授人以渔而非授人以鱼的原则，研究者应努力开发出一套确定评价工具的形成性价值和形成性使用环境的程序或方法，以指导教师对其新开发的评价方法进行判断、评价和运用。

3. 针对不同学生群体的形成性评价研究

有效教学和形成性评价的一大特征在于个性化，也就是我们常说的因材施教。Black 和 Wiliam（1998a）的形成性评价研究还没有对种族、班级、性别等因素进行考量。这一问题在我国的二语课堂形成性评价研究中依然存在。我国目前的二语课堂形成性评价研究针对的主要是大学生这个群体。实际上，学生可以按多种方式进行分类。按层次分（如大学生、中学生、小学生等）；按成绩分（如优良中差）；按性别分（男女）；按认知风格分（如场独立型和场依存型、思索型和冲动型、整体型和分析型）。我们甚至还有一些具有特殊需要的亚群体学生。所有这些不同类型的学生，都有着不同的学习和评价需求。因此，作为一种以关注个体发展过程为手段，促进学生学业成就为目的的评价方式，形成性评价必须精确使用，包括并且要特别包括那些最需要我们支持的学生（Andrade，2010）。形成性评价的信息阐释方式结合了标准参照和学生参照。

4. 开发针对二语课堂的有效形成性评价体系

不同的学生有不同的形成性评价需求，不同的课程对形成性评价的需求也不尽相同。从我国外语类核心期刊的形成性评价论文来看，大部分研究集中在大学英语的口语和写作课程上。这从某种意义上说明了其他课型的形成性评价实施和研究的难度较大，表明了不同的课程和课型对形成性评价有不同的要求和挑战。在我国，英语作为二语的课堂有着其自身的特点。它以语言学、应用语言学、二语习得理论作为自己的学术基础，它有国家统一的课程标准或要求，身处独特的考试文化之中，师资力量较为薄弱。如何针对这些现实情况，开发出适合二语课堂、针对不同课型的形成性评价体系是形成性评价在二语教育领域中需要研究的一大重点。文秋芳（2011）已经在这方面进行了尝试，但这方面研究的广度、深度还有待进一步加强。反馈因语境不同而不同，不同的学科在反馈方法或评价方法上也存在不同。如数学有明确的学习进度，它的形成性评价可以是结构化和预先计划的，其反馈是延迟的、预先决定的、以学生在测验上的表现为基础的。与数学学科相反，外语学科的教学和评价方式可能是比较曲折的、非计划的，其重点在于思想、想象力和创造力。与英语作为第一语言的课堂相比，英语作为第二语言的课堂在教学目标、教学方式和教学环境上又有所不同，因此形成性评价的反馈方式也存在不同。由于英语作为二语的课堂中许多反馈都是即时的，是对具体时刻具体课堂发生的具体事件的反映，杨华（2012）认为即时性课堂评价应该作为第二语言课堂的主要评价模式。实际上，动态语言发展的评价或多或少是即兴的（Rea-Dickins & Gardner, 2000）。即使是具有相同目的的两个课堂，根据课堂上发生的状况不同，也可能会刺激类型迥异的反馈。很明显，不同学科的课堂反馈会有很大的不同，但显示这方面不同的研究才刚刚起步，目前只有杨华（2012）做了大学英语课堂的研究。根据我们对近十二年（2001 年 1 月—2012 年 12 月）外语类主要期刊的调查，目前还没有针对中小学课堂的形成性评价研究成果。

5. 形成性评价与终结性评价在教学层面的融合

研究已经证明，高效学生会使用任何可以得到的信息，包括终结性评价和形成性评价所提供的信息。由此，我们建议终结性评价和形成性评价在课堂层面的融合。该方面研究的重点不在于形成性评价和终结性评价在实践中是否应该融合，而在于这种融合如何发生以及教师如何在课堂中融合终结性评价和形成性评价信息。直到 2012 年，只有两项关于教师如何融合评价信息的描述性研究（Brookhart，2001；Tanner & Jones，2003），我们需要更多的研究，探索各种实践方式对学生的成就、动机和学习信念的影响。

另一主要的研究方向是探讨教师如何指导学生使用形成性和终结性评价信息以帮助学生搭架子，提升自我效能、元认知技巧以及策略，这些都将帮助学生成为高质量的评价信息的消费者／使用者。这样的研究最好从探索教师如何帮助学生在课堂上经历成功开始，因为这是真正的自我效能的源泉（Bandura，1997），并在这一过程中发展使用信息的策略。

从概念上说，这两项研究最终将合二为一，记录教师如何融合形成性评价和终结性评价的方式将最终以记录教师如何培养学生和支持自我效能、元认知和策略使用结束。两者都会促进学生的学习。

6. 评价过程的研究

无论是国内还是国外，对于形成性评价过程的研究都相对较少。有待研究的问题包括教师和学生究竟经历了怎样的认知过程？教师和学生在进行评价时究竟动用了哪些资源？什么因素会对评价过程产生影响？进一步的研究还可以考察教师关于学习的信念与关于学习理论的假设。教师关于课堂和教学的学习理论假设、关于学习和作为评价者的信念，以及关于学生能力和前景的信念，都会影响教师对学生学习作品的阐释，并决定形成性评价的质量。另外，还可以进行平行研究，探索学生关于自己作为学习者的认知和信念，以及在形成性评价创新改革之后学生在这些方面的改变。学科知识、教学知识对实践的影响也非常大，需要探究的问题应该是这些资源如何帮助教师构建分析学生学习证据的阐释性框架。

7. 效度框架研究

因为形成性评价的机会可能在课堂中即兴产生，或者说形成性评价是可以产生学习的教学活动，它不能保证满足所有终结性评价需要满足的技术性的质量标准。但评价的质量和效度证据依然是形成性评价中的重要问题。为了确保形成性评价质量，形成性评价要求进行两种论证：效度论证和效果论证。效度论证支持的是关于学生学习质量的推论以及教学的调整。效果论证支持的是这种推论和调整所产生的影响。每种论证都要求逻辑和实证的支持。效度论证认为形成性评价辅助了关于学生优势和弱点的推论以及相关的教学调整，同时它还为推论和调整提供了合理性的支持，即所做的推论和调整与专家所做的推论和调整相似。效果论证认为形成性评价提升了学生的知识和技能——这种提升由教师（或学生）基于评价推论采取的行动所引起。同时它还为知识和技能提升提供支持（证据），即进行实证研究将形成性评价与其他评价方式进行比较。

评价目的对于任何效度的考察都很重要。根据评价目的的不同，效度验证的类型和证据支持的要求也不同。Perie 等（2009）根据评价用于教学、评估或预测的目的，提出了一个阶段性评价（interim assessment）的概念。Nichols 等（2009）认为必须在效度论证框架中用证据证明学生学习因为形成性评价产生的信息以及后续的教学而得到了提升，并提出了形成性评价的三个层面：评价、教学和总结。Way 等（2010）提出了一个包括六方面内容的形成性评价效度框架，提出了对教学目的、评价工具、评价结果、教学干预手段等进行验证的要求。Perie 等（2009）提出的框架针对阶段性评价。虽然为教学目的进行的阶段性评价与形成性评价十分相似，但阶段性评价并没有包括教师在课堂上进行的即时性互动形成性评价。Nichols 等（2009）的效度框架专注于形成性评价，所提出的效度验证步骤逻辑清晰、层次分明，但遗憾的是这个框架中只涉及了教师如何使用评价信息，忽略了学生如何使用评价信息。Way 等（2010）的框架也存在同样的问题。除此之外，所有这些框架的开发都不是以二语课堂的教学和评价实践为基础的，因此它们对于二语课堂形成性评价的适用性还有待进一步的研究验证。

8. 教师知识和职业发展需求研究

有效的课堂评价取决于教师的评价知识和评价素养。因此，帮助教师发展这种知识和素养的职业发展项目也十分重要。研究者可以研究教师成为第二语言形成性评价的开发者和使用者所需要的专业知识和 / 或经验水平；考察帮助教师获得形成性评价专业技能的职业发展类型；探索教师在何种程度上可以准确阐释形成性评价提供的信息，并以此为基础决定缩短学生知识和技能差距的适当的教学策略。当然上述研究计划需要与对标准本身的效度和影响的研究同时进行。Dutro 和 Valencia（2004）认为能够帮助教师理解标准中的概念以及实现标准的教学策略的不是标准本身，而是标准的实施。因此，课堂、学校、地区级别的对标准意义的讨论对于推广标准和提高使用标准进行形成性评价的能力十分重要。Bailey 和 Huang（2011）提供了修改、加强并验证 ELP（English Language Proficiency）标准的有益建议。

9. 教师使用形成性评价的描述性研究

研究者需要研究教师在多大程度上以及如何使用形成性评价的描述性研究，如教师如何开发形成性评价方式以评价学生的学习情况（对标准的掌握情况）；教师如何处理以标准为基础的形成性评价系统，如 FLARE（Foreign Language Assessment Records for ELLs）（WIDA，2009）；教师如何使用商业开发的基准和中期评价等。研究者还可以探索不同形式的形成性评价对教师和学生的影响，以及不同英语水平的学习者处理不同形式形成性评价的方式。二语课堂中形成性评价的应用因受多种因素影响呈现出多变的特征，如何抓住基于标准的二语水平应用能力的多变性是评价领域中重要的研究方向。

10. 形成性评价的实验研究

除了进行描述性的研究之外，我们还可以进行实验性的研究。描述性研究代表了非常重要的第一步。不过，如果教师所处环境不支持进行恰当的形成性评价，那么，就算进行关于形成性评价实践的描述性研究，得出的结论也很可能非常类似，如都是教师培训不够充分等等。因此，研究者需要考察以系统的方式认真实施的形成性评价的使用情况及其影响。随着教育界对形成性评价的兴趣越发浓厚，进行形成性评价实验和半实验研究的条件将越来越好。实验研究可以考察各种形成性评价和评价实践的特点，评价提供的信息，以及基于评价信息的决定在多大程度上帮助教师实现了评价目的，如指导教师调整教学、提升学生学习动机或促进学生学习。Ross（2004）考察了连续纪录这种形成性评价方法。连续纪录是对读写能力进行形成性评价的方法。研究者（或教师）利用控制实验的方法对儿童读写能力发展进行研究。具体做法是学生对教师大声朗读、复述故事、回答理解性问题，教师逐字进行错误编码，评价学生的理解状况。实验研究结果显示，采用这种方法的学校儿童的读写表现超过了没有采用这种方法的学校中的儿童。Ross（2005）使用纵向设计法考察了实施形成性评价的班级中学生的语言发展状况，并认为我们需要使用创新的研究方法考察形成性评价的影响。

三、实施层面

政策和研究的进一步发展无疑将促进形成性评价的实施。但政策和研究的发展往往不以教师的意志而转变。在目前的政策和研究背景下，教师如何利用现有的资源提高自己的形成性评价知识和技能是一个非常重要的问题，它不仅关系到课堂形成性评价的效果，更关系到教师的自身发展。Wiley 等（2012）认为，与学生通过自我评价促进自己的学习一样，教师也可以通过自我评价，提升自己的形成性评价实践。一般来说，教师可以通过自查、同事互查及个人反思三种方式发展自己的形成性评价知识和技能。

1. 通过形成性评价实践自查

关于形成性评价特征的研究已经非常多。基于这些特征，研究者还开发了一些形成性评价课堂实践调查和问卷。这些调查和问卷可以作为教师进行形成性评价实践的自查表，根据自查结果，确定自己的形成性评价知识和实践状况。我们在这里提供一份 WIDA 的形成性评价调查表，方便教师自查。

表 6.2　Ideal Formative Assessment Rating Tool

Integrated			
Are my assessment:			
Associated with other assessments in the school, district, or state?	No	Somewhat	Mostly	Yes
Connected to meaningful learning targets and standards?	No	Somewhat	Mostly	Yes
Aligned to instructional goals?	No	Somewhat	Mostly	Yes
Dynamic			
Are my assessment:			
Part of the fluid instructional process, not distinct from it?	No	Somewhat	Mostly	Yes
Connected to lesson plans and focused on student learning?	No	Somewhat	Mostly	Yes
Appropriate for measuring students' current language goals?	No	Somewhat	Mostly	Yes
Enlightening			
Do my assessment:			
Truly measure language and not content?	No	Somewhat	Mostly	Yes
Identify with clarity students' current abilities and skills related to linguistic complexity, vocabulary usage, and language control?	No	Somewhat	Mostly	Yes
Highlight the next steps for students?	No	Somewhat	Mostly	Yes
Attainable			
Do my assessment:			
Fit well into classroom realities (e.g., scheduling, timing)	No	Somewhat	Mostly	Yes
Remain easy to administer and score?	No	Somewhat	Mostly	Yes
Provide results that inform your lesson planning?	No	Somewhat	Mostly	Yes

Linked			
Are my assessment:			
Improving as a result of my school or district's commitment to professional development or collegial interaction related to formative assessment?	No	Somewhat	Mostly	Yes
Using the same rubrics, checklists, and rating scales as those of my colleagues?	No	Somewhat	Mostly	Yes

(WIDA, 2009: 5)

在完成上表之后，教师可以自问如下问题：我在哪些方面做得比较好 / 差？是否有些实践对我来说比其他实践方式更具挑战性？我是想从自己已有一些经验的实践方式开始，还是从完全没有经验的实践方法开始？

2. 同事作为形成性评价知识的来源

除了自查表之外，教师还可以通过同事的帮助拓展自己的形成性评价知识和技能。教师的职业在很大程度上是一种较为独立的职业，同事之间的接触相对较少。即使聚在一起，谈论的问题大多是学校最近发生的事件、某个班某个学生的学习等问题，而较少交流教学的艺术，互相学习如何向学生解释困难的概念，讨论学生出现的误解，也很少讨论如何帮助学生解决问题。这实际上是一种资源浪费，因为教师会有自己的教学评价理念和实践经验，如果能将这些理念和经验放在一起，对于任何一位教师来说都是一份宝贵的财富。因此，教师应该努力和同事多交流，学习如何从同事那里获得有益的成长经验。由于社会文化、学校文化的不同，教师和同事交流的方式也存在一定的差异。就形成性评价而言，教师可以和同事单独沟通，或者成立研究小组在小组内讨论，上文提到的形成性评价实践调查也可以作为教师讨论的话题。

3. 通过个人反思提高实践水平

个人反思是另一种理解和发展形成性评价实践的方法。Wiley 等 (2012) 建议从三个方面进行形成性评价的自我反思。首先，教师可以使用形成性评价的特征和定义作为审视自己评价实践的窗口。在第一章中，我们已经提供了形成性评价的诸多定义、特点和类型的描述。教师可以对照相关描述，反思自己的实践行为：

- 我所使用的形成性评价是否为真正意义上的形成性评价？或者它们只是一种教学？或只是用于课堂管理？
- 我能否在自己的教学实践中鉴别反馈，或将收集到的学生信息直接用于计划下一步的教学？
- 信息的收集和使用之间有没有间隙？
- 学生是否投入到了评价过程之中？

当然，不是每一次形成性评价实践中都能找到上述问题的肯定回答，但如果上述问题中没有一个能获得肯定的答案，那么教师则需要考虑自己的评价实践是否真的是形成性的。

其次，教师的自我反思还可以包括学生因素。教师可以通过下列问题了解学生以往的评价经历：

- 我的学生是否已经有了一些形成性评价的经验？
- 学生是否已经有了在小组中学习的经验？
- 学生是否已经在使用评分准则评价自己的作品或同伴的作品？
- 学生是否已经具有逐项反思所学内容的经验？

学生对这些问题的回答十分重要，因为这些信息将帮助教师决定在实施形成性评价过程中，学生在多大程度上需要教师提供帮助。如果学生完全没有形成性评价的经验，那么教师需要逐步将形成性评价的思想介绍给学生，为学生提供支持或示范，帮助学生理解形成性评价背后的目的和实施形成性评价的方法。教师实践方式的改变往往也意味着学生实践方式的改变。当教师准备采用不同的评价和教学方式时，教师应该思考是否或怎样向学生解释将要发生的变化。另外，让学生知道你正在学习新的教学和评价方法本身就是在向学生表明，学习是一个终身的过程。因为没有什么文字或话语能够告诉学生应该成为什么样的人，即使是书架上所有的书也不能做到这一点，而唯有老师本人的为人是可以的 (Wooden, 2001)，正如北京师范大学的校训所说"学为人师，行为世范"。

如果学生已经习惯了传统的模式，而教师在引入新模式时不向学生说明的话，学生可能会感到迷惑。比如，教师突然在提问方法中引入了等待时间，如果学生不理解你等待的目的，他们很可能会感到不安：老师在等什么呢？所以，教师要向学生交代清楚自己要实施的教学改革或新的评价方式。最后，教师进行形成性评价反思时，需要考虑的另一个要素是教学语境。教师需要思考自己的形成性评价实践将对教学环境产生什么样的影响。同样，教师的教学环境也可能会影响到其形成性评价实践，例如，你的学生与你的关系如何？他们是否愿意配合你实施新的形成性评价方式？你的学校是否支持你进行形成性评价方面的创新？大学的外语教师可能需要教不同的专业课程，中小学的外语教师往往需要教授听说读写等多项技能。在多种课程或多项技能中，你可以选择你最有信心的课或技能开始形成性评价实践。对于个体教师来说，有些形成性评价的要素可能比其他要素更复杂、困难，所以，Wiley 等（2012）建议在开始选择比较容易控制和／或学生较为熟悉的形成性评价方法。例如，班上的学生已经有自我评价或同伴评价的经验，那么教师可以从自我评价和同伴评价开始形成性评价实践。

自从形成性评价被引介到我国外语教学与研究以来，一些发达地区的学校和教师已经在二语课堂中开展了形成性评价；形成性评价这一术语已经渐渐为广大教育工作者所熟知，其促进学习的作用也已经得到了广泛认可。不过，从我们所掌握的研究和实践的情况来看，我国二语课堂形成性评价从政策、研究和实施的层面来看都还处于初级阶段。

从政策层面看，无论是形成性评价的研究还是实践，都没有得到系统、长期的支持。得到国家支持的长期的形成性评价项目凤毛麟角；教师培养体系中没有明确地将形成性评价纳入其中，教师缺乏了解、提升形成性评价知识和技能的机会；教育文件中还没有统一对形成性评价概念和特征进行描述。从研究的层面看，我们的整个研究基本上还处于对国外理论和实践一知半解的描述和引介阶段，鲜见原创性的研究。为数不多的实证研究，常常因为研究者对理论理解不深而未能得出有意义、可供借鉴的成果。从实施层面看，一些勇于创新的优秀教师已经在有意识、有计划地将形成性评价引入自己的课堂。不过，由于对形成性评价本身的理解存在问题，许多教师自认为的形成性评价的实践和创新实际上并没有抓住形成性评价的本质。

为了充分发挥形成性评价对于二语教学的有效作用，我们还有许多艰巨的工作需要完成，而完成这些工作则需要政策制定者、研究者和教师的协调合作、共同努力。

第四节　汉语作为第二语言的形成性评价研究
（Formative Assessment in Chinese as Second Language Classrooms）

一、汉语作为第二语言的测试与评价研究现状

汉语作为第二语言的测试与评价研究，主要涉及语言测试理论研究、汉语测试研究、汉语教学测试评价研究，特别是针对 HSK（汉语水平考试）测试的研究相对较多，而对于学能测试和学业测试（包括诊断测试、学习成绩测试等）的研究则比较薄弱，形成性评价方面的研究就更加缺乏。

在语言测试理论研究方面，张凯编著的《语言测试理论及汉语测试研究》（2006）比较有代表性。这部书选编了 1995—2005 年间的相关研究成果，主要围绕语言测试理论、技术研究，及此二者在汉语测试研究领域的应用展开。全书收录了十多位研究者的二十余篇论文或节选，整本书紧扣语言测试理论和语言测试技术两大问题，架构明晰。在语言测试理论方面，涉及语言测试的基本原理、语言能力、构想效度等问题；在语言测试技术方面，则包括信度、等值技术、概化理论、DIF 检测以及口语、完型、词汇等单项技能测试等问题。除了语言测试理论和技术问题以外，书中对目前学界比较关注的语言测试公平性问题也有所涉及，比较全面地反映了我国对外汉语领域的学者对语言测试问题的认识水平和研究现状。美中不足的是，该书为选编的论文集，虽然在收录时进行了一定的调整、修改，但在整体论述的系统性方面比较欠缺。

自上世纪 80 年代以来，汉语作为第二语言教学的测试和评价研究开始引起学界的关注，并逐渐成为汉语作为第二语言研究的一个重要组成部分（刘英林，1989；盛炎，1990；吕必松，1992；周小兵、李海鸥，2004）。虽然初期的这些研究还没有深入到汉语作为第二语言教学测试本身的具体问题，但是对第二语言教学测试的介绍与论述，为后来针对汉语作为第二语言的教学评价研究奠定了重要的基础。此后，一系列针对汉语作为第二语言教学的评价研究开始涌现，但总体上说，研究比较

分散，缺乏系统性。

直到 2008 年，才出现了两部专门论述汉语作为第二语言教学评价的专著。一部从教育学的角度对汉语教学评价进行了全面细致的论述，介绍了汉语教学评价的理论基础、源起、一般流程，构建了汉语教学评价体系的框架，还特别对教学评价信息的不同收集方法和关键验证指标进行了评介（杨翼，2008）。遗憾的是，对如何在课堂教学中对学生汉语掌握情况进行有效的评价，书中所述不多，也没有具体的案例呈现与分析。

第二部主要针对语言成绩测试，首次系统地论述了与成绩测试相关的基本理论，构建了总体设计框架，总结了常见的成绩测试类型中各种题型的特点、适用范围、命题技巧和原则，提出了试题的语用分类和题库建设的参数体系，为对外汉语教师进行成绩测试提供了操作性的命题指导（杨翼，2010）。虽然作者在相关理论部分对国内外的"语言交际能力"理论和模型进行了介绍和梳理，但在进行命题设计指导时，仍主要把语言要素和语言技能作为测试内容，以分离式测试为主导。如何把语言交际理论的研究成果运用在汉语课堂教学评价中，仍然是二语测试领域亟待解决的问题之一。

在汉语水平测试方面，《中国汉语水平考试（HSK）研究报告精选》比较全面地收录了多年来中国汉语水平考试的研究成果，对 HSK 的信度、效度、题目设计、等值技术、计算机生成试题稳定性、考生成绩公平性等诸多方面进行了论述。从研发的角度，阐明了保障 HSK 质量的相关原则与方法（谢小庆，2005）。2007 年北京语言大学汉语考试中心首次推出了 HSK 改进版。改进版是对原 HSK 的继承与发展，它在保持原 HSK 的基本性质与用途的基础上，对分数体系、分数解释、等级划分等方面进行了合理调整，以考查交际能力为主，考查语言知识为辅，全面测试听说读写各项语言技能（北京语言大学汉语水平考试中心"HSK改进工作"项目组，2007）。《中国汉语水平考试 HSK（改进版）研究》探讨了新 HSK 的总体设计思路以及相关测试理论问题、各类试卷的题型设计原则、命题技术和评分标准、从构想效度入手对考试质量的分析与评估、数据处理与考务管理等实施方面的技术问题，并将新 HSK 与原 HSK 进行了对比研究（张旺熹、王佶旻，2010）。

为了更好地满足国际汉语推广形势的需要，2009 年国家汉办推出了新汉语水平测试，即新 HSK。新 HSK 增加了考试等级，关注汉语应用能力，重视对听说技能的考查，规定了明确的词汇量，使用大量精选图片，给试题加上了拼音（张晋军等，2010）。新HSK在不同程度上解决了原HSK难度大，考时长，分数体系不合理，初、中等考试信度不理想等问题（谢小庆，2011）。但新HSK在考试政策、词汇表和字表的编制、书面和口语表达能力的考查、听力和阅读速度的设定、成绩报告等方面还存在一些问题，需要在未来的命题与推广工作中不断完善（张晋军等，2012）。

此外，相关学者还对经典测量理论、项目反应理论、概化理论、认知诊断理论，以及随着计算机技术和相关测试理论模型的完善而发展起来的计算机自适应考试进行了探讨和研究（关丹丹，2009；关丹丹、刘庆思，2011）。这都为测试与评价研究的发展提供了有力的理论与技术支持。

二、汉语作为第二语言的形成性研究现状

形成性评价是语言测试与评价的一个重要方面，它与语言教学密不可分。但是，目前汉语作为第二语言的形成性评价研究基本是个空白。

需求分析是第二语言的课堂教学中一切活动的前提，只有准确地分析出学生的共同需求，才有可能帮助课程实施者制定出合理的教学目标，选择适当的教材、教学方法及评价方式。罗少茜和肖潇（2014）从宏观的角度围绕教学理念、教学内容、课堂活动、语言测试四个方面，对汉语作为第二语言的教学做了一个较为全面的需求分析调查。语言测试方面的调查结果显示：14.8%的留学生认为自己的最终成绩取决于最后的考试成绩。47.7%的留学生认为最终成绩由平时成绩和期末考试成绩组成，但平时成绩所占比例不大；而认为平时成绩所占比例较大的有23.9%。大部分同学对各科目成绩组成的了解还是十分准确的，与实际情况较为符合，且平时成绩占很大比例的课程多为会话、视听说等涉及口语交际的课程。这些课程也往往是留学生较为喜欢的课程。但也有13.6%的留学生不清楚自己最终成绩是怎么得到的，这也许是留学生个人的学习态度不认真造成的，但也不排除老师没有明确说明所致。

此外，参与调查的留学生还认为，教师在课堂教学过程中，应该对学生在使用目的语过程中出现的语言错误给予及时的反馈和纠正；他们希望学习"与实际交际相符合"的教学内容，并能够在实际生活中靠运用所学知识来检验自己的语言水平；大部分留学生仍然希望实施考试，

希望考试应该强调听说读写，促进语言能力全面发展。

通过分析上述调查结果可知，留学生对语言测试与评价的需求包含对形成性评价的需求。他们希望教师对学习者在课堂上的语言输出进行监控，给予及时的反馈与纠正；希望课上所学内容是日常交际中所需要的；希望考试能够考查出真实的语言水平（目前的考试不能考查出其真实水平），强调听说读写，促进语言全面发展。这些都可以通过课上实施形成性评价来实现。从目前的教学现状和测试实用性来看，在考试时把听说读写都包括进来，对部分学校和教师来说有一定困难。而通过实施形成性评价，教师可以在一段较长的时期内，采用课堂观察与制作档案袋等方式，关注和记录学生完成课堂任务和课后作业的行为表现（尤其是"说""写"等生成性的行为表现），作为学生的平时成绩，并将其与学生的期中、期末考试成绩结合起来，从而比较全面地衡量出学生的真实语言水平。同时，在实施形成性评价时，教师可以采用学生自评、互评、教师评估、家长评估等多元评价方式，对学生的行为表现进行记录评价。这样，既可以培养学生的自主学习意识，提高家长对孩子教育过程的参与程度，也可以适当减轻教师的工作负担，使教师有更多的时间进行教学规划与研究。由此可见，课堂上实施形成性评价可以更有效地满足学生的学习需求，促进学生汉语语言运用能力的全面均衡发展。

三、汉语作为第二语言的形成性评价研究方向

从英语作为第二语言的形成性评价研究和案例介绍可知，目前国内英语课堂上形成性评价的尝试已经有十多年的时间，有些地区和学校的形成性评价实验比较成功，摸索出了一些具有可操作性的实施方案和各类评价任务和活动。而在汉语作为第二语言的教学中，形成性评价还亟待展开，以更好地满足汉语学习者的学习需求，促进他们汉语语言能力的提高。对此，我们可以从英语作为第二语言的形成性研究中汲取经验，为开展汉语作为第二语言的形成性评价提出一些研究设想。

为此，ETS 为我们提供了可借鉴的研究思路。为使教师在课堂上充分有效地运用形成性评价，ETS 开展了一系列研究，具体可概括为三个方面（Wylie & Lyon，2012）：

什么样的任务和材料能够为教师使用形成性评价提供有力的支撑？

什么样的教师发展课程能够促使教师在课堂实践中做出改变？

什么样的课堂观察工具能够聚焦形成性评价，为更好地实施形成性

评价提供反馈？

Wylie 和 Lyon 的研究表明，能够为教师使用形成性评价提供有力支撑的任务和材料需具备如下特征：（1）可以直接运用于课堂；（2）依托具体学科内容；（3）本身具有教育功能，即可以直观地向老师展示正确的形成性评价是什么样的，其任务内容和所需材料具备什么特征；（4）有助于将形成性评价纳入到当前课程。

能够使教师真正发生改变的教师发展课程一般具有以下特征：（1）内容密集，具有持续性，且与教学实践相关；（2）聚焦于具体课程内容的教学；（3）与学校规划的优先发展战略和目标相一致；（4）致力于加强教师之间的工作联系（Wylie & Lyon，2012）。

能够为实施形成性评价提供有效反馈的课堂观察工具，应能科学具体地记录教师在课堂上实施形成性评价的教学行为，以便教师进行自我评价、同伴评价以及开发关于课堂练习的学生问卷；如果可能，课后对授课教师进行一个简短访谈，可以进一步澄清教师某些教学行为背后的所隐含的深层次原因（Wylie & Lyon，2012：9）。

基于以上研究，以及本书中所涉及的中国国内英语学科的形成性评价研究和案例，汉语作为第二语言的形成性评价研究可以进行如下规划。

1. 首先，应开发一系列形成性评价的课堂资源，具体包括课堂评价任务及其所需材料等。在语言教学中实施形成性评价，需要教师投入大量时间和精力。如果能够依据课程标准和教学纲要，设计可以直接运用于课堂教学的评价任务，就能够减轻教师的备课负担，为教师实施形成性评价创造条件。下面是一个可以用于形成性评价的任务范例。

任务范例——选择学友

话题：个人信息

功能：征求和给出建议

任务形式：两人小组活动

语言技能：听说

情景提示：

学生 A：假如你是来自英国的乔，你在网上论坛发布消息，想找一位中国学友进行中文口语交流。有两位学生回复邮件表示愿意帮助你提高口语，他们在邮件中介绍了自己的个人信息。你觉得两个同学都不错，不知道选哪一个好，所以你想问问学生 B 的意见，看看选择其中的哪位做学友会比较好，于是你向他/她介绍了两个人的情况。

学生 B：你是来自韩国的金正远，你的英国朋友乔（学生 A）想找一位中国学友进行中文口语交流。乔在网上论坛发布消息后，有两位学生回复邮件表示愿意帮助他／她提高口语，他们在邮件中介绍了自己的个人信息。乔向你介绍了两个人的情况，想问问你的意见，看看选择其中的哪位做学友会比较好。请你根据两人的情况，给乔提出建议并简述理由。

任务材料：

学生 A: 阅读两位学生的邮件信息

邮件 1：

> 你好，我是赵君，是物理系的学生，今年上大一，平时喜欢爬山、摄影和打羽毛球。我想以后到国外学习，所以想找个学友练练英语口语，了解外国文化……

邮件 2：

> 你好，我是朱晨，在中文系学习，今年大二了，我的爱好是读小说、练瑜伽和游泳。我想做中英文对比方面的研究。想找个学友了解一下英语语言和文化……

根据以上信息，整理两位学生的介绍，并准备发言：

> 第一位学生（赵君）的介绍：
>
> 第二位学生（朱晨）的介绍：

学生 B：记录学生 A 的介绍，进行发言准备

> 第一位学生（赵君）的情况记录：
>
> 第二位学生（朱晨）的情况记录：
>
> 给乔的建议：
>
> 理由：（1）
>
> 　　　（2）

评价表

学生 A：＿＿＿＿＿＿＿

评价项目	优秀	良好	有待提高
语言表达			
1）笔记清楚，准备充分	☐	☐	☐
2）紧扣任务话题，不跑题	☐	☐	☐
3）要点全面	☐	☐	☐
4）表述时逻辑性强	☐	☐	☐
5）用词准确得体	☐	☐	☐
6）语音语调恰当	☐	☐	☐
7）表达流利	☐	☐	☐
8）口齿清楚	☐	☐	☐
体态姿势			
9）声音洪亮	☐	☐	☐
10）体态自然（身体直立，没有多余小动作）	☐	☐	☐

学生 B：＿＿＿＿＿＿＿

评价项目	优秀	良好	有待提高
语言表达			
1）笔记清楚，准备充分	☐	☐	☐
2）紧扣任务要求，不跑题	☐	☐	☐
3）要点全面	☐	☐	☐
4）表述时逻辑性强	☐	☐	☐
5）用词准确得体	☐	☐	☐
6）语音语调恰当	☐	☐	☐
7）表达流利	☐	☐	☐
8）口齿清楚	☐	☐	☐
体态姿势			
9）声音洪亮	☐	☐	☐
10）体态自然（身体直立，没有多余小动作）	☐	☐	☐

需要说明的一点是，这个评价任务的难度可以根据汉语学习者的语言水平进行调整。比如：可以增加邮件的信息量，使用更加丰富的词汇和更加复杂的句式，也可以由两个邮件增加到三个邮件，即从三个邮件回复者中选出一位合适的学友等等。

　　2. 其次，要教会教师充分有效地使用这些资源。如果只是把这些评价资源提供给教师，可能仍然无法促使他们发生实质性的改变。其中的原因有以下几点：(1) 教师根本不知道如何使用这些资源，或者不清楚如何充分利用这些资源；(2) 教师无法将这些任务和材料有机地融入自己的课程大纲，从而认为这是一项额外的工作，会花费大量时间和精力，而且结果也不被学校、同事、家长、甚至学生所认可。

　　因此，需要开发一系列的、持续有效的教师发展项目，使教师在一段时间内逐步掌握充分利用这些评价资源的方式方法。这就需要：(1) 针对具体的教师群体，开发具体的教师发展课程，以便将现有的评价资源与指导教师课堂教学的课程标准、教学大纲联系起来，从而使教师意识到这些评价资源与自己的教学紧密相关、相辅相成；(2) 研究教师所在学校或者地区的教育方针及优先发展策略，并将课程的设置与这些方针政策联系在一起，开发有针对性的教师发展课程；(3) 促使教师形成集体教研、合作教学的模式，教师合作共同推进形成性评价的规划实施，共同面对在推进形成性评价过程中可能会遇到的困难与阻碍。

　　3. 再次，开发形成性评价课堂观察工具，为更好地实施形成性评价提供具体有效的反馈。形成性评价的成功实施不是一件容易的事，仍然处在不断探索之中。利用课堂观察工具，科学系统地记录教师在实施形成性评价过程中的教学行为，为教师自评反思、同行互评借鉴提供相关数据，是不断完善形成性评价的重要渠道。

　　Charlotte Danielson 在 1996 年为 ETS 设计了一个课堂观察评价工具——"丹尼尔森课堂观察教学框架"（简称"教学框架"），后来又经历了 2007、2011 和 2013 年三次修订。"教学框架"将复杂的教学活动划分为属于 4 个领域的 22 个部分。其中，第三个领域"教学"中有一个部分"教学中的评价"是专门针对形成性评价的，具体包括：评价标准、对学生学习的监测、给学生的反馈、学生自我评价和对进步的监控，以及授课调整（Danielson，2013）。

　　可以借鉴 Danielson 的教学框架，设计一个汉语作为第二语言的课堂观察评价表。比如，这个观察评价表可以从以下方面入手，通过研究者或教师同行给授课教师打分，了解课堂上形成性评价的使用情况。

1. 所使用的评价标准全面恰当
2. 对学生学习进行有效的监测
3. 给学生的反馈及时恰当
4. 学生能够进行自我评价并对自身的进步进行监控
5. 教师依据学生的学习效果，对当堂或下一堂的授课内容进行调整

目前，汉语作为第二语言的形成性评价研究应该从开发丰富的、可直接用于课堂教学的评价资源开始。在此基础上，有针对性地根据不同教师群体的需求及其所处的教育环境，构建相关的教师发展课程。同时，研制适用于汉语作为第二语言的形成性评价课堂观察工具，为不断完善形成性评价的实施提供及时有效的反馈。需要说明的一点是，虽然形成性评价与交际教学思想以及任务型语言教学在理念和具体做法上比较一致，但是形成性评价不排斥其他的教育思想和理念。当前，在二语课堂教学中，不少教师仍采用传统的语法翻译法、听说法等，但他们通过对学生平时成绩的持续记录，将形成性评价有机地融入到评价体系当中，监控学生的学习过程，激励学生在原有的基础上不断努力进步，也可以收到较好的效果。因此，形成性评价是一个不受教学方法限制的开放性体系，我们建议教师根据学生的需求和自己的教学规划，将形成性评价应用于二语教学课堂之中，为让学习发生、提高学生二语能力和自身教学效果提供有用的信息和反馈。

结语　逃离分数的洞穴[⑦]
（Closing Marks）

二语教学中的形成性评价是基于课程标准和认知规律的评价，其评价形式由一系列核心任务组成；这些任务旨在使学习者达到课程标准和能力表现要求的学习过程、掌握学习策略和构建知识结构，是衡量学生能力的主要手段。因此，设计任务时应注意以下几点：（1）对多种技能或课程标准进行综合；（2）具有延伸性，有利于观察学生的行为；（3）具有有意义的情景；（4）注重解决问题的技能；（5）采用建构型回答模式；（6）具有教师认为值得教授的学习事件（Bennett & Gitomer，2008：9）。

通过前几章的介绍，我们不难发现，不同研究领域的研究者从不同的角度定义、计划和实施形成性评价，但达成共识的一点是形成性评价的关键在于其出于何种目的。学习和促进学习理应成为教育的终极目标，所以本书的修订正是为了这个目标。为了使学习发生并得以实现，我们希望教育家以及一线教师摆脱考试分数的藩篱，逃离分数洞穴，因为分数的洞穴限制了我们的视野、掩盖了学生作为个体的主观能动性。如何逃离分数洞穴呢？我们在前几章提供了一些方法，包括形成性评价的终结性使用、终结性评价的形成性使用、学习档案袋等。有些方法实施起来极具挑战性。但如果没有挑战，我们很可能就会满足于囿于分数的洞穴教育，同时也使学生成为分数的囚徒，他们的智力、能力一概被分数化，分数、排名成为他们的代码，潜力难以发掘。教育的意义原本在于弥补我们看待世界事物和社会的狭隘之处、帮助我们全面地看待世界；而如果我们只以分数来衡量教育的价值，会降低教育的地位，形成不成功的、乃至可悲的教育。

[⑦] 借用Steven Pinker（2007）*The stuff of thought* 一书第九章标题 "Escaping the cave"。

推动教育进步是教师的责任，同时也能够检验我们的教育体制是否能够培养出成功接受国际经济竞争严峻挑战的公民。在这种大趋势的要求下，评价这种工具可以检测教育的有效性，甚至可以作为改进教育体制的重要依据。教育政策需要注重辨别不同能力、年龄、学校人群甚至个体的不同机制。评价对于教育政策具有举足轻重的作用，因此，评价不只是提供信息，还是选拔优秀学生的手段，是学科成功建设与否的标准。在我国，评价不仅用于学生，还用于教师、学校。如果学校教育不达标，可能会面临关闭的风险；很多地区的学校将学生的分数与教师的收入、奖金挂钩。其后果是教育实践的扭曲，教师、学校、政策制定者、学生都为各种教育价值有限的评价而拼命。这种教育价值有限的评价来自于对学生学习水平定义的肤浅认识，并充斥着与真实世界情境毫不相关、短视而做作的考试题。

所以，我们真诚邀请大家一起讨论并重新思考以下问题——这些问题也是我们面临的挑战：我们的评价，尤其是形成性评价，是否能真正服务于学习并为国家政策的制定提供依据？我们是不是有一个评价是学习、为学习、作为学习的评价体系？答案尚不明晰。但是，正如 Bennett 和 Gitomer（2008）所说，作为评价领域的研究者，我们有道德上的义务尽最大努力去找寻答案，给教育评价带来新的思想、方法与实践。

参考文献

Adams, C. & King, K. 1995. Towards a framework for self-assessment [J]. *Innovations in Education and Teaching International*, 32(4): 336—343

Adams, T. L. 1998. Alternative assessment in elementary school mathematics [J]. *Childhood Education*, 74(4): 220—224

Ainsworth, L. & Viegut, D. (Eds.). 2006. *Common Formative Assessment: How to Connect Standards-based Instruction and Assessment* [M]. California: Corwin Press.

Airasian, P. 2001. *Classroom Assessment: Concepts and Applications* (4th ed.) [M]. Boston: McGraw-Hill.

AlFallay, I. 2004. The role of some selected psychological and personality traits of the rater in the accuracy of self- and peer-assessment [J]. *System*, 32(3): 407—425

Anderson, L. W., Krathwohl, D. R., Airasian, P. W., et al. (Eds.). 2009. *A Taxonomy for Learning, Teaching, and Assessing: A Revision of Bloom's Taxonomy of Educational Objectives* [M]. Beijing: Foreign Language Teaching and Research Press.

Anderson, P. 1982. Self-esteem in the foreign language: A preliminary investigation [J]. *Foreign Language Annals*, 15(2): 109—114

Andrade, H. 2000. Using rubrics to promote thinking and learning [J]. *Educational Leadership*, 57(5): 13—18

Andrade, H. 2010. Students as the definitive source of formative assessment: Academic self-assessment and the self-regulation of learning [C]. In H. L. Andrade, & G. J. Cizek (Eds.). *Handbook of Formative Assessment*. New York: Routledge.

Andrade, H. & Boulay, B. 2003. Role of rubric-referenced self-assessment in learning to write [J]. *The Journal of Educational Research*, 97(1): 21—34

Andrade, H. & Du, Y. 2007. Student responses to criteria-referenced self-assessment [J]. *Assessment and Evaluation in Higher Education*, 32(2): 159—181

Andrade, H., Du, Y. & Wang, X. 2008. Putting rubrics to the test: The effect of a model, criteria generation, and rubric-referenced self-assessment on elementary school students' writing [J]. *Educational Measurement: Issues and Practice*, 27(2): 3—13

Andrade, H. & Valtcheva, A. 2009. Promoting learning and achievement through self-assessment [J]. *Theory into Practice*, 48(1): 12—19

Assessment Reform Group. 1999. *Assessment for Learning: Beyond the Black Box* [M]. Cambridge: Faculty of Education.

Assessment Reform Group. 2002. *Assessment for Learning: 10 Principles. Research-based Principles to Guide Classroom Practice* [EB/OL]. http:// www.qca.org.uk/libraryAssets/media/4031_afl_principles.pdf , 2008-11.

Azarnoosh, M. 2013. Peer assessment in an EFL context: Attitudes and friendship bias [J]. *Language Testing in Asia*, 3(11).

Bachman, L. & Palmer, A. 1989. The construct validation of self-ratings of communicative language ability [J]. *Language Testing*, 6(1): 14—29

Bachman, L. & Palmer, A. 1996. *Language Testing in Practice* [M]. Oxford: OUP.

Bailey, A. & Heritage, M. 2008. *Formative Assessment for Literacy, Grades K-6: Building Reading and Academic Language Skills Across the Curriculum* [M]. Thousand Oaks, CA: Corwin Press.

Bailey, A. & Huang, B. 2011. Do current English language development/ proficiency standards reflect the English needed for success in school? [J]. *Language Testing*, 28(3): 343—365

Balzer, W. K., Doherty, M. E. & O'Connor, R. Jr. 1989. Effects of cognitive feedback on performance [J]. *Psychological Bulletin*, 106(3): 410—433

Bandura, A. 1997. *Self-efficacy: The Exercise of Control* [M]. New York: Freeman.

Baniabdelrahman, A. A. 2010. The effect of the use of self-assessment on EFL students' performance in reading comprehension in English [EB/OL]. *Teaching English as a Second Language: Electronic Journal*, 14(2). http:// www.tesl-ej.org/wordpress/issues/volume14/ej54/ej54a2/, 2013-10-06.

Bell, J. 1991. Using peer response groups in ESL writing classes [J]. *TESL Canada Journal*, 8(2): 65—71

Bell, B. & Cowie, B. 1997. Formative assessment and science education. Research Report of the Learning in Science Project (Assessment).

Bell, B. & Cowie, B. 2002. *Formative Assessment and Science Education* [M]. New York: Kluwer Academic Publishers.

Bennett, R. E. 2011. Formative assessment: A critical review [J]. *Assessment in Education: Principles, Policy & Practice*, 18(1): 5—25

Bennett, R. E. & Gitomer, D. H. 2008. Transforming K-12 assessment: Integrating accountability testing, formative assessment, and professional support [A]. In C. Wyatt-Smith & J. Cumming (Eds.). *Educational Assessment in the 21st Century: Connecting Theory and Practice* [C]. London: Springer, 43—61

Berg, E. C. 1999.The effects of trained peer response on ESL students' revision types and writing quality [J]. *Journal of Second Language Writing*, 8(3): 215—241

Berry, R. 2008. *Assessment for Learning* [M]. Hong Kong: Hong Kong UP.

Berry, R. 2011. Assessment trends in Hong Kong: Seeking to establish formative assessment in an examination culture [J]. *Assessment in Education: Principles, Policy & Practice*, (2): 199—211

Berry, R. & Adamson, B. (Eds.). 2011. *Assessment Reform in Education: Policy and Practice* [M]. Dordrecht: Springer.

Biggs, J. 1998. Assessment and classroom learning: A role for summative assessment? [J]. *Assessment in Education: Principles, Policy & Practice*, 5(1): 103—110

Birdsong, T. & Sharplin, W. 1986. Peer evaluation enhances students' critical judgment [J]. *Highway One*, 9(1): 23—28

Black, P. 1995. Can teachers use assessment to improve learning? [J]. *British Journal of Curriculum & Assessment*, 5(2): 7—11

Black, P. 1998. *Testing, Friend or Foe? The Theory and Practice of Assessment and Testing* [M]. London: Routledge/Falmer Press.

Black, P. 1999. Assessment learning theories and testing systems [A]. In P. Murphy (Ed.). *Learners, Learning and Assessment* [C]. London: Paul

Chapman Publishing, 118—134

Black, P. 2002. *Testing: Friend or Foe* [M]. London: Palmer Press.

Black, P. 2003. The nature and value of formative assessment for learning [J]. *Improving Schools*, 6(3): 7—22

Black, P. 2007. Full marks for feedback [EB/OL]. *Making the Grade (Journal of the Institute of Educational Assessors)*. http://www.highland.gov. uk/NR/rdonlyres/0F839E48-33CE-4212-A904-76DE730D7472/0/ FullMarksForFeedback.pdf, 18—21, 2013-10-05.

Black, P. 2009. Formative assessment issues across the curriculum: The theory and the practice [J]. *TESOL Quarterly*, 43(3): 519—524

Black, P. & Wiliam, D. 1998a. Assessment and classroom learning [J]. *Assessment in Education: Principles, Policy & Practice*, 5(1): 7—74

Black, P. & Wiliam, D. 1998b. Inside the black box: Raising standards through classroom assessment [J]. *The Phi Delta Kappan*, 80(2): 81—90

Black, P. & Wiliam, D. 1999. *Assessment for Learning: Beyond the Black Box* [M]. Cambridge, Assessment Reform Group, University of Cambridge, pamphlet 371.26 ASS.

Black, P., Harrison, C., Lee, C., et al. 2003. *Assessment for Learning: Putting It into Practice* [M]. Buckingham: Open UP.

Black, P. & Wiliam, D. 2003. In praise of educational research: Formative assessment [J]. *British Educational Research Journal*, 29(5): 623—637

Black, P. & Wiliam, D. 2006. Developing a theory of formative assessment [A]. In J. Gardner (Ed.). *Assessment and Learning: An Introduction* [C]. London: Sage, 81—100

Black, P. & Wiliam, D. 2009. Developing the theory of formative assessment [J]. *Educational Assessment, Evaluation and Accountability*, 21(1): 5—31

Blanche, P. & Merino, B. J. 1989. Self-assessment of foreign-language skills: Implications for teachers and researchers [J]. *Language Learning*, 39(3): 313—338

Bloom, B. S. 1956. *Taxonomy of Educational Objectives: The Classification of Educational Goals: Handbook I, the Cognitive Domain* [M]. New York: Longman.

Bloom, B. S. 1968. Learning for mastery [J]. *Evaluation Comment (UCLA-*

CSIEP), 1(2): 1—12

Bloom, B. S. 1969. Some theoretical issues relating to educational evaluation [A]. In R. W. Tyler (Ed.). *Educational Evaluation: New Roles, New Means: The 63rd Yearbook of the National Society for the Study of Education* [C]. Chicago: University of Chicago Press, 26—50

Bloom, B. S., Hastings, J. T. & Madaus, G. F. (Eds.). 1971. *Handbook on the Formative and Summative Evaluation of Student Learning* [M]. New York: McGraw-Hill.

Boekaerts, M. 2001. Bringing about change in the classroom: Strengths and weaknesses of the self-regulated learning approach. Presidential address presented at the 9th European Conference of the Association of Learning and Instruction. Fribourg, Switzerland.

Boekaerts, M. 2006. Self-regulation and effort investment [A]. In K. A. Renninger & I. E. Sigel (Eds.). *Handbook of Child Psychology: Vol. 4. Child Psychology in Practice* (6th ed.) [C]. New York: Wiley, 345—377

Boud, D. 2000. Sustainable assessment: Rethinking assessment for the learning society [J]. *Studies in Continuing Education*, 22(2): 151—167

Boud, D. & Falchikov, N. 1989. Quantitative studies of student self-assessment in higher education: A critical analysis of findings [J]. Higher Education, 18(5): 529—549

Boulet, M. M., Simard, G. & De Melo, D. 1990. Formative evaluation effects on learning music [J]. *Journal of Educational Research*, 84(2): 119—125

Brickman, S. & Miller, R. 2000. The impact of sociocultural context on future goals and self-regulation [A]. In D. McInerney & S. Van Etten (Eds.). *Research on Sociocultural Influences on Motivation and Learning* [C]. Greenwich, CT: Information Age, 1: 119—138

Broadfoot, P. 2000. Preface. In A. Filer (Ed.). *Assessment: Social Practice and Social Product* [M]. London: Routledge Falmer.

Broadfoot, P. 2002. Editorial: Beware the consequences of assessment! [J]. *Assessment in Education: Principles, Policy & Practice*, 9(3): 285—288

Broadfoot, P. 2007. *An Introduction to Assessment* [M]. New York: Continuum.

Broadfoot, P. 2008. Assessment for learners: Assessment literacy and the development of learning power [A]. In A. Havnes & L. McDowell (Eds.). *Balancing Dilemmas in Assessment and Learning in Contemporary Education* [C]. New York, London: Routledge, 213—224

Broadfoot, P. & Black, P. 2004. Redefining assessment? The first ten years of assessment in education [J]. *Assessment in Education: Principles, Policy & Practice*, 11(1): 7—27

Broadfoot, P., Pollard, A., Osborn, M., et al. 1998. Categories, standards and instrumentalism: Theorizing the changing discourse of assessment policy in English primary education. Paper presented at the conference of the American Educational Research Association. San Diego, April.

Brookhart, S. M. 2001. Successful students' formative and summative uses of assessment information [J]. *Assessment in Education: Principles, Policy & Practice*, 8(2): 153—169

Brookhart, S. M. 2004. Classroom assessment: Tensions and intersections in theory and practice [J]. *Teachers College Record*, 106(3): 429—458

Brookhart, S. M. 2010. Combining sources of classroom achievement information for formative and summative purposes [A]. In H. L. Andrade & G. J. Cizek (Eds.). *Handbook of Formative Assessment* [C]. New York: Routledge.

Brown, A. L. & Campione, J. C. 1996. Psychological theory and the design of innovative learning environments: On procedures, principles and systems [A]. In L. Schauble & R. Glaser (Eds.). *Innovations in Learning: New Environments for Education* [C]. Mahwah, NJ: Erlbaum, 289—325

Brown, G., Bull, J. & Pendelbury, M. 1997. *Assessing Student Learning in Higher Education* [M]. London: Routledge.

Brown, H. 1973. Affective variables in second language acquisition [J]. *Language Learning*, 23(2): 231—244

Brown, H. & Abeywickrama, P. 2004. *Language Assessment: Principles and Classroom Practices* [M]. New York: Longman.

Butler, D. 2002. Individualizing instruction in self-regulated learning [J]. *Theory into Practice*, 41(2): 81—92

Butler, D. & Winne, P. 1995. Feedback and self-regulated learning: A theoretical synthesis [J]. *Review of Educational Research*, 65(3): 245—

281

Butler, R. 1988. Enhancing and undermining intrinsic motivation: The effects of task-involving and ego-involving evaluation on interest and performance [J]. *British Journal of Educational Psychology*, 58(1): 1—14

Butler, Y. & Lee, J. 2006. On-task versus off-task self-assessment among Korean elementary school students studying English [J]. *The Modern Language Journal*, 90(4): 506—518

Butler, Y. & Lee, J. 2010. The effects of self-assessment among young learners of English [J]. *Language Testing*, 27(1): 5—31

Camp, R. 1990. Thinking together about portfolios [J]. *The Quarterly of the National Writing Project and the Center for the Study of Writing*, 12(2): 12—27

Camp, R. 1998. Portfolio reflection: The basis for dialogue [J]. *The Clearing House*, 72(1): 10—12

Carless, D. 2005. Prospects for the implementation of assessment for learning [J]. *Assessment in Education: Principles, Policy & Practice*, 12(1): 39—54

Carless, D. 2007. Conceptualizing pre-emptive formative assessment [J]. *Assessment in Education: Principles, Policy & Practice*, 14(2): 171—184

Carless, D. 2011. *From Testing to Productive Student Learning: Implementing Formative Assessment in Confucian-heritage Settings* [M]. New York: Routledge.

Carter, C. R. 1997. Assessment: Shifting the responsibility [J]. *Journal of Secondary Gifted Education*, 9(2): 68—75

Carver, C. S. & Scheier, M. F. 1981. *Attention and Self-regulation: A Control Theory Approach to Human Behavior* [M]. New York: Springer-Verlag.

Carver, C. S. & Scheier, M. F. 1982. Control theory: A useful conceptual framework for personality-social, clinical, and health psychology [J]. *Psychological Bulletin*, 92(1), 111—135

Carver, C. S. & Scheier, M. F. 1990. Origins and function of positive and negative affect: A control-process view [J]. *Psychological Review*, 97(1): 19—35

Carver, C.S. & Scheier, M. F. 2000. On the structure of behavioural self-regulation [A]. In M. Boekhaerts, P. R. Pintrich & M. Zeidner (Eds.). *Handbook of Self-regulation* [C]. San Deigo: Academic Press, 41—84

Carver, D. & Dickinson, L. 1982. Learning to be self-directed [A]. In M. Geddes & G. Sturtridge (Eds.). *Individualization* [C]. London: Modern English Publications.

Cazden, C. 2001. *Classroom Discourse: The Language of Teaching and Learning* [M]. Portsmouth, NH: Heinemann.

Cech, S. J. 2007. Test industry split over "formative" assessment [EB/OL]. *Edweek* 28, 4: 1, 15. http://www.edweek.org/ew/articles/2008/09/17/04formative_ep.h28.html, 2013-10-06.

CERI. 2005. *Formative Assessment: Improving Learning in Secondary Classroom* [M]. Paris: OECD.

Chang, C. C., Tseng, K. H. & Lou, S. J. 2012. A comparative analysis of the consistency and difference among teacher-assessment, student self-assessment and peer-assessment in a web-based portfolio assessment environment for high school students [J]. *Computers & Education*, 58(1): 303—320

Cheng, L. 2011. Supporting student learning: Assessment of learning and assessment for learning [A]. In D. Tsagari & I. Csepes (Eds.). *Classroom-based Language Assessment* [C]. New York: Peter Lang, 191—203

Chittenden, E. & Courtney, R. 1989. Assessment of young children's reading: Documentation as an alternative to testing [A]. In D. S. Strickland & L. Morrow, (Eds.). *Emerging Literacy: Young Children Learn to Read and Write* [C]. Newark, DE: International Reading Association.

Chiu, M. M. & Kuo, S. W. 2009. From metacognition to social metacognition: Similarities, differences, and learning [J]. *Journal of Educational Research*, 3(4): 1—19

Christenbury, L. & Kelly, P. 1983. *Questioning: A Path to Critical Thinking* [M]. Urbana, IL: ERIC Clearinghouse on Reading and Communication Skills and the National Council of Teachers of English.

Cizek, G. I. 1997. Learning, achievement and assessment: Constructs at a crossroads [A]. In G. D. Phye (Ed.). *Handbook of Classroom Assessment* [C]. San Diego: Academic Press.

Clarke, S. 1998. *Targeting Assessment in the Primary Classroom: Strategies for Planning, Assessment, Pupil Feedback and Target Setting* [M]. London: Hodder and Stoughton Educational.

Clarke, S. 2001. *Unlocking Formative Assessment: Practical Strategies for Enhancing Pupils' Learning in the Primary Classroom* [M]. London: Hodder and Stoughton Educational.

Collins, J. & O'Brien, N. 2003. *The Greenwood Dictionary of Education* [M]. Westport, CT: Greenwood Press.

Colorado Department of Education. www.cde.state.co.us.

Council of Chief State School Officers. 2008a. Formative assessments in a comprehensive assessment system study group [EB/OL]. http://www.ccsso.org/Projects/scass/projects/comprehensive_assessment_systems_for_esea_title_i/study_groups/1960.cfm, 2013-10-06.

Council of Chief State School Officers. 2008b. Formative assessments for students and teachers [EB/OL]. http://www.ccsso.org/content/PDFs/FAST%20history%20and%20mission%2008-09.pdf, 2013-10-06.

Council of Chief State School Officers. 2008c. Mission and History of the Formative Assessment for Students and Teachers SCASS [EB/OL]. http://www.ccsso.org/content/PDFs/FAST%20history%20and%20mission%2008-09.pdf, 2009-12-28.

Cowan, J. 1999. *On Becoming an Innovative University Teacher* [M]. Buckingham: Open UP.

Cowie, B. & Bell, B. 1996. Validity and formative assessment in the science classroom. Paper presented to the Symposium on Validity in Educational Assessment, Dunedin, New Zealand, June.

Cowie, B. & Bell, B. 1999. A model of formative assessment in science education [J]. *Assessment in Education: Principles, Policy & Practice*, 6(1): 101—116

Crooks, T. J. 1988. The impact of classroom evaluation practices on students [J]. *Review of Educational Research*, 58(4): 438—481

Cummin, A. 2008. Assessing oral and literate abilities [A]. In E. Shohamy & N. H. Hornberger (Eds.). *Encyclopedia of Language and Education (2nd ed.), Vol. 7: Language Testing and Assessment* [C]. Springer Science+Business Media LLC, 3–18

Cumming, J. & Maxwell, G. 2004. Assessment in Australian schools: Current practice and trends [J]. *Assessment in Education: Principles, Policy & Practice*, 11(1): 89—108

Danielson, C. 2013. *The Framework for Teaching Evaluation Instrument* [M]. Princeton: The Danielson Group.

Dann, R. 2002. *Promoting Assessment as Learning: Improving the Learning Process* [M]. New York: Routledge.

Darling-Hammond, L. & Pecheone, R. 2010. *Developing an Internationally Comparable Balanced Assessment System That Supports High-quality Learning* [M]. NJ: Educational Testing Services.

Davidson, F. & Henning, G. 1985. A self-rating scale of English difficulty: Rasch scalar analysis of items and rating categories [J]. *Language Testing*, 2(2): 164—169

Davison, C. 2007. Views from the chalkface: English language school-based assessment in Hong Kong [J]. *Language Assessment Quarterly*, 4(1): 37—68

Davison, C. & Leung, C. 2009. Current issues in English language teacher-based assessment [J]. *TESOL Quarterly*, 43(3): 393—415

Day, J. D. & Cordon, L. A. 1993. Static and dynamic measures of ability: An experimental comparison [J]. *Journal of Educational Psychology*, 85(1): 75—82

Deakin-Crick, R., Sebba, J., Harlen, W., et al. 2005. *Systematic Review of Research Evidence of the Impact on Students of Self- and Peer-assessment: Protocol* [M]. London: EPPI-Centre, Social Science Research Unit, Institute of Education, University of London.

Denscombe, M. 1995. Teachers as an audience for research: The acceptability of ethnographic approaches to classroom research [J]. *Teachers and Teaching: Theory and Practice*, 1(2): 173—191

DES/WO. 1988. *National Curriculum: Task Group on Assessment and*

Testing, a Report [M]. London: DES.

Devenney, R. 1989. How ESL teachers and peers evaluate and respond to student writing [J]. *RELC Journal: A Journal of Language Teaching and Research*, 20(1): 77—90

Dickinson, L. & Carver, D. 1980. Learning how to learn: Steps towards self-direction in foreign language learning in schools [J]. *ELT Journal*, 35(1): 1—7

Dillon, J. T. 1988. *Questioning and Teaching: A Manual of Practice* [M]. New York: Teachers College Press.

DiPardo, A. & Freedman, S. W. 1988. Peer response groups in the writing classroom: Theoretic foundations and new directions [J]. *Review of Educational Research*, 58(2): 119—149

Dochy, F. & McDowell, L. 1997. Introduction: Assessment as a tool for learning [J]. *Studies in Educational Evaluation*, 23(4): 279—298

Dochy, F., Segers, M. & Sluijsmans, D. 1999. The use of self-, peer- and co-assessment in higher education: A review [J]. *Studies in Higher Education*, 24(3): 331—350

Donaldson, A. J. M. & Topping, K. J. 1996. *Promoting Peer Assisted Learning Amongst Students in Higher and Further Education* (SEDA paper 96) [M]. Birmingham: SEDA.

Dornyei, Z. 2001. *Motivational Strategies in the Language Classroom* [M]. Cambridge: CUP.

Dunn, K. E. & Mulvenon, S. W. 2009. A critical review of research on formative assessment: The limited scientific evidence of the impact of formative assessment in education [EB/OL]. *Practical Assessment, Research & Evaluation*, 14(7): 1—11. http://pareonline .net/pdf/v14n7. pdf, 2009-12-03.

Dutro, E. & Valencia, S. 2004. The relationship between state and district content standards: Issues of alignment, influence and utility [EB/OL]. *Education Policy Analysis Archives*, 12(45). http://epaa.asu.edu/epaa/ v12n45/, 2013-10-06.

Earley, P. C. 1988. Computer-generated performance feedback in the magazine-subscription industry [J]. *Organizational Behavior and Human Decision Processes*, 41(1): 50—64

Ellis, R. 2009. Corrective feedback and teacher development [J]. *L2 Journal*, 1(1): 3—18

Ellis, R., Loewen, S. & Erlam, R. 2006. Implicit and explicit corrective feedback and the acquisition of L2 grammar [J]. *Studies in Second Language Acquisition,* 28(2): 339—368

Erickson, H. L. 2002. *Concept-based Curriculum and Instruction: Teaching beyond the Facts* [M]. Thousand Oaks, CA: Corwin.

Fairbrother, B. 1995. Pupils as learners [A]. In B. Fairbrother, P. Black & P. Gill (Eds.). *Teachers Assessing Pupils* [C]. London: The Association of Science Education.

Falchikov, N. 1995. Peer feedback marking: Developing peer assessment [J]. *Innovations in Education and Teaching International*, 32(2): 175—187

Falchikov, N. 2005. *Improving Assessment through Student Involvement: Practical Solutions for Aiding Learning in Higher and Further Education* [M]. London, Routledge Farmer.

Falchikov, N. & Boud, D. 1989. Student self-assessment in higher education: A meta-analysis [J]. *Review of Educational Research*, 59(4): 395—430

Fisher, D. & Frey, N. 2007. *Checking for Understanding: Formative Assessment Techniques* [M]. Virginia: Association for Supervision and Curriculum Development (ASCD).

Foos, P. W., Mora, J. J. & Tkacz, S. 1994. Student study techniques and the generation effect [J]. *Journal of Educational Psychology,* 86(4): 567—576

Forman, E. A. & Cazden, C. B. 1985. Exploring Vygotskian perspectives in education: The cognitive value of peer interaction [A]. In J. V. Wertsch (Ed.). *Culture, Communication and Cognition: Vygotskian Perspectives* [C]. Cambridge: Cambridge UP.

Frederiksen, J. & Collins, A. 1989. A systems approach to educational testing [J]. *Educational Researcher*, 18(9): 27—32

Freeman, M. 1995. Peer assessment by groups of group work [J]. *Assessment & Evaluation in Higher Education*, 20(3): 289—300

Freeman, R. & Lewis, R. 1998. *Planning and Implementing Assessment* [M]. London: Kogan Page.

Fried, R. L. 1995. *The Passionate Teacher* [M]. Boston, MA: Beacon Press.

Friesen, S. 2009. *What Did You Do in School Today? Teaching Effectiveness: A Framework and Rubric* [M]. Toronto: Canadian Education Association.

Fry, S. A. 1990. Implementation and evaluation of peer marking in higher education [J]. *Assessment & Evaluation in Higher Education*, 15(3): 177—189

Fullan, M. G. 2001. *The New Meaning of Educational Change* (3rd ed.) [M]. New York: Teachers College Press.

Fulwiler, T. 1997. *College Writing: A Personal Approach to Academic Writing* (2nd Ed.) [M]. Portsmouth, NH: Heinemann.

Garcia, J. A. & Floyd, C. E. 1999. Using single system design for student self-assessment: A method for enhancing practice and integrating curriculum [J]. *Journal of Social Work Education*, 35(3): 451—461

Gardner, S. & Rea-Dickins, P. 2002. *Focus on Language Sampling: A Key Issue in EAL Assessment* [M]. London: National Association for Language Development in the Curriculum (NALDIC).

Gareis, C. R. 2007. Reclaiming an important teacher competency: The lost art of formative assessment [J]. *J Pers Eval Educ*, 20: 17—20

Genesee, F. & Upshur, J. A. 2001. *Classroom-based Evaluation in Second Language Education* [M]. Beijing: Foreign Language Teaching and Research Press & Cambridge University Press.

Gibbs, G. 2005. Why assessment is changing [A]. In C. Bryan & K. Clegg (Eds.). *Innovative Assessment in Higher Education* [C]. London: Routledge.

Gipps, C. V. 1994. *Beyond Testing: Towards a Theory of Educational Assessment* [M]. London: Falmer Press.

Goodrich, H. 1996. Student self-assessment: At the intersection of metacognition and authentic assessment [D]. Diss. Harvard University.

Gordon, S. & Rees, M. 1997. High-stakes testing: Worth the price? [J]. *Journal of School Leadership*, 7: 345—368

Gottlieb, M. 1995. Nurturing student learning through portfolios [J]. *TESOL*

Journal, 5(1): 12—14

Greenwood, C., Carta, J. & Hall, R. 1988. The use of peer tutoring strategies in classroom management and educational instruction [J]. *School Psychology Review*, 17(2): 258—275

Gregory, K., Cameron, C. & Davies, A. 2000. *Knowing What Counts: Self-assessment and Goal-setting* [M]. Merville: Connection Publishing.

Gronlund, N. 2006. *Assessment of Student Achievement* (8th ed.) [M]. Boston: Pearson.

Gruppen, L., Garcia, J., Grum, C., et al. 1997. Medical students' self-assessment accuracy in communication skills [J]. *Academic Medicine*, 72(10), Supplement 1, 57—59

Hacker, D. J. 1998. Definitions and empirical foundations [A]. In D. J. Hacker, J. Dunlosky & A. C. Graesser (Eds.). *Metacognition in Educational Theory and Practice* [C]. Mahwah, NJ: Lawrence Erlbaum Associates Publishers, 1—23

Hafner, J. & Hafner, P. 2003. Quantitative analysis of the rubric as an assessment tool: An empirical study of student peer-group rating [J]. *International Journal of Science Education*, 25(12): 1509—1528

Hamp-Lyons, L. 2007. The impact of testing practices on teaching: Ideologies and alternatives [A]. In J. Cummins & C. Davison (Eds.). *The International Handbook of English Language Teaching* [C]. Norwell, MA: Springer, 1: 487—504

Hanrahan, S. J. & Isaacs, G. 2001. Assessing self- and peer-assessment: The students' views [J]. *Higher Educational Research & Development*, 20(1): 53—70

Hansen, J. 1994. Literacy Portfolios: Windows on potential [A]. In S. W. Hiebert & P. P. Afflerbach (Eds.). *Authentic Reading Assessment: Practices and Possibilities* [C]. Newark, DE: International Reading Association.

Harackiewicz, J. M. 1979. The effects of reward contingency and performance feedback on intrinsic motivation [J]. *Journal of Personality and Social Psychology*, 37(8), 1352—1363

Harackiewicz, J. M., Mabderlink, G. & Sansone, C. 1984. Rewarding pinball wizardry: Effects of evaluation and cue value on intrinsic interest [J]. *Journal of Personality and Social Psychology*, 47(2): 287—300

Harlen, W. 1996. Editorial [J]. *The Curriculum Journal*, (7)2: 129—135

Harlen, W. 2005a. Teachers' summative practices and assessment for learning—tensions and synergies [J]. *Curriculum Journal*, 16(2): 207—223

Harlen, W. 2005b. On the relationship between assessment for formative and summative purposes [J]. In J. Gardner (Ed.). *Assessment and Learning: An Introduction*. Thousand Oaks, CA: Sage, 103—117

Harlen, W. 2007. *Assessment of Learning* [M]. London: Sage Publications.

Harlen, W. & James, M. 1996. Creating a positive impact of assessment on learning. Paper presented to the American Educational Research Association Annual Conference, New York.

Harlen, W. & James, M. 1997. Assessment and learning: Differences and relationships between formative and summative assessment [J]. *Assessment in Education: Principles, Policy & Practice*, 4(3): 365—379

Hastings, S. 2003. *Questions*. The TES. Market Harborough, Wales: TSL Education LTD.

Hattie, J. 2003. Formative and summative interpretations of assessment information [EB/OL]. http://www.education.auckland.ac.nz/webdav/site/education/shared/hattie/docs/formative-and-summative-assessment-(2003).pdf, 2013-10-06.

Hattie, J. 2009. *Visible Learning: A Synthesis of over 800 Meta-analyses Relating to Achievement* [M]. New York: Routledge.

Hattie, J. & Jaeger, R. 1998. Assessment and classroom learning: A deductive approach [J]. *Assessment in Education: Principles, Policy & Practice*, 5(1): 111—122

Hattie, J. & Timperley, H. 2007. The power of feedback [J]. *Educational Research Review*, 77(1): 81—112

Heilenman, L. K. 1990. Self-assessment of second language ability: The role of response effects [J]. *Language Testing*, 7(2): 174—201

Henner-Stanchina, C. & Holec, H. 1985. Evaluation in an autonomous learning scheme [A]. In P. Riley (Ed.). *Discourse and Learning* [C].

London: Longman, 255—263

Heritage, M. 2010. *Formative Assessment: Making It Happen in the Classroom* [M]. Thousand Oaks, CA: Corwin Press.

Heritage, M., Kim, J., Vendlinski, T., et al. 2009. From evidence to action: A seamless process in formative assessment? [J]. *Educational Measurement: Issues and Practice*, 28(3): 24-31

Ho, D. G. E. 2005. Why do teachers ask questions they ask? [J]. *RELC Journal,* 36(3): 297—310

Hodgen, J. & Marshall, B. 2005. Assessment for learning in English and mathematics: a comparison [J]. *Curriculum Journal*, 16 (2): 153—176

Hodgen, J. & Webb, M. 2008. Questioning and dialogue [A]. In S. Swaffield (Ed.). *Unlocking Assessment: Understanding for Reflection and Application* [C]. New York: Routledge, 73—89

Hogan, P. 1984. Peer editing helps students improve written products [J]. *Highway One*, 7: 51—54

Holt, J. C. 1970. *The Underachieving School* [M]. London: Pitman.

Horner, S. & Shwery, C. 2002. Becoming an engaged, self-regulated reader [J]. *Theory into Practice*, 41(2): 102—109

Hounsell, D. 2004. Reinventing feedback for the contemporary Scottish university. Paper presented at Quality Enhancement Conference on Assessment, University of Glasgow.

Hu, G. 2005. Using peer review with Chinese ESL student writers [J]. *Language Teaching Research*, 9: 321–342

Huhta, A. 2008. Diagnostic and formative assessment [A]. In B. Spolsky & F. M. Hult (Eds.). *The Handbook of Educational Linguistics* [C]. Malden, MA: Blackwell Publishing Ltd.

Huinker, D. & Freckmann, J. 2009. Linking principles of formative assessment to classroom practice [J]. *Wisconsin Teacher of Mathematics*, 60(2): 6—11

Irons, A. 2008. *Enhancing Learning through Formative Assessment and Feedback* [M]. London: Routledge.

Ivanic, R., Clark, R. & Rimmershaw, R. 2000. What am I supposed to make of this? The messages conveyed to students by tutors' written comments [A]. In M. R. Lea & B. Stierer (Eds.). *Student Writing in Higher Education: New Contexts* [C]. Buckingham: Open University Press.

Jacobs, G. 1989. Miscorrection in peer feedback in writing class [J]. *RELC Journal: A Journal of Language Teaching and Research*, 20(1): 68—76

Jacobs, G. & Zhang, S. 1989. Peer feedback in second language writing instruction: Boon or bane? Paper presented at the Annual Meeting of the American Educational Research Association, San Francisco, California.

Jafarpur, A. 1991. Can naive EFL learners estimate their own proficiency? [J]. *Evaluation & Research in Education*, 5(3): 145—157

Janssen-van Dieten, A. 1989. The development of a test of Dutch as a second language: The validity of self-assessment by inexperienced subjects [J]. *Language Testing*, 6(1): 30—46

Jaworski, B. 1994. *Investigating Mathematics Teaching: A Constructivist Enquiry* [M]. London: Falmer Press.

Johnson, D., Johnson, R. & Smith, K. 2007. The state of cooperative learning in postsecondary and professional settings [J]. *Educational Psychology Review*, 19(1): 15—29

Jones, N. 1995. Business writing, Chinese students and communicative language teaching [J]. *TESOL Journal*, 4(3): 12—15

Jongsma, K.S. 1989. Portfolio assessment [J]. *Reading Teacher*, 43(3): 264—265

Kahl, S. 2005. Where in the world are formative tests? Right under your nose! [J]. *Education Week*, 25(4): 11

Kane, M. T. 2006. Validation [J]. *Educational Measurement*, 4:17—64

Kellaghan, T., Madaus, G. F. & Raczek, A. 1996. *The Use of External Examinations to Improve Student Motivation* [M]. Washington, DC: American Educational Research Association.

Kennedy, K., Chan, J. K. S., Fok, P. K., et al. 2008. Forms of assessment and their potential for enhancing learning: Conceptual and cultural issues [J]. *Educational Research for Policy and Practice*, 7(3): 197—207

Khonbi, Z. A. & Sadeghi, K. 2012. The effect of assessment type (self vs. peer vs. teacher) on Iranian university EFL students' course achievement

[J]. *Language Testing in Asia*, 2(4): 47—74

King, A. 1992. Facilitating elaborative learning through guided student-generated questioning [J]. *Educational Psychologist*, 27(1): 111—126

Klenowski, V. 1995. Student self-evaluation processes in student-centered teaching and learning contexts of Australia and England [J]. *Assessment in Education: Principles, Policy & Practice*, 2(2): 145—163

Klenowski, V. & Askew, S. 2006. Portfolio for learning, assessment and professional development in higher education [J]. *Assessment & Evaluation in Higher Education*, 31(3): 267—286

Kluger, A. N. & DeNisi, A. 1996. The effects of feedback interventions on performance: A historical review, a meta-analysis, and a preliminary feedback intervention theory [J]. *Psychological Bulletin*, 119(2): 254—284

Knight, P. 2001. Formative and summative, criterion and norm-referenced assessment [EB/OL]. LTSN Generic Centre, Assessment Series No. 7. http://www.heacademy.ac.uk/assets/documents/subjects/swap/key-concepts-formative-summative.pdf, 2014-10-06.

Koretz, D. 1988. Arriving at Lake Wobegon: Are standardized tests exaggerating achievement and distorting instruction? [J]. *American Educator*, 12(2), 8—15, 46—52

Koretz, D., Linn, R. L., Dunbar, S. B., et al. 1991. The effects of high-stakes testing on achievement: Preliminary findings about generalization across tests. Paper presented at the annual meeting of the American Educational Research Association, Chicago.

Krashen, S. D. 1981. *Second Language Acquisition and Second Language Learning* [M]. Oxford: Pergamon Press.

Krashen, S. D. 1982. *Principles and Practice in Second Language Acquisition* [M]. New York: Pergamon Institute of English.

Krashen, S. D. 1985. *The Input Hypothesis: Issues and Implications* [M]. New York: Longman.

Lambert, W. & Gardner, R. C. 1972. *Attitudes and Motivation in Second Language Learning* [M]. Rowley, Massachusetts: Newbury House Publishers.

Leahy, S., Lyon, C., Thompson, M., et al. 2005. Minute-by-minute, day-by-day [J]. *Educational Leadership*, 63(3): 18—24

Learning Point Associates. 2009. Connecting formative assessment research to practice: An introductory guide for educators [EB/OL]. *Highlights Research Findings, Policy and Practice Options, and Resources*. http://www.learningpt.org/pdfs/FormativeAssessment.pdf#5839, 2013-10-06.

Leung, C. & Lewkowicz, J. 2006. Expanding horizons and unresolved conundrums: Language testing and assessment [J]. *TESOL Quarterly*, 40(1): 211—234

Lewbel, S. R. & Hibbard, K. M. 2001. Are standards and true learning compatible? [J]. *Principal Leadership (High School Ed.)*, 1(5): 16—20

Lin, S., Liu, Z. & Yuan, S. 2001. Web-based peer assessment: Attitude and achievement [J]. *IEEE Transactions on Education*, 44(2): 13

Lineweaver, L. 2011. Homing in on Key Skills: Formative assessment of student thinking in reading (FAST-R) [A]. In P. E. Noyce & D. T. Hickey (Eds.). *New Frontiers in Formative Assessment* [C]. Cambridge, MA: Harvard Education Press, 107—128

Linn, M. C. 2009. The knowledge integration perspective on learning and instruction [A]. In R. K. Sawyer (Ed.). *The Cambridge Handbook of the Learning Sciences* [C]. Cambridge, UK: Cambridge UP, 243—264

Linn, R. 2000. Assessments and accountability [J]. *Educational Researcher*, 29(2): 4—16

Linn, R., Dunbar, S., Harnisch, D., et al. (Eds.). 1982. *The Validity of the Title 1 Evaluation and Reporting Systems* [M]. Beverley Hills, CA: Sage.

Liu, J. & Hansen, J. G. 2002. *Peer Response in Second Language Writing* [M]. Ann Arbor, MI: University of Michigan Press.

Llosa, L. 2011. Standards-based classroom assessments of English proficiency: A review of issues, current developments, and future directions for research [J]. *Language Testing*, 28(3): 367—382

Loewen, S., Li, S., Fei, F., et al. 2009. Second language learners' beliefs about grammar instruction and error correction [J]. *The Modern Language Journal*, 93(1): 91—104

Long, M. 1996. The role of linguistic environment in second language acquisition [A]. In W. C. Ritchie & B. K. Bahtia (Eds.). *Handbook of Second Language Acquisition* [C]. New York: Academic Press, 413—468

Long, M. H. & Porter, P. A. 1985. Group work, interlanguage talk, and second language learning [J]. *TESOL Quarterly*, 19(2): 207—228

Longhurst, N. & Norton, L. S. 1997. Self-assessment in coursework essays [J]. *Studies in Educational Evaluation*, 23(4): 319—330

Lunsford, R. 1997. When less is more: Principles for responding in the disciplines [J]. *New Directions for Teaching and Learning Volume 1997*, 69: 91—104

Lynch, T. 1988. Peer evaluation in practice [A]. In A. Brookes, & P. Grundy (Eds.). *ELT Documents 131: Individualization and Autonomy in Language Learning* [C]. London, UK: Modern English Publications, 119—125

Lysakowski, R. S. & Walberg, H. J. 1982. Instructional effects of cues, participation, and corrective feedback: A quantitative synthesis [J]. *American Educational Research Journal*, 19(4): 559—578

MacIntyre, P., Noels, K. & Clément, R. 1997. Biases in self-ratings of second language proficiency: The role of language anxiety [J]. *Language Learning*, 47(2): 265—287

Maguire, S., Evans, S. & Dyas, L. 2001. Approaches to learning: A study of first-year geography undergraduates [J]. *Journal of Geography in Higher Education*, 25(1): 95—107

Mangelsdorf, K. 1992. Peer reviews in the ESL composition classroom: What do the students think? [J]. *ELT Journal*, 46(3): 274—284

Marso, R. & Pigge, F. 1993. Teachers' testing knowledge, skills and practices [A]. In S. Wise (Ed.). *Teacher Training in Measurement and Assessment Skills* [C]. Lincoln, NE: Buros Institute of Mental Measurements, 129—185

Marzano, R. J., Pickering, D. J. & Pollock, J. E. 2001. *Classroom Instruction That Works: Research-based Strategies for Increasing Student Achievement* [M]. Alexandria, VA: ASCD.

Maxwell, G. S. 2004. Progressive assessment for learning and certification: Some lessons from school-based assessment in Queensland. Paper presented at the third conference of the Association of Commonwealth Examination and Assessment Boards, Nadi, Fiji.

Maxwell, M. 2007. Introduction to the Socratic method and its effect on critical thinking [EB/OL]. *Socratic Method Research Portal*. http://www.socraticmethod.net/, 2013-10-06.

McDonald, B. & Boud, D. 2003. The impact of self-assessment on achievement: The effects of self-assessment training on performance in external examinations [J]. *Assessment in Education: Principles, Policy & Practice*, 10(2): 209—220

McManus, S. 2008. Attributes of effective formative assessment [EB/OL]. Washington, D.C.: Council of Chief State School Officers. http://www.ccsso.org/publications/details.cfm?Publication ID=362, 2013-10-06.

McMillan, J. H. 2011. *Classroom Assessment: Principles and Practice for Effective Education* (5th ed.) [M]. Boston, MA: Pearson Education Inc.

Mctighe, J. & Ferrara, S. 1994. *Assessing Learning in the Classroom* [M]. Washington, D.C.: National Education Association.

Mee, C.Y. 1998. The examination culture and its impact on literacy innovations: The case of Singapore [J]. *Language and Education*, 12(3): 192—209

Meisels, S., Atkins-Burnett, S., Xue, Y., et al. 2003. Creating a system of accountablility: The impact of instructional assessment on elementary children's achievement scores [EB/OL]. *Educational Policy Analysis Archives*. 11(9): 19. http://epaa.asu.edu/eapp/v11n9.

Mendonça, C. O. & Johnson, K. E. 1994. Peer review negotiations: Revision activities in ESL writing instruction [J]. *TESOL Quarterly*, 28(4): 745—769

Messick, S. 1989. Validity [A]. In R. L. Linn (Ed.). *Educational Measurement* [C]. Washington, DC: American Council on Education and National Council on Measurement in Education, 13–103

Miller, L. & Ng, R. 1996. Autonomy in the classroom: Peer assessment [A]. In R. Pemberton, S. L. Edward, W. W. F. Or, & H. D. Pierson (Eds.). *Taking Control: Autonomy in Language Learning* [C]. Hong Kong: Hong Kong UP, 133—146

Ministry of Education. 1994. *Assessment: Policy to Practice* [M]. Wellington:

Learning Media.

Moss, C. M. & Brookhart, S. M. 2009. *Advancing Formative Assessment in Every Classroom: A Guide for Instructional Leaders* [M]. Alexandria, VA: Association for Supervision & Curriculum Development.

Moss, P. A. 1994. Can there be validity without reliability? [J]. *Educational Researcher,* 23(2): 5—12

Mürau, A. 1993. Shared writing: Students' perceptions and attitudes of peer review [J]. *Working Papers in Educational Linguistics*, 9(2): 71—79

Naiman, N., Frohlich, M., Stern, H., et al. 1978. *The Good Language Learner* [M]. Toronto: Ontario Institute for Studies in Education.

National Curriculum Task Group on Assessment and Testing. 1988a. *A Report* [R]. London: Department of Education and Science.

National Curriculum Task Group on Assessment and Testing. 1988b. *Three Supplementary Reports* [R]. London: Department of Education and Science.

Newman, D., Griffin, P. & Cole, M. 1989. *The Construction Zone: Working for Cognitive Change in School* [M]. Cambridge: Cambridge UP.

Newmark, L. & Reibel, D. A. 1968. Necessity and sufficiency in language learning [J]. *International Review of Applied Linguistics in Language Teaching*, 6: 145—164

Nicol, D. 2010. The foundation for graduate attributes: Developing self-regulation through self- and peer-assessment [EB/OL]. http://scholar. google.com.hk/scholar?q=The+foundation+for+graduate+attributes:+d eveloping+self-regulation+through+self+and+peer-assessment.&hl=zh-CN&as_sdt=0&as_vis=1&oi=scholart&sa=X&ei=hfkqUvqwIaewiAf5q YDIAg&ved=0CCcQgQMwAA, 2013-09-07.

Nicol, D. & Macfarlane-Dick, D. 2006. Formative assessment and self-regulated learning: A model and seven principles of good feedback practice [J]. *Studies in Higher Education,* 31(2): 199—218

Nichols, P. D., Meyers, J. L. & Burling, K. S. 2009. A framework for evaluating and planning assessments intended to improve student achievement [J]. *Educational Measurement: Issues and Practice*, 28(3): 14—23

Noyce, P. E. & Hickey, D. T. 2011. *New Frontiers in Formative Assessment* [M]. Cambridge, MA: Harvard Education Press.

O'Malley, J. M. & Pierce, L. V. 1996. *Authentic Assessment for English Language Learners: Practical Approaches for Teachers* [M]. Reading, MA: Adison-Wesley.

Olson, L. 2005. ETS to enter formative-assessment market at K-12 level [J]. *Education Week*, 24(25): 11

Orsmond, P., Merry, S. & Reiling, K. 2002. The use of exemplars and formative feedback when using student derived marking criteria in peer- and self-assessment [J]. *Assessment & Evaluation in Higher Education*, 27(4): 309—323

Osborn, M., McNess, E., Broadfoot, P., et al. 2000. *What Teachers Do: Changing English Primary Schools* [M]. London: A & C Black.

Oscarson, M. 1997. Self-assessment of foreign and second language proficiency [A]. In C. Clapham & D. Corson (Eds.). *Encyclopedia of Language and Education: Language Testing and Assessment* [C]. Dordrecht, Netherlands: Kluwer Academic, 175—187

Osmundson, E. 2012. Understanding formative assessment in classroom [A]. In X. Yang & Y. Cui (Eds.). *Classroom Assessment* [C]. Shanghai: Huadong Normal UP, 90—98

Palmer, A. S. & Bachman, L. F. 1981. Basic concerns in test validation [A]. In J. C. Alderson & A. Hughes (Eds.). *ELT Documents 111: Issues in Language Testing* [C]. London, United Kingdom: The British Council.

Paris, S. G. & Paris, A. H. 2001. Classroom applications of research on self-regulated learning [J]. *Educational Psychologist,* 36(2): 89—101

Patri, M. 2002. The influence of peer feedback on self- and peer-assessment of oral skills [J]. *Language Testing,* 19(2): 109—131

Paulson, F. L., Paulson, P. R. & Meyer, C. A. 1991. What makes a portfolio a portfolio? [J]. *Educational Leadership,* 48(5): 60—63

Pearson, 2005. Achieving student progress with scientifically based formative assessment: A white paper from Pearson Education [EB/OL]. http://www.reedpetersen.com/portfolio/pe/formative/pdf/scientific-paseries.pdf, 2011-06-26.

Pellegrino, J. W., Chudowsky, N. & Glaser, R. (Eds.). 2001. *Knowing What Students Know – The Science and Design of Educational Assessment* [M]. Washington, DC: National Academic Press.

Perie, M., Marion, S., Gong, B., et al. 2007. The role of interim assessments in a comprehensive assessment system [EB/OL]. http://www.aspeninstitute. org/sites/default/files/content/docs/education/ed_PolicyBriefFINAL.pdf, 2013-10-06.

Perie, M., Marion, S. & Gong, B. 2009. Moving toward a comprehensive assessment system: A framework for considering interim assessments [J]. *Educational Measurement: Issues and Practice*, 28(3): 5—13

Perkins, D. & Salomon, G. 1989. Are cognitive skills context-bound? [J]. *Educational Researcher*, 18(1): 16—25

Perrenoud, P. 1998. From formative evaluation to a controlled regulation of learning processes: Towards a wider conceptual field [J]. *Assessment in Education: Principles, Policy & Practice*, 5(1): 85—102

Piaget, J. 1975. *The Equilibration of Cognitive Structures: The Central Problem of Intellectual Development* [M]. T. Brown & K. J. Thampy, Trans. Chicago: The University of Chicago Press.

Pinker, S. 2007. *The Stuff of Thonght: Language as a Window into Human Nature* [M]. New York: Penguin Group.

Pintrich, P. R. 2000. The role of goal orientation in self-regulated learning [A]. In M. Boekhaerts, P. R. Pintrich & M. Zeidner (Eds.). *Handbook of Self-regulation* [C]. San Diego: Academic Press, 451—502

Pirsig, R. M. 1991. *Lila: An Inquiry into Morals* [M]. New York: Bantam Books.

Pollard, A., Triggs, P., Broadfoot, P., et al. 2000. *What Pupils Say: Changing Policy and Practice in Primary Education* [M]. London: Continuum.

Pond, K., Ul-Haq, R. & Wade, W. 1995. Peer review: A precursor to peer assessment [J]. *Innovation in Education and Teaching International*, 32(4): 314—323

Popham, W. J. 1987. The merits of measurement-driven instruction [J]. *The Phi Delta Kappan*, 68(9): 679—682

Popham, W. J. 2006. Defining and enhancing formative assessment. Paper presented at the Annual Large-Scale Assessment Conference, Council of Chief State School Officers, San Francisco, California, September.

Popham, W. J. 2008. *Transformative Assessment* [M]. Alexandria, VA: ASCD.

Popham, W. J. 2011. *Classroom Assessment: What Teachers Need to Know* (6th ed.) [M]. Boston, MA: Pearson Education, Inc.

Puhl, C. A. 1997. Develop, not judge: Continuous assessment in the ESL Classroom [J]. *English Teaching Forum,* 35(2): 2—9

QCA. 2001. Assessment for learning [EB/OL]. http://www.qca.org.uk/295. html, 2013-10-06.

Raasch, A. 1979. To evaluate oneself: Is that a neologism? (S'auto-évaluer: un néologisme?) [J]. *Francais dans le Monde,* 149: 63—67

Raasch, A. 1980. Self-evaluation in adult education. (L'auto-évaluation dans l'enseignement des adultes) [J]. *Recherches et Echanges,* 5: 85—99

Race, P. 1994. *The Open Learning Handbook: Promoting Quality in Designing and Delivering Flexible Learning* [M]. London: Kogan Page.

Radnor, H. 1994. The problems of facilitating qualitative formative assessment in pupils [J]. *British Journal of Educational Psychology,* 64(1): 145—160

Rainey, K. 1990. Teaching technical writing to non-native speakers [J]. *Technical Writing Teacher,* 17: 131—135

Ramaprasad, A. 1983. On the definition of feedback [J]. *Behavioural Science,* 28(1): 4—13

Rea-Dickins, P. 2001. Mirror, mirror on the wall: Identifying processes of classroom assessment [J]. *Language Testing,* 18(4): 429—462

Rea-Dickins, P. 2008. Classroom-based language assessment [A]. In E. Shohamy & N. H. Hornberger (Eds.). *Encyclopedia of Language and Education (2nd ed.), Vol. 7: Language Testing and Assessment* [C]. Springer Science+Business Media LLC, 257–271

Rea-Dickins, P. & Gardner, S. 2000. Snares and silver bullets: Disentangling the construct of formative assessment [J]. *Language Testing,* 17(2): 215—243

Reay, D. & Wiliam, D. 1999. "I'll be a nothing": Structure, agency and the construction of identity through assessment [J]. *British Educational*

Research Journal, 25(3): 345—354

Resnick, L. & Resnick, D. 1992. Assessing the thinking curriculum [A]. In B. Gifford & M. O'Connor (Eds.). *Future Assessment: Changing Views of Aptitude, Achievement and Instruction* [C]. Boston, MA: Kluwer, 37—75

Rheinberg, F., Vollmeyer, R. & Rollett, W. 2000. Motivation and action in self-regulated learning [A]. In M. Boekhaerts, P. R. Pintrich & M. Zeidner (Eds.). *Handbook of Self-regulation* [C]. San Diego: Academic Press, 503–529

Richards, J. C. 1998. What's the use of lesson plans? [A]. In J. C. Richards (Ed.). *Beyond Training* [C]. New York: Cambridge UP, 103—121

Richards, J. C. 2001. *Curriculum Development in Language Teaching* [M]. Cambridge: Cambridge UP.

Richards, J. C. 2007. *From Reader to Reading Teacher: Issues and Strategies for Second Language Classrooms* [M]. Cambridge, UK: Cambridge UP.

Roberts, T. 2006. *Self-, Peer-, and Group Assessment in E-learning* [M]. United States of America: Information Science Publishing.

Rohrbeck, C., Ginsburg-Block, M., Fantuzzo, J., et al. 2003. Peer-assisted learning interventions with elementary school students: A meta-analytic review [J]. *Journal of Educational Psychology,* 95 (2): 240—257

Ross, J. A. 2004. Effects of running records assessment on early literacy achievement [J]. *The Journal of Educational Research,* 97(4): 186—194

Ross, J. A. 2006. The reliability, validity, and utility of self-assessment [EB/OL]. *Practical Assessment, Research & Evaluation,* 11(10). http://pareonline.net/getvn.asp?v=11&n=10, 2009-01-31.

Ross, J. A., Hogaboam-Gram, A. & Rolheiser, C. 2002. Student self-evaluation in grade 5—6 mathematics: Effects on problem-solving achievement [J]. *Educational Assessment,* 8(1): 43—59

Ross, S. 1998. Self-assessment in second language testing: A meta-analysis and analysis of experimental factors [J]. *Language Testing,* 15(1): 1—20

Ross, S. J. 2005. The impact of assessment method on foreign language proficiency growth [J]. *Applied Linguistics,* 26(3): 317—342

Rowe, K. J. & Hill, P. W. 1996. Assessing, recording and reporting students' educational progress: The case for "subject profiles" [J]. *Assessment in*

Education: Principles, Policy & Practice, 3(3): 309—352

Rowe, M. B. 1974. Relation of wait-time and rewards to the development of language, logic, and fate control [J]. *Journal of Research in Science Teaching,* 11(4): 291—308

Rowe, M. B. 1986. Wait time: Slowing down may be a way of speeding up! [J]. *Journal of Teacher Education,* 37(1): 43—50

Sadler, D. R. 1983. Evaluation and the improvement of academic learning [J]. *The Journal of Higher Education,* 54(1): 60—79

Sadler, D. R. 1987. Specifying and promulgating achievement standards [J]. *Oxford Review of Education,* 13(2): 191—209

Sadler, D. R. 1989. Formative assessment and the design of instructional systems [J]. *Instructional Science,* 18(2): 119—144

Sadler, D. R. 1998. Formative assessment: Revisiting the territory [J]. *Assessment in Education: Principles, Policy & Practice,* 5(1): 77—84

Sadler, P. & Good, E. 2006. The impact of self- and peer-grading on student learning [J]. *Educational Assessment,* 11(1): 1—31

Saito, H. 2008. EFL classroom peer assessment: Training effects on rating and commenting [J]. *Language Testing,* 25(4): 553—581

Saito, H. & Fujita, T. 2004. Characteristics and user acceptance of peer rating in EFL writing classrooms [J]. *Language Teaching Research,* 8(1): 31—54

Salinger, T. & Chittenden, E. 1994. Analysis of an early literacy portfolio: Consequences for instruction [J]. *Language Arts,* 71(6): 446—452

Sambell, K. 1999. Self and peer assessment [A]. In S. Brown & A. Glasner (Eds.). *Assessment Matters in Higher Education, Choosing and Using Diverse Approaches* [C]. Buckingham: Open UP.

SCAA/ACAC. 1995. *Consistency in Teacher Assessment: Exemplification of Standards* [M]. London: SCAA.

Schmidt, R. 1995. Consciousness and foreign language learning: A tutorial on the role of attention and awareness [A]. In R. Schmidt (Ed.). *Attention and Awareness in Foreign Language Teaching and Learning* (Technical Report No. 9) [C]. Honolulu: University of Hawai'i at Manoa, 1—64

Schmidt, R. 2001. Attention [A]. In P. Robinson (Ed.). *Cognition and Second Language Instruction* [C]. Cambridge: Cambridge UP, 3—32

Schumann, J. H. 1975. Affective factors and the problem of age in second language acquisition [J]. *Language Learning,* 25(2): 209—235

Schwartz, B. 1993. On explicit and negative data effecting and affecting competence and linguistic behavior [J]. *Studies in Second Language Acquisition,* 15: 165—175

Scriven, M. S. 1967. The methodology of evaluation [A]. In R. W. Tyler, R. M. Gagne & M. Scriven (Eds.). *Perspectives of Curriculum Evaluation* [C]. AERA: Monograph Series on Curriculum Evaluation. 1. Chicago: Rand McNally, 39—83

Sebba, J., Deakin-Crick, R., Yu, G., et al. 2008. *Systematic Review of Research Evidence of the Impact on Students in Secondary Schools of Self- and Peer-assessment* [M]. London: EPPI-Centre, Social Science Research Unit, Institute of Education, University of London.

SEDL. 2012. Using formative assessment to improve student achievement in the core content areas [EB/OL]. http://www.msapcenter.com/applicationdoc/89aaba83-4e5e-43e8-8d77-72bea0149d4eFormative_Assessment.pdf, 2013-10-06.

Shavelson, R. J., Young, D. B., Ayala, C. C., et al. 2008. On the impact of curriculum-embedded formative assessment on learning: A collaboration between curriculum and assessment developers [J]. *Applied Measurement in Education,* 21, 295—314

Shepard, L. 1991. Will national tests improve student learning? [J]. *The Phi Delta Kappan,* 73(3): 232—238

Shepard, L. A. 2005. Formative assessment: Caveat emptor. Paper presented at the ETS Invitational Conference, New York.

Shepard, L. A. 2006. Classroom assessment [A]. In R. Brennan (Ed.). *Educational Measurement* (4th ed.) [C]. Westport, CT: Praeger, 624—646

Shepard, L. A. 2008. Formative assessment: Caveat emptor [A]. In C. A. Dwyer (Ed.). *The Future of Assessment: Shaping Teaching and Learning* [C]. Mahwah, NJ: Lawrence Erlbaum Associates, 279—303

Shepard, L. A. 2013. Foreword [A]. In J. H. McMillan (Ed.). *SAGE Handbook of Research on Classroom Assessment* [C]. London: Sage, 19–22

Shulman, L. S. 1987. Knowledge and teaching: Foundations of the new reforms [J]. *Harvard Educational Review,* 57, 1—22

Sliwka, A. & Spencer, E. 2005. Scotland: Developing a coherent system of assessment [J]. *Formative Assessment: Improving Learning in Secondary Classrooms.* Paris: OECO, 205—222

Sliwka, A., Fushell, M., Gauthier, M., et al. 2005. Canada: encouraging the use of summative data for formative purposes [J]. *Formative Assessment: Improving Learning in Secondary Classrooms.* Paris: OECO, 97—116

Somervell, H. 1993. Issues in assessment, enterprise and higher education: The case for self-, peer- and collaborative assessment [J]. *Assessment & Evaluation in Higher Education,* 18(3): 221—233

Stahl, R. J. 1994. Using "think-time" and "wait-time" skillfully in the classroom (ERIC Document Reproduction Service No. ED370885). *ERIC Digest.* Bloomington: ERIC Clearinghouse for Social Studies and Social Science Education.

Stallings, V. & Tascione, C. 1996. Student self-assessment and self-evaluation [J]. *Mathematics Teacher,* 89(7): 548—554

Stanley, G., MacCann, R., Gardner, J., et al. 2009. Review of teacher assessment: Evidence of what works best and issues for development [EB/OL]. Oxford University Center for Educational Development; Report Commissioned by the QCA. http://www.education.ox.ac.uk/assessment/publications.php, 2013-10-06.

Stanley, J. 1992. Coaching student writers to be effective peer evaluators [J]. *Journal of Second Language Writing,* 1(3): 217—233

Stefani, L. A. J. 1998. Assessment in partnership with learners [J]. *Assessment and Evaluation in Higher Education,* 23(4): 339—350

Stellwagen, J. B. 1997. Phase two: Using student learning profile to develop cognitive self-assessment skills [J]. *American Secondary Education,* 26(2): 1—8

Stern, H. H. 1975. What can we learn from the good language learner? [J]. *Canadian Modern Language Review,* 31(4): 304—318

Stern, H. H. 1983. *Fundamental Concepts of Language Teaching.* Oxford:

OUP.

Stiggins, R. J. 1999. Assessment, student confidence and school success [J]. *The Phi Delta Kappan,* 81(3): 191—198

Stiggins, R. J. 2001a. *Student-involved Classroom Assessment* (3rd ed.) [M]. Upper Saddle River, NJ: Merrill/Prentice-Hall.

Stiggins, R. J. 2001b. The unfulfilled promise of classroom assessment [J]. *Educational Measurement: Issues and Practice*, 20(3): 5—14

Stiggins, R. J. 2002. Assessment crisis: The absence of assessment for learning [J]. *The Phi Delta Kappan,* 83(10): 758—765

Stiggins, R. J. 2005. *Student-involved Assessment for Learning* [M]. Upper Saddle River, NJ: Merrill/Prentice Hall.

Stiggins, R. J. 2006. *Balanced Assessment Systems: Redefining Excellence in Assessment* [M]. Princeton, NJ: Educational Testing Service.

Stiggins, R. J. 2008. *Assessment Manifesto: A Call for the Development of Balanced Assessment Systems* [M]. Portland, OR: ETS Assessment Training Institute.

Stiggins, R. & Chappuis, J. 2006. What a difference a word makes: Assessment for learning rather than assessment of learning helps students succeed [J]. *Journal of Staff Development,* 27(1): 10—15

Stobart. G. 2008. *Testing Times: The Uses and Abuses of Assessment* [M]. New York: Routledge.

Tanner, H. & Jones, S. 2003. Self-efficacy in mathematics and students' use of self-regulated learning strategies during assessment events. Paper presented at the 27th International Group for the Psychology of Mathematics Education Conference held jointly with the 25th PME-NA Conference, Honolulu. (ERIC Document No. ED501134)

Taras, M. 2001. The use of tutor feedback and student self-assessment in summative assessment tasks: Towards transparency for students and for tutors [J]. *Assessment & Evaluation in Higher Education,* 26(6): 605—614

Taras, M. 2005. Assessment — Summative and formative — Some theoretical reflections [J]. *British Journal of Educational Studies*, 53(4): 466—478

Taras, M. 2007a. Assessment for learning: Understanding theory to improve practice [J]. *Journal of Further and Higher Education,* 31(4): 363—371

Taras, M. 2007b. Terminal terminology: The language of assessment [A]. In M. Reiss, R. Hayes & A. Atkinson (Eds.). *Marginality and Difference in Education and Beyond* [C]. Staffordshire: Trentham Books, 52—67

Taras, M. 2008. Assessment for learning: Sectarian divisions of terminology and concepts [J]. *Journal of Further and Higher Education,* 32(4): 389—397

Taras, M. 2009. Summative assessment: The missing link for formative assessment [J]. *Journal of Further and Higher Education,* 33(1): 57—69

Taras, M. 2010. Back to basics: Definitions and processes of assessments [EB/OL]. *Práxis Educativa, Ponta Grossa,* 5(2), 123—130. http://www.revistas2.uepg.br/index.php/praxiseducativa/article/view/1829/1386, 2013-10-06.

Tenenbaum, G. & Goldring, E. 1989. A meta-analysis of the effect of enhanced instruction: Cues, participation, reinforcement and feedback and correctives on motor skill learning [J]. *Journal of Research and Development in Education,* 22(3): 53—64

Terrell, T. 1977. A natural approach to second language acquisition and learning [J]. *Modern Language Journal,* 61: 325—337

Thompson, G., Pilgrim, A. & Oliver, K. 2005. Self-assessment and reflective learning for first-year university geography students: A simple guide or simply misguided? [J]. *Journal of Geography in Higher Education,* 29(3): 403—420

Thorndike, E. L. 1913. *Educational Psychology. Volume 1: The Original Nature of Man* [M]. New York: Teachers College, Columbia University.

Tobin, K. 1987. The role of wait time in higher cognitive level learning [J]. *Review of Educational Research,* 57: 69—95

Topping, K. J. 1996. Effective peer tutoring in further and higher education, SEDA Paper 95. Birmingham: Staff and Educational Development Association.

Topping, K. 1998. Peer assessment between students in colleges and universities [J]. *Review of Educational Research,* 68(3): 249—276

Topping, K. J. 2005. Trends in peer learning [A]. In K. Wheldall (Ed.).

Developments in Educational Psychology: How Far Have We Come in 25 Years? [C]. London: Routledge Falmer, 59—73

Topping, K. J. 2010. Peers as a source of formative assessment [J]. *Handbook of Formative Assessment*, 61—74.

Topping, K. J. & Ehly, S. (Eds.). 1998. *Peer-assisted Learning* [M]. Mahwah, NJ: Erlbaum.

Torrance, H. 1993. Formative assessment: Some theoretical problems and empirical questions [J]. *Cambridge Journal of Education*, 23(3): 333—343

Torrance, H. & Pryor, J. 1995. Investigating teacher assessment in infant classrooms: Methodological problems and emerging issues [J]. *Assessment in Education: Principles, Policy & Practice*, 2(3): 305—320

Torrance, H. & Pryor, J. 1997. Assessment, accountability and standards: Using assessment to control the reform of schooling [A]. In A. H. Halsey, H. Lauder, P. Brown, & A. Stuart-Wells (Eds.). *Education: Culture, Economy and Society* [C]. Oxford: OUP.

Torrance, H. & Pryor, J. 1998. *Investigating Formative Assessment: Teaching, Learning and Assessment in the Classroom* [M]. Maidenhead, Philadelphia: Open UP.

Torrance, H. & Pryor, J. 2001. Developing formative assessment in the classroom: Using action research to explore and modify theory [J]. *British Educational Research Journal*, 27(5): 615—631

Towler, L. & Broadfoot, P. 1992. Self-assessment in the primary school [J]. *Educational Review*, 44(2): 137—151

Truscott, J. 1999. What's wrong with oral grammar correction? [J]. *Canadian Modern Language Review/La Revue Canadienne des Langues Vivantes*, 55: 437—456

Tsui, A. 1995. *Introducing Classroom Interaction* [M]. London: Penguin Books.

Tunstall, P. & Gipps, C. 1996. How does your teacher help you work better? Children's understanding of formative assessment [J]. *The Curriculum Journal*, 7(2), 185—203

Valencia, S. W. 1998. *Literacy Portfolios in Action* [M]. Texas: Harcourt

Brace.

VanLehn, K. A., Chi, M. T. H., Baggett, W., et al. 1995. Progress report: Towards a theory of learning during tutoring. Pittsburgh, PA: Learning Research and Development Center, University of Pittsburgh.

Vavrus, L. 1990. Put portfolios to the test [J]. *Instructor,* 100(1): 48—53

Von Elek, T. 1981. Self-assessment of Swedish as a second language. (Work Paper No. 30). Gijteborg, Sweden: University of Goteborg, Language Teaching Research Center.

Von Elek, T. 1982. Test of Swedish as a second language: An experiment in self-assessment. (Work Paper No. 31). Goteborg, Sweden: University of Goteborg, Language Teaching Research Center.

Vygotsky, L. S. 1978. *Mind in Society* [M]. Cambridge, MA: Harvard UP.

Walberg, H. J. 1982. What makes schooling effective? [J]. *Contemporary Education Review*, (1): 1—34

Walsh. J. A. & Sattes, B. D. 2011. *Thinking through Quality Questioning* [M]. CA: Corwin.

Walstad, W. B. 2001. Improving assessment in university economics [J]. *The Journal of Economic Education,* 32(3): 281—294

Watson, H. M. 1989. Report on the first year of research into developing an evaluative technique for assessing seminar work [J]. *Collected Original Resources in Education (CORE),* 13(2), Fiche 12 Cl.

Way, W. D., Dolan, R. P. & Nichols, P. 2010. Psychometric challenges and opportunities in implementing formative assessment [A]. In L. Heidi & G. L. Cizek (Eds.). *Handbook of Formative Assessment* [C]. New York: Routledge, 297—315

Webb, N. M. 1982. Student interaction and learning in small groups [J]. *Review of Educational Research,* 52(3): 421—445

Weiner, B. 1986. *An Attributional Theory of Motivation and Emotion* [M]. New York: Springer-Verlag.

Weir, C. J. & Roberts, J. 1994. *Evaluation in ELT* [M]. NJ: John Wiley & Sons.

Wells, G. 2001. The case for dialogic inquiry [A]. In G. Wells (Ed.). *Action, Talk and Text: Learning and Teaching through Inquiry* [C]. New York:

Teachers College Press, 171—185

WIDA. 2009. WIDA focus on formative assessment, 1(2). http://www.wida. us/Resources/focus/Bulletin2.pdf, 2013-10-06.

Wiggins, G. 1989. A true test: Toward more authentic and equitable assessment [J]. *The Phi Delta Kappan*, 70(9): 703—713

Wiggins, G. 1998. *Educative Assessment: Designing Assessments to Inform and Improve Student Performance* [M]. San Francisco: Jossey-Bass.

Wiggins, G. P. & McTighe, J. 1998. *Understanding by Design* [M]. Alexandria, VA: Association for Supervision and Curriculum Development.

Wilen, W. 1991. *Questioning Skills, for Teachers: What Research Says to the Teacher* (3rd ed.) [M]. Washington, DC: National Education Association.

Wiley, E., Gullickson, A., Cummings, K., et al. 2012. *Improving Formative Assessment Practice to Empower Student Learning* [M]. California: Corwin Press.

Wiliam, D. 1992. Some technical issues in assessment: A user's guide [J]. *British Journal of Curriculum and Assessment*, 2(3): 11—20

Wiliam, D. 2000. Integrating summative and formative functions of assessment. Keynote address to the European Association for Educational Assessment, Prague, Czech Republic.

Wiliam, D. 2006. Formative assessment: Getting the focus right [J]. *Educational Assessment,* 11(3-4): 283—289

Wiliam, D. 2007. Keeping learning on track: Classroom assessment and the regulation of learning [A]. In F. K. Lester (Ed.). *Second Handbook of Mathematics Teaching and Learning* [C]. Greenwich CT: Information Age Publishing, 1053—1058

Wiliam, D. 2011. *Embedded Formative Assessment* [M]. Bloomington: Solution Tree.

Wiliam, D. & Black, P. 1996. Meanings and consequences: A basis for distinguishing formative and summative functions of assessment? [J]. *British Educational Research Journal*, 22(5): 537—548

Wiliam, D., Lee, C., Harrison, C., et al. 2004. Teachers developing assessment for learning: Impact on student achievement [J]. *Assessment in*

Education: Principles, Policy & Practice, 11(1): 49—65

Wiliam, D. & Thompson, M. 2008. Integrating assessment with learning: What will it take to make it work? [A]. In C. A. Dwyer (Ed.). *The Future of Assessment: Shaping Teaching and Learning* [C]. New York: Erlbaum, 53—82

Willis, D. 1994. School-based assessment: Underlying ideologies and their implications for teachers and learners [J]. *New Zealand Journal of Educational Studies,* 29(2): 161—174

Wininger, S. R. 2005. Using your tests to teach: Formative summative assessment [J]. *Teaching of Psychology*, 32(3): 164—166

Wininger, S. R. & Norman, A. D. 2005. "Teacher-candidates" exposure to formative assessment in educational psychology textbooks: A content analysis [J]. *Educational Assessment,* 10(1): 19—37

Winne, P. H. 1996. A metacognitive view of individual differences in self-regulated learning [J]. *Learning and Individual Differences,* 8(4): 327—353

Wood, D., Bruner, J. S. & Ross, G. 1976. The role of tutoring in problem solving [J]. *Journal of Child Psychology and Psychiatry and Allied Disciplines,* 17(2): 89—100

Wood, R. E. & Bandura, A. 1987. Impact of conceptions of ability on self-regulatory mechanisms and complex decision-making [J]. *Journal of Personality and Social Psychology,* 56(3): 407—415

Wooden, J. 2001. The difference between winning and succeeding [EB/OL]. http://www.ted.com/talks/john_wooden_on_the_difference_between_winning_and_success.html, 2013-10-06.

Wylie, E. C. & Lyon, C. J. 2012. Formative assessment—Supporting students' learning [J]. *R & D Connections*, 19. Princeton, NJ: ETS.

Yorke, M. 2003. Formative assessment in higher education: Moves towards theory and the enhancement of pedagogic practice [J]. *Higher Education,* 45(4): 477—501

Yung, B. H-W. 2002. Same assessment, different practice: Professional consciousness as a determinant of teachers' practice in a school-based assessment scheme [J]. *Assessment in Education: Principles, Policy &*

Practice, 9(1): 97—117

Zhu, W. 1994. Effects of training for peer revision in college freshman composition classes [J]. *Dissertation Abstracts International,* 55: 951

Zhu, W. 1995. Effects of training for peer response on students' comments and interaction [J]. *Written Communication,* 12(4): 492—528

Zimmerman, B. 2000. Attaining self-regulation: A social cognitive perspective [A]. In M. Boekaerts, P. Pintrich, & M. Zeidner (Eds.). *Handbook of Self-regulation* [C]. New York: Academic, 13—41

Zimmerman, B. J. & Schunk, D. H. (Eds.). 1989. *Self-regulated Learning and Academic Achievement* [M]. New York: Springer-Verlag.

北京语言大学汉语水平考试中心"HSK 改进工作"项目组. 2007. 汉语水平考试（HSK）改进方案 [J]. 世界汉语教学，(2)：126—135

曹荣平. 2012. 形成性评估的概念重构 [M]. 北京：北京大学出版社.

曹荣平，张文霞，周燕. 2004. 形成性评估在中国大学非英语专业英语写作教学中的运用 [J]. 外语教学，25(5)：82—88

陈静. 2006. 大学英语 3A 教学模式探索 [J]. 外语教学，27(5)：71—73

陈旭红. 2009. 形成性评估应用于大学英语课程口语测试的实证研究 [J]. 外语与外语教学，(7)：22-25

龚亚夫. 2002. 外语教学的目标与评价 [J]. 教育实践与研究，(12)：25—27

龚亚夫. 2011. 创建我国中小学英语教师知识与能力体系——中小学英语教师专业等级标准的制订 [J]. 中国教育学刊，(7)：60—65

龚亚夫，罗少茜. 2002. 英语教学评估：行为表现评估和学生学习档案 [M]. 北京：人民教育出版社.

龚亚夫，罗少茜. 2006. 任务型语言教学 [M]. 北京：人民教育出版社.

关丹丹. 2009. 认知诊断理论与考试评价 [J]. 中国考试（研究版），(4)：8—12

关丹丹，刘庆思. 2011. 计算机自适应序列考试概述. 中国考试，(1)：29—35

国家汉办 / 孔子学院总部. 2009. 国际汉语教学通用课程大纲 [S]. 北京：外语教学与研究出版社.

何晓嘉. 2011. 致用与致知的结合——关于在大学英语教学中融合文学内容的探讨 [J]. 外语教学理论与实践，(3)：75—79

胡中锋，李群. 2006. 学生档案袋评价之反思 [J]. 课程·教材·教法，

26(10)：34—40

黄光扬. 2003. 正确认识和科学使用档案袋评价方法 [J]. 课程·教材·教法，(2)：50—55

黄华. 2010. 立体教学模式中的大学英语形成性评估问题研究 [J]. 中国外语，7(5)：15—21

金艳. 2010. 体验式大学英语教学的多元评价 [J]. 中国外语，7(1)：68—76，111

柯森. 2004. 基础教育课程标准及其实施研究 [D]. 博士学位论文，上海：华东师范大学.

李川. 2005. 大学英语网络教学评估模式实验研究 [J]. 外语与外语教学，(7)：33—36

李莉文. 2011. 英语专业写作评测模式设计：以批判性思维能力培养为导向 [J]. 外语与外语教学，(1)：31—35

李清华. 2008. 外语写作形成性评估的后效研究 [M]. 成都：四川大学出版社.

李清华. 2012. 形成性评估的现状与未来 [J]. 外语测试与教学，(3)：1—7，26

李清华，曾用强. 2008. 外语形成性评估的效度理论 [J]. 外语界，(3)：82—90

廖春红. 2011. 内容依托教学模式中学科知识习得研究：一项基于法律英语课程的案例研究 [D]. 博士学位论文，上海：上海外国语大学.

林敦来. 2012. 实践语言测试评介 [J]. 外语测试与教学，(2)：58—63

刘爱军. 2012. 大学英语实验教学体系的构建与实施 [J]. 外语界，(4)：85—87

刘红，高志英. 2006. 大学英语教师自主教学体系的建构与实践 [J]. 外语界，S1：79—86

刘芹，胡银萍，张俊锋. 2011. 理工科大学生英语口语形成性评估体系构建与验证 [J]. 外语教学，32(1)：57—61

刘英林. 1989. 汉语水平考试研究. 北京：现代出版社.

吕必松. 1992. 对外汉语教学概论（讲义）[J]. 世界汉语教学，(2)：113—124

罗少茜. 2003. 英语课堂教学形成性评价研究 [M]. 北京：外语教学与研究出版社.

罗少茜，肖潇. 2014. 以学生为中心的汉语作为第二语言学习的需求分析 [A]. 罗少茜等. 汉语作为第二语言的教学与评价 [C]. 长沙：湖南教育出版社, 30—59

秦静. 2012. 大学英语口语教学形成性评价现状调查与分析 [J]. 成都理工大学学报 (社会科学版), 20(4)：85—89

任美琴. 2012. 中学英语有效教学的一种实践模型 [M]. 杭州：浙江教育出版社 .

任庆梅. 2011. 英语听力教学 [M]. 北京：外语教学与研究出版社 .

盛炎. 1990. 语言教学原理 [M]. 重庆：重庆出版社 .

唐锦兰、吴一安. 2011. 在线英语写作自动评价系统应用研究述评 [J]. 外语教学与研究，43(2): 273—282

唐雄英. 2006. 中国大学英语教育中的一项促学形成性评价研究 [D]. 博士学位论文，上海：上海外国语大学 .

王红艳，解芳. 2004. 新课程要求与形成性评估手段的应用 [J]. 国外外语教学，(4)：37—40

王华. 2007. 外语教学课程的形成性评估：系统化评估流程的建立和有效性探索 [D]. 博士学位论文，上海：上海交通大学 .

王华. 2010. 外语教学中形成性评估体系的建立 [J]. 当代外语研究，(6)：48—53

王华，富长洪. 2006. 形成性评估在外语教学中的应用研究综述 . 外语界，(4)：67—72

王华，甄凤超. 2008. 基于语言教学项目的形成性评估流程效果研究和再完善 [J]. 外语研究，(3)：56—64

王宪桂. 1995. 教学设计中的信息反馈评价 [J]. 外语电化教学，(1)：18—20

王燕萍. 2006. 多媒体网络环境下大学英语教学的评价体系研究 . 外语界，S1：96—99，107

王正，孙东云. 2009. 网络翻译自主学习中的在线评价研究 [J]. 外语研究，(1)：70—75

文秋芳. 2011.《文献阅读与评价》课程的形成性评估：理论与实践 [J]. 外语测试与教学，(3)：39—49

吴秀兰. 2008. 形成性评价在国内高校外语教学中的应用研究综述 [J]. 外语界，(3)：91—96

吴一安. 2002. 走出英语教学的误区 [J]. 外语教学与研究，(6)：407—408

萧好章，王莉梅. 2007. 大学英语教学模式改革初探 [J]. 外语与外语教学，(2): 26—29

谢小庆. 2005. 中国汉语水平考试（HSK）研究报告精选 [R]. 北京：北京语言大学出版社.

谢小庆. 2011. 为什么要开发新 HSK 考试？[J]. 中国考试，(3)：10—13

徐昉. 2011. 英语写作教学法的多视角理论回顾与思考 [J]. 外语界，(2): 57—64

徐芬，赵德成. 2001. 档案袋评价在中小学教育中的应用 [J]. 教育研究与实验，(4)：50—54

许悦婷. 2011. 大学英语教师在评估改革中身份转变的叙事探究 [J]. 外语教学理论与实践，(2)：41—50

许悦婷，刘永灿. 2008. 大学英语教师形成性评估知识的叙事探究 [J]. 外语教学理论与实践，(3): 61—67

薛荣. 2008. 当代语言测试：理论发展与未来趋势 [J]. 外语与外语教学，(10)：44—47

杨华. 2012. 中国高校外语教师课堂即时形成性评估研究 [D]. 博士学位论文，北京：北京外国语大学.

杨文滢，徐穗，余东. 2006. 从试点到深化——大学英语改革进程中的问题与对策 [J]. 外语界，S1：92—95

杨翼. 2008. 汉语教学评价. 北京：北京语言大学出版社.

杨翼. 2009. 对外汉语教学测试与评估的历史演变与发展趋势 [J]. 中国考试（研究版），(1)：35—40

杨翼. 2010. 对外汉语教学的成绩测试 [M]. 北京：北京大学出版社.

尹东华. 2012. 21 世纪以来我国英语形成性评估研究回顾与展望 [J]. 内蒙古师范大学学报（教育科学版），25(5)：74—79

禹明. 2004. 非测试型：英语教学形成性评价 [M]. 南京：南京师范大学出版社.

张晋军，李佩泽，李亚男，等. 2012. 对新汉语水平考试的新思考 [J]. 中国考试，(2)：50—53

张晋军，解妮妮，王世华，等. 2010. 新汉语水平考试（HSK）研制报告 [J]. 中国考试，(9)：38—43

张凯. 2006. 语言测试理论及汉语测试研究 [M]. 北京：商务印书馆.

张旺熹，王佶旻. 2010. 中国汉语水平考试 HSK（改进版）研究 [M]. 北京：北京语言大学出版社 .

中华人民共和国教育部 . 2001. 全日制义务教育普通高级中学英语课程标准（实验稿）[S]. 北京：北京师范大学出版社 .

中华人民共和国教育部 . 2003. 普通高中英语课程标准（实验）[S]. 北京：人民教育出版社 .

中华人民共和国教育部 . 2007. 大学英语课程教学要求 [S]. 北京：高等教育出版社 .

中华人民共和国教育部 . 2012. 义务教育 英语课程标准（2011 年版）[S]. 北京：北京师范大学出版社 .

中野照海 . 1989. 陈穗申、袁洪国编译. 视听媒体开发的理论 [J]. 外语电化教学，(4)：43—44，31

周娉娣，秦秀白. 2005. 形成性评估在大学英语网络教学中的应用 [J]. 外语电化教学，(5)：9—13

周小兵，李海鸥. 2004. 对外汉语教学入门 [M]. 广州：中山大学出版社 .

朱晓申. 2011. 大学英语成功学习者综合培养路向研究：理论与实践 [D]. 博士学位论文，上海：上海外国语大学 .

致 谢
（Acknowledgement）

感谢外语教学与研究出版社给予机会修订《英语课堂教学形成性评价研究》一书；感谢范海翔、关静瑞、王丽霞、陈菲、严雪芳、陈海燕等几位编辑认真负责的工作；还要感谢黄永亮老师多次从头至尾通读本书章节草稿、并提出建设性的意见。修订本书过程中，任美琴老师将她的实践成果毫无保留的及时寄到，令我们非常感动；书中还采用了《任务型语言教学》（龚亚夫、罗少茜，2006）一书中的、来自不同地区和学校的一些案例，在此深表谢意。没有上述所有人的努力和辛勤工作以及贡献，《促进学习：二语教学中的形成性评价》一书恐怕不能与大家见面。书中如有任何错误或不恰当的地方，必定是作者的失误，请大家批评指正。

《促进学习：二语教学中的形成性评价》（Enhancing Learning Through Formative Assessment in L2 Classrooms）一书是"中央高校基本科研业务费专项资金项目"《2010 年度北京师范大学自主科研基金资助项目》研究成果之一。

后 记
（Afterword）

2010 年秋，"中央高校基本科研业务费专项资金项目"《2010 年度北京师范大学自主科研基金资助项目》开始申报，我以"基于认知的第二语言（英语和汉语）能力表现评价框架的构建"为题申报了跨学科的重大项目。理由有三：

第一，基于国际上对于语言评价的研究趋势。语言测试评价是我的主要研究方向之一，因此一直关注各大国际测试评价机构网站的 Research 栏目，以了解测试评价理论与实践的最新动向。浏览美国教育考试服务中心 ETS 网站时，我注意到 Research 中的 Featured Research Topics 下的 CBAL™：Innovation in K–12 Assessment。我的博士论文是从认知角度研究任务型评价中的任务难度因素的，所以我马上被 The Cognitively Based Assessment of, for, and as Learning（CBAL）这一标题所吸引。经过对相关文献的阅读和思考，我了解到 CBAL 实际上是超越测试的评价体系。它集中探讨三个问题：（1）如何记录学生学到了什么（assessment of learning）；（2）如何帮助计划教学（assessment for learning）；（3）如何让学生和教师参与到有价值的教育体验中（assessment as learning）。这样的评价体系依赖三个方面的发展：（1）认知科学，因为我们需要理解学生是怎么学习的；（2）心理测量，因为它能提供大量有关学生成就特点的描述；（3）教育技术，它不仅能让我们开发和呈现更多的评价任务，还有助于收集学生的答题以及自动评分的复杂数据（Bennett & Gitomer，2008）。

第二，基于国情。从英语教育的研究与实践来看，虽然形成性评价已经提了十几年，但对其实际意义的研究与实践还处于初级阶段。记得一次和同事谈起评价的事情，大家都认为国人对形成性评价的理解以及实践恐有误差。对汉语作为第二语言的各方面研究在国内多是基于或借用英语作为第二语言的研究经验。评价方面，尤其是形成性评价的研究发展空间更是宽阔。

第三，基于已有的研究基础。2003 年，我加入王蔷教授与外语教学与研究出版社"基础外语教学与研究丛书——英语教师教育系列"的编写团队，出版了《英语课堂教学形成性评价研究》一书。由于当时自己对于形成性评价的认识还较肤浅，因此对形成性评价主要做了介绍性的描述。这些年来，修订之事萦绕于心。

因此，我申报了此重大项目。当时心态很好，很是听其自然的态度，申报成功，可以带着我的研究生一起研究；申报失败，仍然可以自己做着玩，也可以将《英语课堂教学形成性评价研究》一书进行修订。

第二年秋，我接到通知，课题申报通过。写计划任务书时，想着认认真真做，于是申请了五年完成课题。这样，我和我的研究生开始了忙碌的研究与写作。《促进学习：二语教学中的形成性评价》（Enhancing Learning Through Formative Assessment in L2 Classrooms）一书得助于"中央高校基本科研业务费专项资金项目"《2010 年度北京师范大学自主科研基金资助项目》，也是我们研究与写作的成果之一。

罗少茜

于北京师范大学励耘楼

2014 年 10 月 10 日